中央高校基本科研业务费专项资金"促进低碳技术创新的政策互动机制研究"
（批准号：30916013125）资助

低碳技术创新的专利政策与经济政策及其互动机制研究

罗 敏 ◎著

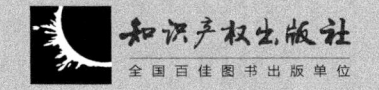

知识产权出版社
全国百佳图书出版单位

图书在版编目（CIP）数据

低碳技术创新的专利政策与经济政策及其互动机制研究／罗敏著.—北京：知识产权出版社，2017.11
ISBN 978-7-5130-5213-9

Ⅰ.①低… Ⅱ.①罗… Ⅲ.①低碳经济—技术革新—专利权法—研究—中国 Ⅳ.①D923.424

中国版本图书馆CIP数据核字（2017）第255563号

| 责任编辑：刘 睿 邓 莹 | 责任校对：潘凤越 |
| 文字编辑：邓 莹 | 责任出版：刘译文 |

低碳技术创新的专利政策与经济政策及其互动机制研究
Ditan Jishu Chuangxin de Zhuanli Zhengce yu Jingji Zhengce jiqi Hudong Jizhi Yanjiu

罗 敏 著

出版发行	知识产权出版社 有限责任公司	网　址	http://www.ipph.cn
社　　址	北京市海淀区气象路50号院	邮　编	100081
责编电话	010-82000860转8346	责编邮箱	dengying@cnipr.com
发行电话	010-82000860转8101/8102	传　真	010-82005070/82000893
印　刷	北京九州迅驰传媒文化有限公司	经　销	各大网上书店、新华书店及相关专业书店
开　本	720mm×960mm　1/16	印　张	16.5
版　次	2017年11月第1版	印　次	2017年11月第1次印刷
字　数	230千字	定　价	48.00元
ISBN 978-7-5130-5213-9			

出版权专有　侵权必究
如有印装质量问题，本社负责调换。

摘　要

低碳经济来源于人类经济发展与环境关系的反思。发展低碳经济，用以解决温室气体排放带来的资源耗竭、环境污染和全球气候变化等问题。中国经济发展的高碳特征明显，低碳经济转型困难。低碳经济转型的决定性因素在于低碳技术创新。通过公共政策引领低碳技术创新与推广，能在很大程度上促进低碳技术的"碳解锁"。本书在全面把握低碳领域的既有政策存量和政策结构的基础上，以促进低碳技术创新为视角，对专利政策与低碳经济政策的互动机制进行研究，不仅可以为把握现行政策结构、实现政策供给的良性循环提供理论参考，也可以为加快低碳技术创新、促进低碳经济转型提供理论支撑。

第一，分析低碳技术创新的动力机制。在明确低碳技术创新特点的基础上，回顾创新动力理论，选择解释力较强的 EPNR 模型作为理论框架，分析中国低碳技术创新动力因素的动力效能及其提升路径。研究发现，低碳技术创新具有突破性、全球公益性和显著的外部性，导致在中国当前的技术创新环境下，低碳技术创新内外部动力因素的动力效能受限。根据 EPNR 模型，低碳政策能在一定程度上唤起内部动力因素的动力效能，且能维系外部动力因素与社会环境之间的联系。完善低碳政策是短期内提高低碳技术创新内外部动力因素动力效能的有效途径之一。

第二，分析低碳技术创新对专利政策、低碳经济政策的需求。采用内容分析法，对 1992~2013 年我国低碳领域的代表性政策所采用的政策工具进行统计，并根据现有政策规范逐一分析低碳政策工具的内涵。在分别分析专利政策、低碳经济政策对低碳技术创新的作用机理的基础上，通过计量分析发现：专利政策工具的规定过于笼统，缺乏可操作性和实效性；规制型政策工具缺乏灵活性且数量太多，易致政策失灵；产权拍卖类政策工具过于薄弱，削弱了经济激励型政策工具的资源配置功能；政府的引导和协调作用不充分，导致社会型政策工具执行不力。低碳政策工具存在的这些问题降低了整个公共政策体系对低碳技术创新的促进作用。

第三，分析中国现行低碳经济政策与专利政策的结构。以 1992~2013 年我国低碳领域的代表性政策为研究对象，运用共词分析法，通过多维度分析可视化地展示我国低碳政策的政策结构。研究发现，目前我国低碳政策由低碳产业政策、低碳财税政策、低碳投融资政策、碳交易政策、专利政策 5 大类政策构成，但存在结构性失衡：低碳产业政策与低碳财税政策是现行政策体系的核心，但行政导向性强易致政策失灵；低碳投融资政策与碳交易政策过于薄弱，存在结构性缺失；专利政策的政策中心不明确，存在功能性缺位。

第四，分析专利政策与低碳经济政策的互动机制。以促进低碳技术创新为视角，分析专利政策与低碳经济政策互动的必要性，重点探讨专利政策与低碳产业政策、低碳财税政策、低碳投融资政策以及碳交易政策之间的互动机制。

第五，在上述研究的基础上，本书分别从低碳经济政策和专利政策的角度给出政策建议。

Abstract

Low-carbon economy comes from the reflection of the relationship between humans' economic development and the environment. Developing low-carbon economy is to address depletion of natural resources, environmental pollution and global climate change caused by greenhouse gas emissions. High carbon characteristics of China's economic development are so clear that China's low-carbon economic transition is difficult. The decisive factor of low-carbon economic transition is the low-carbon technology innovation. Leading to low-carbon technology innovation and promotion through public policy can promote carbon unlock of low-carbon technology to a large extent. On the basis of accurately understanding the frame of current policy, in the view of promoting low-carbon technology innovation, this book studies the interactive mechanism between patent policy and low-carbon economy policies, which can not only provide theoretical reference for grasping the existing policy structure and achieving the virtuous cycle of policy supply, and also provide theoretical support for accelerating low-carbon technology innovation and promoting low carbon economic transition.

First of all, this book analyses the dynamic mechanism of low-carbon technology innovation. On the basis of clearing the characteristics of low-carbon technology innovation, this book reviews the theories of innovation dynamic, and then chooses EPNR model as the theoretical framework, to analyze the dynamic efficiency and the strategy of promoting dynamic efficiency of low-carbon technology innovation dynamic factors in China. It is found that low‒carbon technology innovation is radical innovation, and has attributes of global public welfare and externality, which make the dynamic efficiency of internal and external dynamic factors of low‒carbon technology innovation is limited in China's current technology innovation environment. According to the EPNR model, low-carbon policies can enhance the dynamic efficiency of internal dynamic factors to a certain extent, and can maintain the connection between external dynamic factors and social environment. In short term, improving low‒carbon policies is one of the effective ways to improve the dynamic efficiency of internal and external dynamic factors of low‒carbon technology innovation.

Secondly, this book analyses why low‒carbon technology innovation needs patent policy and low‒carbon economy policies. Using content analysis method, this book statistically analyze policy instruments of China's representative low‒carbon policies in the past 22 years, and according to existing policies, analyze the connotation of low‒carbon policy instruments one by one. On the basis of respectively analyzing the mechanism of patent policy and low‒carbon economy policies promoting low‒carbon technology innovation, it is found by quantitative analysis that there are many problems with low‒carbon policy instruments in China. The provision of patent policy instruments are too general to lack of operability and effectiveness. Regulatory policy instruments are inflexible and too many, which is prone to cause policy failure. The property auction types of policy instruments are too few, which weakens the resource allocation function of economic incentive policy instruments. The guiding and coordinating role of government isn't sufficient, resulting in poor implementation of social policy instruments. These problems existing in the low‒carbon policy instruments reduce the catalytic role of the whole public policy system for low‒carbon technology innovation.

Thirdly, this book analyses the frame of patent policy and low‒carbon economy policies in China. By using China's representative low-carbon policies in the past 22 years as the study object, based on co-word analysis method, this book visually display the frame of low-carbon policies in China through multidimensional scaling analysis. It is found that at present, in China low-carbon policies can be divided into low-carbon industrial policy, low-carbon fiscal and taxation policy, low-carbon industry financial policy, carbon emission trading policy and patent policy, but among which there are structural imbalance. Low-carbon industrial, fiscal and taxation policies are the core of the current low-carbon policies system, however, in which there is strong administrative guidance which is prone to cause policy failure. Low-carbon industry financial policy and carbon emission trading policy are too weak causing structural absence of policy instruments. The core of patent policy is not clear, in which there is functional absence of policy instruments.

Fourthly, this book analyses the interactive mechanism between patent policy and low-carbon economy policies. In the view of promoting low-carbon technology innovation, this book analyses the necessity of the interactive between patent policy and low-carbon economy policies, focuses on studying the interactive mechanism between patent policy and low-carbon industrial, fiscal, taxation, industry financial and carbon emission trading policies.

Finally, based on the above findings, this book proposes recommendations from two aspects of patent policy and low-carbon economy policies.

目　录

第一章　绪　论 ………………………………………………… 1
　　第一节　研究背景 …………………………………………… 1
　　第二节　研究目的和意义 …………………………………… 4
　　第三节　国内外研究述评 …………………………………… 6
　　第四节　研究方法与基本框架 ……………………………… 28
　　第五节　技术路线与创新点 ………………………………… 30

第二章　理论基础 ……………………………………………… 33
　　第一节　低碳经济与资源环境经济学 ……………………… 33
　　第二节　低碳政策与制度经济学 …………………………… 36
　　第三节　低碳技术创新与演化经济学 ……………………… 40
　　第四节　低碳专利与专利经济学 …………………………… 41
　　第五节　小　结 ……………………………………………… 42

第三章　低碳技术创新的动力机制分析 ……………………… 45
　　第一节　低碳技术的范围与特点 …………………………… 45
　　第二节　低碳技术创新的相关问题界定 …………………… 47
　　第三节　低碳技术创新的动力模式辨析 …………………… 53
　　第四节　低碳技术创新的内部动力因素分析 ……………… 57
　　第五节　低碳技术创新的外部动力因素分析 ……………… 59
　　第六节　低碳技术创新动力效能的提升路径分析 ………… 62
　　第七节　小　结 ……………………………………………… 65

第四章 低碳技术创新对专利政策和低碳经济政策的需求分析 ························· 67
第一节 低碳政策工具的现状分析 ························· 68
第二节 低碳技术创新对专利政策的需求分析 ········· 83
第三节 低碳技术创新对低碳经济政策的需求分析 ··· 85
第四节 小　　结 ··· 92

第五章 中国现行低碳经济政策与专利政策的结构分析 ········ 95
第一节 研究方法的选取 ································· 96
第二节 数据分析 ··· 98
第三节 结果分析 ··· 102
第四节 结果讨论 ··· 106
第五节 小　　结 ··· 110

第六章 专利政策与低碳经济政策的互动机制分析 ············ 113
第一节 专利政策与低碳经济政策互动的必要性分析 ··· 114
第二节 专利政策与低碳经济政策互动的作用机理 ··· 115
第三节 以专利政策为核心的低碳政策互动机制 ····· 117
第四节 小　　结 ··· 124

第七章 结论与展望 ··· 127
第一节 研究结论 ··· 127
第二节 政策规范重点 ··································· 129
第三节 政策建议 ··· 132
第四节 不足与展望 ······································ 139

参考文献 ··· 141

附录1 低碳政策信息表 ···································· 161

附录2 低碳政策工具分布表 ······························ 165

跋 ·· 254

第一章 绪 论

第一节 研究背景

一、全球生态环境持续恶化，发展低碳经济已成国际共识

早在1896年，诺贝尔化学奖获得者阿累利乌斯就预测：化石燃料燃烧将会增加大气中二氧化碳的浓度，从而导致全球气候变暖。这一预测在今天得到充分验证。最新科学研究成果表明，全球地表平均温度近百年来升高0.74℃，预计到21世纪末仍将持续上升。气候变化不仅会对生态环境造成破坏性影响，而且会对社会经济产生不良影响。政府间气候变化专门委员会（Intergovernmental Panel on Climate Change，IPCC）认为如果全球平均温度增幅超过1.5~2.5℃（与1980~1990年相比），所评估的20%~30%物种可能面临增大的灭绝风险。❶ 2003年英国能源白皮书《我们能源的未来：创建低碳经济》首次提出低碳经济（Low-carbon Economy）这一概念。❷ "巴厘路线图"的达成，标志着应对气候变化成为国际社会的主流话语，促进温室气体减排已然成为国际共识。

---

❶ 国家发展和改革委员会能源研究所课题组. 中国2050年低碳发展之路 [M]. 北京：科学出版社，2009.
❷ UK Department of Trade and Industry. Our Energy Future: Creating a Low Carbon Economy [R]. London: The Stationery Office, 2003.

二、中国经济发展"高碳"特征明显，低碳经济转型困难重重

中国经济发展的"高碳"特征表现在：（1）中国所处的工业化阶段与采用的经济发展方式导致化石能源的高消耗和二氧化碳的高排放。中国正处在工业化中期和与之相伴随的高速城市化建设时期，加上长期以来经济粗放式发展的惯性，对能源的需求将持续增长。❶（2）煤炭的碳密集程度比石油、天然气等化石燃料要高，在同等重量下，煤炭燃烧产生的二氧化碳气体，比石油多30%，比天然气多70%。我国能源资源禀赋以煤为主，煤炭消费比重大和煤炭碳密集程度高，致使我国经济发展的碳排放强度高。（3）中国在全球产业分工体系中仍处于低端位置，高耗能或重污染型企业居多；资源密集型产品的大量出口，带来大量能源的直接或间接出口，进而导致二氧化碳的转移排放。（4）中国正处在能源基础设施建设的高峰期，面临能源技术和基础设施锁定效应的危险。不采用低碳高效能源技术的基础设施一旦建成投入使用，将在长达15~50年的使用周期内对二氧化碳排放产生不利影响。❷这些高碳特征的存在，导致中国低碳经济转型困难重重。

三、"高碳"经济低碳化需要低碳技术，但低碳技术创新与推广面临障碍

中国经济发展的"高碳"特征明显，且碳锁定效应❸严重，需要通

---

❶❷ 金乐琴. 中国如何理智应对低碳经济的潮流［J］. 经济学家，2009, 21 (3)：100-101.

❸ 碳锁定（Carbon Lock-in）由西班牙学者格利高里·乌恩鲁（Gregory C. Unruh）最早提出和使用，是指自工业革命以来，技术高度依赖化石能源，人们不断从政治、经济、社会的角度为这种技术寻找正当性，并促进其广泛商业化应用，使得技术与社会体系形成一种共生的系统，导致技术锁定和路径依赖，阻碍替代技术（零碳或低碳技术）的发展。

过低碳技术创新与推广实现技术低碳化变革和低碳经济转型。低碳技术创新与推广是低碳经济发展的决定性因素，但我国面临低碳技术创新与引进的障碍。在低碳技术创新方面，我国整体低碳科研投入不足，低碳技术落后，导致低碳技术创新受限。在低碳技术引进方面，尽管《联合国气候变化框架公约》（United Nations Framework Convention on Climate Change，UNFCCC）规定，发达国家有向发展中国家提供低碳技术转让的义务，却未能真正落实，中国仍然主要依靠商业渠道引进低碳技术，这种途径的资金耗费惊人。以2006年的GDP计算，中国要实现高碳经济低碳化，每年至少需要资金250亿美元，这样的巨额投入对尚不富裕的我国而言显然是沉重的经济负担。

四、低碳技术创新与推广需政策解困，但政策的功能性欠缺严重

目前，全球向低碳经济转型尚没有可资借鉴的成熟模式。经济发展的碳锁定效应和低碳技术溢出效应的存在使得低碳技术的创新与推广发生市场失灵，需要政府通过制定政策进行干预，以促进低碳技术创新与推广。由于低碳领域公共政策整体规划不足，导致政策制定缺乏整体性与协调性，使得旨在促进低碳技术创新与推广的政策机制的实施效果不够明显，未能在最大程度上以最小成本推进低碳技术创新与推广。其具体表现在两方面，一方面，尽管现行低碳政策的实施在一定程度上实现了低碳技术的引进，促进了部分产业的低碳转型，但是现行低碳政策引导下的低碳技术引进往往是通过商业渠道从国外高价购得的，由于国外高端技术的封锁与我国技术吸收能力的不足，对这些引进的低碳技术的消化吸收再创新，成效并不显著。这使得低碳技术引进仅仅是昂贵的即期技术推进，无法真正实现低碳技术的自主创新，从长远看，还会使我国在低碳产业发展与低碳技术应用上受制于别国，不利于我国低碳经济转型的实现。另一方面，依托国内低碳技术研发，在研发资助与专利申请补贴等政策资金支持下所申请的专利中，

垃圾专利的比例偏高，整体的实用价值不高，不能有效促进我国低碳经济转型。由此可见，公共政策的功能性欠缺，不仅导致我国社会性资源配置的重复与浪费，而且严重阻碍我国低碳技术的创新与推广，给我国低碳经济转型带来不利影响。为了加快我国低碳经济转型进程，在新一轮的国际经济发展中占据有利地位，公共政策的功能性欠缺已然成为一个必须尽快解决的关键问题。

第二节　研究目的和意义

一、研究目的

（1）从资源环境经济学的角度分析低碳经济转型的经济、环境、社会等领域的理论依据，运用凯恩斯主义、庇古理论、科斯定理、自主治理理论、社会准则的教育理论等制度经济学理论全面分析各类低碳政策工具的优缺点，从演化经济学的角度分析低碳技术创新与低碳政策之间的相互关系，从专利经济学的角度探讨专利政策在促进低碳技术创新中的作用。

（2）从政策工具的角度全面梳理我国促进低碳经济转型的政策文件，在辨析低碳经济政策工具分类标准的前提下，剖析我国低碳政策工具的现状，通过多维度分析方法，进一步明确我国现行低碳经济政策与专利政策的政策结构，探明我国低碳政策的缺失。

（3）明确低碳技术的范围与特点，探析低碳技术创新的含义及其与传统技术创新的区别，进而分别探讨专利政策、低碳经济政策对低碳技术创新的作用机理，在此基础上分析低碳技术创新导向的专利政策与低碳经济政策互动机制，从专利政策和低碳经济政策的角度提出促进低碳技术创新的政策优化建议。

二、理论意义

（1）有助于明确我国低碳领域的既有政策存量与政策结构。现有研究注重对低碳领域公共政策的规划与建构，但是缺乏对既有政策存量和政策结构的量化分析。运用政策工具理论和共词分析法进行低碳政策量化分析，不仅能准确把握现行低碳政策的政策存量和政策结构，为公共政策分析的学科建设提供政策案例，也为低碳政策的建构和实施提供理论支撑。

（2）有助于明确专利政策与低碳经济政策的互动机制。与低碳技术创新相关的公共政策涵盖范围广泛，目前学者多集中研究某类或某几类政策，缺乏各个政策之间的"协同"研究。专利政策作为技术创新领域的一项根本性制度，如何将之嵌入低碳政策体系，尚未得到深入研究。运用管理协同理论研究专利政策与低碳经济政策的互动机制，不仅为提高低碳政策体系的整体性与协调性提供方法论的支撑，也为提高低碳政策对低碳技术创新的促进效果提供实施路径。

（3）有助于加强低碳经济转型的专利政策研究。从现有研究与政策措施来看，应对气候变化的低碳政策措施主要集中在产业政策、财税政策与碳交易政策三个方面，鲜有系统探讨专利政策措施的文献。低碳技术创新与推广是低碳经济转型的决定性因素，作为支撑技术创新的制度保障，专利政策能从制度层面保障和提升产业政策、财税政策、碳交易政策等其他低碳政策的实施效果，是促进低碳经济转型的重要政策机制。本书尝试探讨如何从专利政策优化的角度促进低碳经济转型与低碳技术创新。

三、现实意义

（1）有助于强化我国低碳政策措施制定的系统性。目前，我国低碳政策的制定往往从低碳经济发展的不同侧面开展，忽视了政策制定的整体性，导致专利政策的系统性缺位，进而影响低碳政策的整体实施效果。从政策工具角度运用共词分析法对低碳政策进行全面分析，有助于在明确我国现行低碳政策的政策存量和政策结构的基础上，更好地进行低碳政策布局。

（2）有助于加快我国低碳技术创新。低碳经济转型以技术密集为特点。起步晚、关键技术少、研发成果产业化不足是我国低碳技术的现状。明确低碳技术的范围与特点，探明低碳技术创新的涵义及其与传统技术创新的区别，并进一步明确专利政策和低碳经济政策对低碳技术创新的作用机理，有利于优化低碳政策的社会资源配置功能、加快低碳技术创新。

（3）有助于促进我国低碳经济转型，缓解我国经济发展与节能减排之间的矛盾。在市场失灵的情形下，公共政策成为加快节能减排进程的重要因素。研究现行专利政策与低碳经济政策之间的互动机制，进而探讨如何通过专利政策优化提高低碳政策的整体实施效果，能加快我国低碳经济转型，有效缓解经济增长与节能减排之间的矛盾。

第三节 国内外研究述评

低碳技术创新与推广是减少碳排放的关键途径之一，影响低碳经济转型的进程。尽管发达国家促进低碳技术创新与推广的政策措施各异，政策倾斜的技术领域不同，但都强调通过政策措施积极推进低碳技术创新与推广。在促进低碳技术发展的政策研究方面，国内外学者开展了多项研究，主要集中在低碳技术创新与政策、低碳技术转让与政策、低碳技术与知识产权三个方面。

一、低碳技术创新与政策

（一）国外相关研究

国外研究低碳经济较早，"增长的极限"、❶ 环境库兹涅茨曲线❷（Environmental Kuznets Curve，EKC）是低碳经济的理论基础，"Kaya 恒等式"❸是研究经济、政策和人口等不同影响因素对碳排放影响力的著名公式，碳锁定❹是低碳技术创新的关键制约因素，《斯特恩报告》❺的提出更是让许多学者认识到开发新能源、发展低碳经济的紧迫性。

在促进低碳技术创新的政策研究方面，很多国外学者开展相关研究。马戈利斯（Margolis）和卡门（Kammen）❻从能源技术的角度探讨技术研发与国家政策之间的关系。他们调查分析了能源研发基金的国际趋势、美国能源技术专利模式和研发基金模式，以及美国能源部门的研发强度三个方面的数据，指出投资不足是能源技术和研发政策所面临的挑战。波普（Popp）❼采用专利数据研究环境政策和技术变革的联系，然后用这些研究成果来校准气候变化的内生技术变革模型，并

---

❶ ［美］丹尼斯·米都斯. 增长的极限［M］. 李宝恒译. 长春：吉林人民出版社，1997.
❷ Grossman G M, Krueger A B. Environmental Impacts of a North American Free Trade Agreement［R］. NBER Working Paper，1991.
❸ Kaya Y. Impact of Carbon Dioxide Emission on GNP Growth：Interpretation of Proposed Scenarios［R］. Presentation to the Energy and Industry Subgroup，Response Strategies Working Group，IPCC，Paris，1989.
❹ Unruh G C. Understanding Carbon Lock-in［J］. Energy Policy，2000，28（12）：817-830.
❺ Stern N. Stern Review on the Economics of Climate Change［M］. Cambridge：Cambridge University Press，2006.
❻ Margolis R M，Kammen D M. Underinvestment：The Energy Technology and R&D Policy Challenge［J］. Science，1999，285：690-692.
❼ Popp D. Lessons from Patents：Using Patents to Measure Technological Change in Environmental Models［J］. Ecological Economics，2005，54：209-226.

尝试建立气候变化政策模型。阿曼（Ahman）（2006）❶分析2001年以前日本的研发支持政策在该国新能源汽车技术开发中所发挥的作用。

亚历克（Alic）、莫厄里（Mowery）和鲁宾（Rubin）（2003）❷认为在美国，能源消耗是温室气体排放的主要来源，只有广泛地开发和采用新技术才能实现温室气体的大规模减少。减少温室气体排放，最终在合理成本内稳定大气中温室气体浓度的技术创新领域是：（1）提高能源转换和利用的效率，以减少对能源的需求；（2）用低碳或零碳替代品（如天然气、核能）和可再生能源（如风力和太阳能），更换高碳化石燃料（如煤和石油）；（3）在二氧化碳进入大气层前（或后），捕获和封存来自化石燃料的二氧化碳；（4）减少二氧化碳以外的温室气体排放量对全球变暖产生的重大影响。他们从直接的政府资助研发、直接或间接的商业化和生产支持、支持知识学习与技术扩散3个方面总结了过去促进创新的科技政策工具，并提出气候变化技术创新的关键取决于环境政策、能源政策和技术政策。

内梅特（Nemet）（2007）❸指出为了同时满足日益增长的能源需求和减少碳排放，需要实现低碳能源生产，并开发低碳能源的终端使用技术。但是市场失灵表明，在没有政府干预的情况下，私营部门在与气候相关的创新上的投资是不足的。为了解决这个难题，政府有必要制定政策来激励技术创新与应用。他以技术推动和需求拉动为切入点，从美国能源研发投资的趋势和未来前景、加州风力发电的需求拉动效益、光伏发电削减成本的来源，以及广泛部署的光伏效应对地球的反照率的影响4个方面来说明低碳能源技术政策与创新过程的相互作用。

---

❶ Ahman M. Government Policy and the Development of Electric Vehicles in Japan [J]. Energy Policy, 2006, 34 (4): 433-443.

❷ Alic J A, Mowery D C, Rubin E S. U. S. Technology and Innovation Policies: Lessons for Climate Change [F/OL]. http://repository.cmu.edu/epp/95/, 2011-05-11.

❸ Nemet G F. Policy and Innovation in Low-Carbon Energy Technologies [D]. Berkeley: University of California-Berkeley, 2007.

通过这4个方面的研究，他指出低碳能源技术的政策与创新之间互动的中心问题在于，未来政策预期的不确定性将增加创新投资的风险。这是因为与气候相关的技术普遍存在外部性，且技术创新的收益具有滞后性，这种未来收益在很大程度上依赖于未来政府政策的现状。为了通过技术创新解决气候变化问题，制度创新（Institutional Innovation）的推广是必要的先决条件。考虑到长期温室气体减排目标的实现需要依靠激励低碳能源技术的创新，内梅特建议政策决策者需要提高政策的时间一致性和保持纳入新信息的调整能力。

纽厄尔（Newell）（2010）❶认为市场激励机制、国际和国内政策能从技术上改变能源系统，实现温室气体稳定化的目标，同时满足了其他社会目标。他利用实证证据，探讨气候技术政策的有效性和效率；通过回顾关于缓解气候变化的创新趋势与前景方面的文献，探讨诱导创新与科技政策选择的问题；探讨政策内在化的环境外部效果与以环境创新为目的的政策的互补性。哈斯拉姆（Haslam）、贾普斯塔（Jupesta）和帕拉伊（Parayil）（2012）在罗杰斯（Rogers）的"创新技术扩散曲线"框架内，对日本、韩国和中国的燃料电池汽车的技术创新活动与政策影响进行分析。❷

（二）国内相关研究

一些学者热衷于研究国外的低碳经济政策对我国的启示，且多是对英国、美国、德国、澳大利亚、欧盟等发达国家与地区的战略与政策的梳理与比较。任力（2009）❸认为我国应从战略与法律的层面着手，加

---

❶ Newell R G. The Role of Markets and Policies in Delivering Innovation for Climate Change Mitigation [J]. Oxford Review of Economic Policy, 2010, 26 (2): 253-269.

❷ Haslam G E, Jupesta J, Parayil G. Assessing Fuel Cell Vehicle Innovation and the Role of Policy in Japan, Korea, and China [J]. International Journal of Hydrogen Energy, 2012 (37): 14612-14623.

❸ 任力. 国外发展低碳经济的政策及启示 [J]. 发展研究, 2009, 26 (2): 23-27.

强低碳技术创新与低碳产业发展。徐冬青（2009）[1]认为除了需从战略和法律的层面着手以外，我国还应重视开发清洁能源、加强低碳技术创新以及植树造林。林宏（2009）[2]除了介绍国外低碳经济发展与低碳技术研发的情况，还谈到广东省珠海市、上海市、河北省保定市发展低碳经济的情况，借此指出浙江省应该在明确思路、加强领导的前提下，积极争取国家在浙江设立低碳经济试验区。秦军（2010）[3]认为应优化能源结构，提高能源利用效率；调整产业结构，限制高碳产业的市场准入；加强低碳技术国际合作，提高我国低碳技术的自主创新能力；建立碳基金，开展碳金融交易；建立低碳经济法律保障体系等。此外，张安宁和唐在富（2009）、[4]何继军（2010）、[5]陈迎（2010）[6]等学者也从这个角度开展过类似研究。蓝虹（2013）等[7]认为欧盟采取的直接投资、引导金融支持、加大人力资源配置等政策手段，起到提升低碳经济领域国际竞争力的作用。

一些学者已尝试开展促进低碳技术创新的政策工具选择的研究。庄贵阳（2005）[8]认为应从调整能源结构、提高能源效率、调整产业结构、遏制奢侈浪费、发挥碳汇潜力、国际合作6个方面着手。付允

---

[1] 徐冬青.发达国家发展低碳经济的做法与经验借鉴［J］.世界经济与政治论坛，2009，29（6）：112-116.

[2] 林宏.国内外低碳经济发展情况及对我省的建议［J］.政策瞭望，2009，7（8）：42-44.

[3] 秦军.发展低碳经济的国际对比及其对我国的启示［J］.科技进步与对策，2010，27（22）：12-16.

[4] 张安宁，唐在富.发达国家发展低碳经济的实践与启示［J］.中国财政，2009，54（8）：68-70.

[5] 何继军.英国低碳产业支持策略及对我国的启示［J］.金融发展研究，2010，29（3）：58-60.

[6] 陈迎.温室气体减排的主要途径与中国的低碳经济转型［J］.科学对社会的影响，2010，30（1）：46-51.

[7] 蓝虹，孙阳昭，吴昌，等.欧盟实现低碳经济转型战略的政策手段和技术创新措施［J］.生态经济，2013，29（6）：62-66.

[8] 庄贵阳.中国经济低碳发展的途径与潜力分析［J］.太平洋学报，2005，12（11）：79-87.

（2008）等学者[1]分析我国低碳经济的发展模式，认为应从节能、开发可再生资源、设立碳基金和进行碳交易的角度着手。李胜和陈晓春（2009）[2]认为发展低碳经济需要从政策链的角度提供系统的创新国家能源安全政策、国家产业、金融和财政等经济政策、公民参与社会政策、科技和人才政策、消费政策，以及文化政策。张爱军和李晓丹（2010）、[3] 刘世锦（2010）、[4] 马荣（2010）、[5] 周五七和聂鸣（2011）[6]等学者也阐述各自认为合理的低碳政策工具选择。王琳和陆小成（2012）[7]认为消除中国低碳技术创新的制度障碍的关键在于财政、税收、产业等层面的政策创新，以及知识产权保护制度的完善。张鲁秀和张玉明（2012）[8]认为需要从优化银行体系，完善资本市场以及健全中介及信用担保体系的角度来构建企业低碳技术创新的金融支持体系。

一些学者的研究视角比较独特。张坤民和潘家华等学者（2008）[9]用碳排放 Kaya 公式分析中国目前低碳经济的发展，以及面

---

[1] 付允，马永欢，刘怡君，等. 低碳经济的发展模式研究 [J]. 中国人口、资源与环境，2008，18（3）：14-19.

[2] 李胜，陈晓春. 低碳经济：内涵体系与政策创新 [J]. 科技管理研究，2009，29（10）：41-44.

[3] 张爱军，李晓丹. 我国发展低碳经济的政策选择 [J]. 宏观经济管理，2010，26（1）：55-56.

[4] 刘世锦. 当前发展低碳经济的重点与政策建议 [J]. 中国科技投资，2010，9（1）：61-63.

[5] 马荣. 我国发展低碳经济政策工具选择 [J]. 当代经济，2010，26（19）：44-45.

[6] 周五七，聂鸣. 促进低碳技术创新的公共政策实践与启示 [J]. 中国科技论坛，2011，27（7）：18-23.

[7] 王琳，陆小成. 低碳技术创新的制度功能与路径选择 [J]. 中国科技论坛，2012，28（10）：98-102.

[8] 张鲁秀，张玉明. 企业低碳自主创新的金融支持体系研究 [J]. 山东社会科学，2012，26（2）：150-153.

[9] 张坤民，潘家华，崔大鹏主编. 低碳经济论 [M]. 北京：中国环境科学出版社，2008.

临的能源禀赋、发展水平、总量突出和锁定效应等挑战,并提出相应的政策。宋德勇和卢忠宝(2009)❶注重政策工具创新,认为我国的低碳经济政策工具设计应从主要依靠行政手段向以主要依靠市场机制转变。黄栋(2010)❷认为低碳技术创新是包含渐进性创新的突破性创新,考虑到低碳技术创新的这一特点,应从技术推动和需求拉动两个维度综合运用各种政策工具,加强低碳技术平台建设与能力建设,并注重技术引进与自主创新相结合。李武军和黄炳南(2010)❸从政策链的角度进行设计,认为应从能源政策、产业政策、市场政策、消费政策、技术政策、管理政策6个方面健全我国低碳经济政策。钱洁和张勤(2011)❹从政策行动主体、政策工具、政策变迁3个方面对我国低碳政策进行规划分析。徐盈之和周秀丽(2014)❺运用诱导型技术创新理论和技术推动型理论,运用广义矩(Generalized Method of Moments,GMM)估计法,发现在碳税征收、低碳技术知识存量、政府科学技术财政投入和科技人员投入这几个因素中,碳税政策对低碳技术创新的作用最为明显。

还有一些学者从具体低碳产业的角度开展研究,如对新能源汽车产业的创新政策进行研究。李薇薇(2012)❻认为我国发展新能源汽车产业需要采用技术专利化、专利标准化以及标准垄断化的竞争战略。刘

---

❶ 宋德勇,卢忠宝. 我国发展低碳经济的政策工具创新[J]. 华中科技大学学报(社会科学版),2009,23(3):85-91.

❷ 黄栋. 低碳技术创新与政策支持[J]. 中国科技论坛,2010,26(2):37-40.

❸ 李武军,黄炳南. 中国低碳经济政策链范式研究[J]. 中国人口·资源与环境,2010,20(10):19-22.

❹ 钱洁,张勤. 低碳经济转型与我国低碳政策规划的系统分析[J]. 中国软科学,2011,26(4):21-28.

❺ 徐盈之,周秀丽. 碳税政策下的我国低碳技术创新:基于动态面板数据的实证研究[J]. 财经科学,2014,58(9):131-140.

❻ 李薇薇. 新能源汽车产业的专利标准化战略制定与实施[J]. 中国科技论坛,2012,28(6):62-66.

兰剑和宋发苗（2013）❶从定性的角度对我国与美国的新能源汽车创新政策进行对比分析。庞德良和刘兆国（2014）❷分析日本新能源汽车产业政策对其新能源汽车技术发展的影响。谢青和田志龙（2015）❸从政策工具和创新价值链这两大维度分析我国新能源汽车产业的创新政策文本。

（三）低碳技术创新与政策的研究现状述评

国外学者普遍认同能源消耗是温室气体的主要来源，只有在能源领域广泛地开发和采用新技术才能实现温室气体的大规模减少，因而他们大多从能源领域开展实证研究，探讨能源技术创新与国家政策之间的关系。国内学者的研究主要集中在两个方面：一是对国外促进低碳技术创新与推广的政策解读，尝试借鉴国外促进低碳技术创新与推广的政策思路；二是产业、财政、碳交易政策等相关政策措施对低碳技术创新的重要性研究。这些研究为本书提供了前期基础。

国外学者偏重案例研究与统计分析的研究方式，使得他们的研究结论的针对性较强，政策措施的侧重点较明确。我国学者偏重国外政策解读与借鉴的研究方式，注重对我国低碳政策的构建与完善，但这类政策研究大多是宏观层面的抽象研究，仅仅是按照不同视角分别分析某几类低碳政策，未充分考虑低碳政策的整体性与协调性。在缺乏对我国既有低碳政策存量和政策结构的整体把握的前提下，这些政策构建的针对性与可行性值得怀疑。

---

❶ 刘兰剑，宋发苗. 国内外新能源汽车技术创新政策梳理与评价 [J]. 科学管理研究，2013，31（1）：66-70.

❷ 庞德良，刘兆国. 基于专利分析的日本新能源汽车技术发展趋势研究 [J]. 情报杂志，2014，33（5）：60-65.

❸ 谢青，田志龙. 创新政策如何推动我国新能源汽车产业的发展——基于政策工具与创新价值链的政策文本分析 [J]. 科学学与科学技术管理，2015，36（6）：3-14.

二、低碳技术转让与政策

(一) 国外相关研究

欧克韦尔（Ockwell）和沃森（Watson）等7位学者（2007）以英国和印度开展的合作研究为基础，分析处于不同商业化阶段的5个低碳技术案例，评估低碳能源技术在发展中国家与发达国家之间转移的障碍。他们认为发达国家与发展中国家之间的低碳技术转让需要考虑技术变革和能力建设、转移过程中的集成度、供应公司/接受公司战略、吸收能力、技术开发阶段以及知识产权6个关键问题，并进行具体阐述和论证。针对这6个关键问题，他们还进一步提出国家和国际的政策措施建议：（1）发达国家和发展中国家的政府都扮演着通过发挥国家和国际的主观能动性来促进技术转让的重要角色。（2）在促进低碳技术转让问题上，不存在"一个政策适用于所有"的情况。相关的政策措施因技术性质、商业发展阶段、供应商和受援国的政治经济特点而各异。（3）在许多低碳技术发展的早期，垂直技术转让也是横向技术转移。（4）发展中国家的技术能力建设需要依靠技术移转过程中的知识、专门技术以及硬件的转移。（5）受援企业必须采用战略的方法来获取知识和专长。（6）在技术转让集成度较低的情况下，使用受援国制造商供应的零件和劳动力，更容易提高受援国的技术能力。（7）提高企业吸收新技术的能力有必要使企业能够全面利用新低碳技术的优势，不同种类的吸收能力可能需要不同发展阶段的技术。在早期阶段，这很可能包括技术技能和商业技能。提高发展中国家的吸收能力需要双边和多边合作倡议开展低碳技术的研发、示范和部署。（8）知识产权可能是必要的，但不是成功实现技术转移的充分条件。在克服未来的知识产权问题和促进发展中国家技术能力建设这两方面，低碳技术研发的新的国际合作方法可能有重要作用。在进一步分析其他国际基金和公共/私营部门倡议如何促成涵盖知识产权的技术转让的基础上，在收购现有专有技术方面，与知识产权有关的障碍的具体实例应通过对话解决。（9）在技术转让中涉及的各方利益和权利可能对转让过程的结果具有重要影响。❶

巴顿（Barton）（2007）从太阳能光伏（Solar Photovoltaic）、生物燃料（Biofuel）、风能技术（Wind Technologies）这三类清洁能源的角度，探讨当前清洁能源的技术转让模式。❷ 彼得森（Peterson）（2008）认为低碳技术的国际推广包括4种渠道：（1）通过贸易的技术转让；（2）通过外商直接投资（Foreign Direct Investment，FDI）的技术转让；（3）通过国际项目和发展援助的技术转让；（4）通过清洁发展机制（Clean Development Mechanism，CDM）和联合履行（Joint Implementation，JI）的技术转让，并通过实证研究集中阐述这些被转让的温室气体减排新技术对发展中国家温室气体排放量的影响。❸

欧克韦尔、沃森、麦克恩（Mackerron）等5位学者重点研究促进低碳技术从发达国家向发展中国家转移的关键政策。他们通过对混合动力汽车（Hybrid Vehicles）和集成气化联合循环（Integrated Gasification Combined Cycle，IGCC）的燃煤发电这两个低碳领域开展案例研究，指出促进低碳技术向发展中国家转移的6个方面：（1）开展技术转移应当被看作是提高技术接受国低碳技术能力的一部分；（2）由于发展中国家与发达国家处于不同的低碳技术发展阶段，因而这两类国家之间的低碳技术转移既包括纵向转移（从研发阶段向商业

---

❶ Ockwell D G, Watson J, Mackerron G, et al. UK-India Collaboration to Identify the Barriers to the Transfer of Low Carbon Energy Technology [R]. The Sussex Energy Group (SPRU, University of Sussex), TERI and IDS for the UK Department for Environment, Food and Rural Affairs, London, 2007.

❷ Barton J H. Intellectual Property and Access to Clean Energy Technologies in Developing Countries [R]. ICTSD Paper No. 2, 2007.

❸ Peterson S. Greenhouse Gas Mitigation in Developing Countries through Technology Transfer?: A Survey of Empirical Evidence [J]. Mitig Adapt Strategy Global Change, 2008, 13: 283-305.

化的技术转移），又包括横向转移（从一个地理位置向另一地理位置的转移），这使技术转移的障碍和适当的政策反应常常根据技术发展阶段、特殊资源和接受者国家环境而改变；（3）集成度较低的技术转让安排涉及很多方面，例如，获得由东道国设备制造商设立的不同项目，接受国很可能涉及知识交换和传播；（4）作为转移过程的一部分，接受公司的战略目标是在转移过程中获得创新必备的技术秘密和知识，这最终很可能发展它们的能力；（5）获得知识产权有时可能是一种促进技术转让的必要组成部分，它不太可能自给自足，吸收能力以及与新技术相关风险等其他因素也必须解决；（6）在实现低碳技术转移的过程中，国家政策和国际政策介入具有中心作用。在低碳技术转让方面缺乏可用的实证分析，随着国际气候谈判中问题的突出，表明在这一领域迫切需要进一步的研究工作。❶

欧克韦尔和豪姆（Haum）等4位学者指出知识产权和向发展中国家的低碳技术转移一直是联合国气候变化框架公约的许多发达国家与发展中国家缔约方之间的持续争论焦点。他们通过分析在知识产权和低碳技术转移方面，其他学者开展的4个案例研究和3个一般性研究，以及他们与印度、加拿大的研究机构开展的2个案例研究，得出分歧起源于经济发展和低碳技术传播这两种冲突的政治话语，且分歧的存在是因为发达国家与发展中国家对技术能力在经济发展或技术传播方面的作用有着各自的理解。❷

(二) 国内相关研究

在促进低碳技术转让的政策研究方面，邹骥与其他学者一起开展多

---

❶ Ockwell D G, Watson J, Mackerron G, et al. Key Policy Considerations for Facilitating Low Carbon Technology Transfer to Developing Countries [J]. Energy Policy, 2008, 36 (11): 4104-4115.

❷ Ockwell D G, Haum R, Mallett A, et al. Intellectual Property Rights and Low Carbon Technology Transfer: Conflicting Discourses of Diffusion and Development [J]. Global Environmental Change, 2010, 20: 729-738.

项研究。邹骥和徐燕（2005）通过研究全球气候变化的外部性，指出低碳技术开发和国际技术转让是应对气候变化的核心。[1] 然后，邹骥（2008）探讨气候变化领域的技术开发与转让的国际机制创新，认为促进环境友好技术国际合作机制的整体框架主要应当包括：政府间合作机制、资助技术开发与转让的资金机制、技术转让效果评价、核查和监督机制、国际联合研发机制、技术交易平台、知识产权保护机制、促进企业履行社会责任及公众参与机制。[2] 最后，王海芹和邹骥（2009）在综述通过国际贸易、外商直接投资、官方发展援助（Official Development Assistance，ODA）和全球环境基金（Global Environment Facility，GEF）等途径发生的国际技术转让对发展中国家能源效率和温室气体排放影响的相关研究的基础上，通过文献调研说明这4种途径能够促进能效技术的扩散，但是对于技术扩散是否能带来可测量的温室气体减排量以及这4种机制分别对东道国气候绩效的总体影响，他们认为还需要进一步研究。[3]

潘家华和庄贵阳（2010）等梳理了国际低碳技术转让面临的机遇和挑战，他们认为，在全球共同应对气候危机和金融危机并加速向低碳经济转型的大背景下，为了推动国际低碳技术转让，国际社会需要采取以下6种措施：（1）发达国家需增强政治意愿，发展中国家需增强吸收能力；（2）设立专门的组织机构，为技术转让提供组织和制度保证；（3）建立专门的资金机制；（4）发展中国家和发达国家需共同制定国际低碳技术转让的具体机制；（5）建立审查和评估机制；

---

[1] 邹骥，徐燕. 技术开发和转让：应对气候变化的重要举措 [J]. 环境保护，2005，33(1): 64-67.

[2] 邹骥. 气候变化领域技术开发与转让国际机制创新 [J]. 环境保护，2008，36 (6): 16-17.

[3] 王海芹，邹骥. 关于技术转让与发展中国家温室气体控排的研究 [J]. 环境保护，2009，37 (2): 74-77.

(6) 消除知识产权保护给技术转让造成的障碍。❶

吴国华、吴琳和张春玲（2010）认为国际低碳技术转让的障碍在于，发达国家缺乏政治意愿和缺乏低碳技术转让核查机制，并提出一些加快低碳技术转让与开发的对策措施：营造良好的低碳技术转让的国际环境、积极促进建立国际低碳技术转让新机制、高度重视和科学规划低碳技术的开发研究、加强低碳经济共性技术和关键技术的科技攻关、加大对低碳技术研发的资金支持、制定推广应用新能源技术的经济政策。❷

周冯琦（2009）提出气候变化相关技术转让是提升发展中国家应对气候变化能力的关键因素之一，认为需从技术评估、信息平台建设、合作研发、政策完善和国际合作5个方面促进技术转让。❸ 龙振海（2010）提出为了解决低碳技术转让市场流动性问题，有必要构建低碳技术资产证券化模式。❹

（三）低碳技术转让与政策的研究现状述评

在促进低碳技术转让的政策研究中，国外学者注重采用案例研究的方式，从国际条约、国家政策层面探讨如何促进发达国家向发展中国家转让低碳技术。欧克韦尔与其他学者一起开展的系列研究具有代表性，他们以处于不同商业化阶段的低碳技术转让实例开展案例研究，认为发达国家与发展中国家之间的低碳技术转让需要考虑技术变革和能力建设、转移过程中的集成度、供应公司/接受公司战略、吸收能力、

---

❶ 潘家华，庄贵阳. 低碳技术转让面临的挑战与机遇 [J]. 华中科技大学学报（社会科学版），2010，24（4）：85-90.

❷ 吴国华，吴琳，张春玲. 低碳技术转让的障碍及其克服 [J]. 经济研究参考，2010，31（40）：5-8.

❸ 周冯琦. 应对气候变化的技术转让机制研究 [J]. 社会科学，2009，31（6）：33-38.

❹ 龙振海. 低碳技术转让的资金机制问题研究 [J]. 环境污染与防治，2010，32（4）：105-107.

技术开发阶段以及知识产权6个关键问题。国内学者多从技术引进和吸收再创新的角度来研究低碳技术转让,但无论是研究方法,还是研究结论都过于抽象和笼统,对政策制定的指导意义有限。更为重要的是,在发达国家缺乏提供低碳技术政治意愿的情况下,我国作为发展中国家,在促进低碳技术引进方面所能做的努力有限。

正如欧克韦尔和豪姆等(2010)所指出的,发达国家与发展中国家对低碳技术国际转让存在分歧,是因为发达国家与发展中国家对低碳技术能力在经济发展与技术传播中的作用有着各自的理解,即低碳技术的国际转让涉及发达国家与发展中国家的国家利益冲突,是这两类国家的"碳政治"博弈,那些政治色彩浓厚的"软性"对策建议的可行性值得怀疑。由此可见,不能寄希望于发达国家的国际低碳技术转让来全面提高我国的低碳技术水平,只有通过政策措施激励低碳技术创新才能最终促进我国低碳技术水平的提高,加快我国低碳经济转型。❶

三、低碳技术与知识产权

(一) 国外相关研究

一些学者从世界贸易组织体系下的《与贸易有关的知识产权协定》(Agreement on Trade-Related Aspects of Intellectual Property Rights, TRIPs)的角度开展研究,如哈奇森(Hutchison)、斯利尼瓦斯(Srinivas)等。

哈奇森讨论TRIPs协定是促进还是阻碍气候变化技术向发展中国家转让。他认为TRIPs协定阻碍了气候变化技术转让,这主要反映在两个

---

❶ Ockwell D G, Haum R, Mallett A, et al. Intellectual Property Rights and Low Carbon Technology Transfer: Conflicting Discourses of Diffusion and Development [J]. Global Environmental Change, 2010, 20: 729-738.

方面:(1)对许多发展中国家而言,强有力的专利保护加大了技术获得成本,同时对增加外商直接投资或技术贸易没有任何正面影响。那么,TRIPs协定整体上可能阻碍向发展中国家的技术转让和推广。(2)在发达国家的专利持有人因害怕竞争拒绝将技术许可给发展中国家公司的情况中,TRIPs协定又排除国际强制许可的有效补救措施。虽然这类拒绝交易可能通过国内市场的强制许可补救被治愈,但是TRIPs协定对供应出口市场的强制许可设置了严格限制。❶

斯利尼瓦斯从TRIPs协定的角度,以气候变化为背景,讨论知识产权中的技术转让问题。他认为发展中国家应提供更有力的知识产权保护来鼓励技术转让的说法已受到挑战,通过TRIPs协定协调知识产权限制了国家使用强制许可和竞争政策的选择。TRIPs协定已不利于技术转让,特别是向最不发达国家转让,在这一问题上的南北分裂导致了僵局。在这种情况下,寄希望于TRIPs协定带来更多的气候友好技术的转让是徒劳的。在技术开发和转让中使用共同但有差异的责任原则是可取的。发展中国家既需要发展又需要获取技术,这将在未来二三十年促进向低碳经济的过渡。因此,至关重要的是,知识产权问题将不会成为这个过渡的障碍。技术转让的知识产权问题需要通过一系列政策措施结合起来解决,在TRIPs协定的激励下带来全球知识产权制度的改变。❷

波莱凯(Bollyky)从促进气候变化谈判的角度,讨论知识产权与气候变化之间的关系,他认为:(1)围绕知识产权的分歧威胁着气候变化谈判的长期前景,必要清洁技术的进一步发展,需要可行的知识产权框架;(2)知识产权在应对气候变化中的作用比两极分化的谈判给出的建议更细致;(3)气候公约谈判必须建立一个强大的框架,知

---

❶ Hutchison C. Does TRIPs Facilitate or Impede Climate Change Technology Transfer into Developing Countries?[J]. University of Ottawa Law & Technology Journal, 2006, 3: 517-537.

❷ Srinivas K R. Climate Change, Technology Transfer and Intellectual Property Rights [R]. RIS Discussion Papers. RIS-DP #153. RIS Publishing, 2009.

识产权的有效管理可以作为该框架的一个重要组成部分;(4)无法构建能满足所有气候变化框架公约缔约方对气候变化需求的技术创新或推广的路径;(5)关于知识产权和气候变化的多哈宣言的谈判,其充其量只是一个最后的解决方案;(6)气候变化框架公约进程应着眼于创造经济诱因,以及建立一个有利于创新和清洁技术转让的环境;(7)推行全球访问原则(Global Access Principles),即各缔约方应同意对于所有附属于气候变化框架公约的多边筹资机制,通过准则来管理他们的知识产权,以激励清洁技术的开发和转让,尤其是满足发展中国家的需求;(8)全球访问原则是有益的工具,不仅可以有效开发根据气候变化框架公约制定的任何基金,而且它们是将谈判带出知识产权僵局的最佳途径。❶

艾博特(Abbott)以发展中国家处理医药领域的技术开发和转让的经验为基础,研究有关处理气候变化问题的技术开发和转让。Abbott着眼于可替代能源资源(Alternative Energy Resources,AERs)和气候变化缓解技术(Mitigation Technologies,MTs),从知识产权保护的角度将这两类技术与制药技术进行比较,探讨知识产权可能在哪些方面对可替代能源资源和气候变化缓解技术产生不同影响。他通过研究认为,大多数的可替代能源资源和气候变化缓解技术产业可能会较少依赖于强有力的专利保护,以及/或者专利不大可能形成可替代能源资源和气候变化缓解技术开发和转让过程中的严重瓶颈。但是因为证据不充分,所以他不能给出一个明确的结论。另外,他认为有关公共健康的谈判的一些经验教训,对发展中国家的谈判官员在讨论知识产权和气候变化时也许是有用的:经济和政治对谈判结果有实质性的影响;非政府组织和其他利益相关者的参与必不可少;通过有效沟通来塑造民意极

---

❶ Bollyky T J. Intellectual Property Rights and Climate Change: Principles for Innovation and Access to Low-Carbon Technology [F/OL]. http://indiaenvironmentportal.org.in/files/IP_ Climate_ Change_ FINAL.pdf, 2011-06-07.

其重要。他建议发展中国家在发达国家和发展中国家的企业之间促成合资企业等互惠的经济安排，以此来刺激创新和切实的技术转让，以应对气候变化。此外，气候变化谈判中所达成的技术转让承诺应该尽可能的具体而实在，因为关于技术转让的"软性"承诺通常不会取得成果。❶

约翰逊（Johnson）和莱贝克尔（Lybecker）（2009）指出绿色技术的特点是两个市场失灵，知识的公共物品属性和环境外部性。通过考察那些促进技术传播以及使传播复杂化的扩散机制、市场因素、社会特征和政治因素，他认为知识产权并不构成碳减排方面的技术转让的重大障碍，因为减少排放的技术多种多样。在许多情况下，被知识产权保护的技术并不一定比未被覆盖的技术昂贵。尽管知识产权保护有助于专利产品通过贸易流向大型和中等收入国家，但是对贫穷国家没有影响。❷

为了用最小化的成本获取气候变化技术，最大限度地发挥专利制度的创新潜力，萨尔诺夫（Sarnoff）（2011）提出三组建议，其中第一组建议着重指导在最需要的地方进行专利激励，并保证申请了专利的技术的可操作性。第二组建议的重点是保留和利用所有权（和更好地利用监管权，这看起来很类似），以便更好地保证专利技术的普遍获取和低成本许可。最后的建议解决扩大那些自愿在某些市场以低成本供应的专利技术的获取。与在事后监管行动中相比，这些措施在事前创新激励中更可能被使用，更有效，看起来更公平和危害更小，但是事后监

---

❶ Abbott F M. Innovation and Technology Transfer to Address Climate Change: Lessons from the Global Debate on Intellectual Property and Public Health [R]. Issue Paper 24. ICTSD Publishing, 2009.

❷ Johnson D K N, Lybecker K M. Challenges to Technology Transfer: A Literature Review of the Constraints on Environmental Technology Dissemination [R]. Colorado College Working Paper 2009-07. Colorado College Publishing, 2009.

管行动仍将保持使用。❶

奥尔特拉（Oltra）和吉恩（Jean）（2009）对主要汽车厂家低排放汽车（Low Emission Vehicles，LEVs）的专利组合进行了研究。❷

（二）国内相关研究

文佳筠（2009）对现有碳关税提议与知识产权规则提出质疑，认为西方发达国家用碳关税实行贸易保护，阻碍了全球气候合作；强硬的知识产权体系阻碍了低碳技术创新和强制许可，因而提出要挑战现有的知识产权垄断体制。另外，他还认为中国忽视了通过国内已有技术来实现节能减排，未能将促进自主创新及其推广真正落实。❸

针对发达国家与发展中国家在低碳技术的开发与转让过程中的知识产权问题上的分歧，周元春、邹骥、王克（2010）提出以下建议：发达国家政府为本国企业提供技术转让的资金补贴、加强发展中国家自身的能力建设、促使 TRIPs 协定进行改革、促进 WIPO 与 UNFCCC 的合作。❹ 蒋佳妮和王灿通过实地调研和文献分析相结合的方法，发现中国电动汽车制造技术领域在技术转让过程中面临无法获得先进技术、市场换不来技术、技术转让费用高昂等知识产权障碍，认为需要通过提高低碳技术申请发明专利条件，强化专利披露制度，推进行业标准的制定等措施来克服上述知识产权障碍。❺

---

❶ Sarnoff J D. The Patent System and Climate Change [F/OL]. http://papers.ssrn.com/sol3/papers.cfm? abstract_id=1780499，2011-06-23.

❷ Oltra V, Saint Jean M. Variety of Technological Trajectories in Low Emission Vehicles: a Patent Data Analysis [J]. Journal of Cleaner Production, 2009, 17 (2): 201-213.

❸ 文佳筠. 单边碳关税与知识产权：全球气候合作的两大障碍 [J]. 绿叶, 2009, 18 (10): 61-68.

❹ 周元春, 邹骥, 王克. 低碳技术如何迈过知识产权门槛？[J]. 环境保护, 2010, 38 (2): 68-70.

❺ 蒋佳妮, 王灿. 应对全球气候变化技术的国际转让与知识产权：基于中国电动汽车技术领域的分析 [J]. 科技创新导报, 2011, 8 (26): 127-128.

张鹏（2010）从知识产权的创造、运用、保护和管理的角度，对如何通过知识产权制度激励低碳技术创新进行探讨。❶ 崔玉清（2011）认为知识产权使低碳技术具备市场性，但未能兼顾低碳技术的环境性，导致市场失灵，若知识产权仍过分追求市场效率，将不利于低碳技术的推广。❷ 何隽（2010）通过探讨知识产权制度与低碳技术创新之间的互动关系，分析低碳技术的专利申请和专利许可的发展趋势，就建立一套因应气候变化的特殊专利制度进行可行性论证。❸ 柳福东、朱雪忠和文家春（2011）认为需要在专利取得制度、专利审查标准、专利运用制度、对外专利制度方面进行变革，以促进低碳发展。❹ 吴勇（2013）认为因应气候变化的国际知识产权制度的缺失成为发展中国家获得气候变化技术的重要障碍。为了促进发达国家向发展中国家转让气候变化技术，应将气候变化技术定位为全球公共物品，并在《联合国气候变化控制框架公约》体系内建立气候变化技术转让的专门知识产权制度和配套机制。❺

有一些学者从专利发展态势的角度分析某个具体领域的低碳技术发展现状、趋势和问题。张伟和张曼（2014）分析1976~2011年我国在吸收、吸附、低温、薄膜这四类二氧化碳捕获技术领域的专利发展态势，认为我国在二氧化碳捕获技术领域的研究重点为新型吸收技术，需要拓宽融资渠道并完善配套政策来促进二氧化碳捕获技术的发展。❻

---

❶ 张鹏. 论低碳技术创新的知识产权制度回应 [J]. 科技与法律, 2010, 22 (3): 29-32.

❷ 崔玉清. 知识产权保护对低碳技术转让的影响 [J]. 开放导报, 2011, 20 (1): 48-51.

❸ 何隽. 从绿色技术到绿色专利——是否需要一套因应气候变化的特殊专利制度？[J]. 知识产权, 2010, 20 (1): 37-41.

❹ 柳福东, 朱雪忠, 文家春. 基于低碳发展导向的专利制度研究 [J]. 中国软科学, 2011, 26 (7): 24-30.

❺ 吴勇. 建立因应气候变化技术转让的国际知识产权制度 [J]. 湘潭大学学报（哲学社会科学版）, 2013, 37 (3): 36-41.

❻ 张伟, 张曼. 基于专利和文献的CO_2捕获技术态势分析 [J]. 科技管理研究, 2014, 34 (5): 110-114.

王旭亮等（2014）分析 1986~2012 年我国啤酒低碳技术领域的专利发展态势，发现尽管国际竞争者在我国啤酒低碳技术方面的专利布局还处于初级阶段，但我国在该领域也存在啤酒低碳技术专利在啤酒专利领域所占比重较小，单位专利科研投入相对较少，以及尚未形成全产业链的专利布局等问题。❶ 王静和朱桂龙（2012）对比分析我国新能源汽车产业的整体发明专利与产学研联名专利。❷ 杨利锋和陈凯华（2013）从国际专利申请的角度对比分析美国、日本等主要国家的电动汽车技术的国际化程度。❸ 王静宇、刘颖琦和阿里（Ari）（2016）从年代分布、申请人分布、专利技术领域分布的视角剖析中国新能源汽车产业技术创新现状，并对中国新能源汽车产业链和专利数据进行关联分析。❹

（三）低碳技术与知识产权的研究现状述评

在低碳技术与知识产权方面，国外学者侧重研究低碳技术转让的知识产权问题。他们对于知识产权到底是激励还是阻碍低碳技术转让没有达成统一的认识，如哈奇森（2006）认为 TRIPs 制度阻碍了气候变化技术转让，这主要体现在技术获得成本的增加、技术贸易数量的减少以及国际强制许可的有效补救措施缺乏。❺ 斯利尼瓦斯（2009）认为通过 TRIPs 协定协调知识产权政策，限制了国家使用强制许可和竞争政

---

❶ 王旭亮，李红，王异静，等. 中国啤酒低碳技术领域专利发展态势分析 [J]. 食品科学，2014，35（17）：351-359.

❷ 王静，朱桂龙. 新能源汽车产业产学研合作专利分析 [J]. 中国科技论坛，2012，28（1）：37-43.

❸ 杨利锋，陈凯华. 中国电动汽车技术水平国际比较研究 [J]. 科研管理，2013，34（3）：128-135.

❹ 王静宇，刘颖琦，Ari K. 基于专利信息的中国新能源汽车产业技术创新研究 [J]. 情报杂志，2016，35（1）：32-38.

❺ Hutchison C. Does Trips Facilitate or Impede Climate Change Technology Transfer into Developing Countries? [J]. University of Ottawa Law & Technology Journal，2006，3：517-537.

策的选择。❶ 约翰逊（Johnson）和莱贝克尔（Lybecker）（2009）通过考察促进低碳技术推广的扩散机制、市场因素、社会特征和政治因素，认为知识产权并不构成碳减排方面的技术转让障碍。❷ 霍尔（Hall）和赫尔默斯（Helmers）（2010）认为关于知识产权在促进气候变化相关技术发展和扩散的作用的现有证据非常少，并且没有提供足够的深刻见解来得出任何实质性的结论，因而需要进一步努力调查知识产权和绿色技术的相互关系，尤其是调查发展中国家的情况。❸ 这些研究仍停留在观点论证与问题梳理的层面，对于如何促进知识产权激励低碳技术转让，或者如何减少知识产权对低碳技术转让的阻碍没有开展深入研究，缺乏具有可行性的对策建议。之所以会出现这样的研究困境，是因为发达国家和发展中国家在低碳技术国际转让中承担共同但有差异的责任。对发达国家而言，低碳技术国际转让缺乏经济诱因，因而难以从国际公约与国家政策层面采取有效的激励措施促进低碳技术的国际转让。

在低碳技术的国际转让方面，国内学者们认识到发达国家的知识产权垄断体制对低碳技术国际转让的阻碍，由发达国家政府提供资金补贴促进本国企业向发展中国家提供低碳技术转让的政策建议缺乏可行性。在低碳技术创新方面，学者们主要是从知识产权的创造、运用、保护和管理的角度提出激励低碳技术创新的知识产权政策建议。与低碳技术创新相对应的主要是知识产权制度中的专利制度，因而一些学者具体到专利的取得、审查、运用的角度研究激励机制，更具针对性。但是这些政策建议未考虑专利政策与低碳经济政策之间的关系，不能在

---

❶ Srinivas K R. Climate Change, Technology Transfer and Intellectual Property Rights [R]. RIS Discussion Papers RIS-DP #153. RIS Publishing, 2009.

❷ Johnson D K N, Lybecker K M. Challenges to Technology Transfer: A Literature Review of the Constraints on Environmental Technology Dissemination [R]. Colorado College Working Paper 2009-07. Colorado College Publishing, 2009.

❸ Hall B H, Helmers C. The Role of Patent Protection in (Clean/Green) Technology Transfer [R]. NBER Working Paper 16323. NBER Publishing, 2010.

最大程度上保障政策的实施效果。

综上所述，短期内通过国际公约与国家政策的激励措施难以在低碳技术国际转让方面取得实质性进展。为加快我国低碳经济转型，应从促进低碳技术创新的角度提高我国低碳技术的整体水平。尽管国内外学者已普遍认同低碳技术创新与推广对低碳经济转型的重要性，关注公共政策变革对低碳技术创新的引领作用。但国外学者通过国外数据的统计分析与案例研究得出的研究结论与政策建议，无法直接在我国适用。与此同时，我国学者积极从国外政策移植与国内政策创新的角度开展促进低碳技术创新与推广的政策研究，但是这些研究既缺乏对中国既有低碳政策存量和政策结构的整体把握，又缺乏政策之间的互动机制的研究，降低了具体政策措施制定的关联性与可行性，影响低碳政策的整体实施效果。因此，本书以促进低碳技术创新为视角，在全面把握我国低碳领域公共政策的现状与不足的基础上，对专利政策与低碳经济政策的互动机制进行研究，为低碳政策整体实施效果的提升提供对策建议。

需要说明的是，低碳领域的公共政策目前尚没有统一的称谓，也缺少权威的定义。不同的学者因为研究的侧重点不同，对低碳领域的公共政策涵盖范围的理解不同，使用不同的称谓来指代，如低碳经济政策[1]、碳减排政策[2]、低碳政策[3]等。为了研究互动机制的需要，顺应研究低碳领域公共政策的学者们的表述习惯，本书所谈的专利政策是指那些旨在降低温室气体排放或减少化石能源消费的与专利相关的政策。本书所谈的低碳经济政策是指那些以节能减排为直接目的，由控

---

[1] 宋德勇，卢忠宝. 我国发展低碳经济的政策工具创新 [J]. 华中科技大学学报（社会科学版），2009，23（3）：85-91；李武军，黄炳南. 中国低碳经济政策链范式研究 [J]. 中国人口、资源与环境，2010，20（10）：19-22.

[2] 胡振宇. 低碳经济的全球博弈和中国的政策演化 [J]. 开放导报，2009，18（5）：15-19.

[3] 钱洁，张勤. 低碳经济转型与我国低碳政策规划的系统分析 [J]. 中国软科学，2011，26（4）：21-28.

制碳排放或管理能源利用的相关部门制定和执行的非专利类政策。本书采用低碳政策统称与低碳相关的所有公共政策。

第四节 研究方法与基本框架

一、研究方法

本书综合运用管理学、法学和经济学等专业的相关知识，主要采用内容分析法、结构分析法和共词分析法三种研究方法。

（1）内容分析法。内容分析法是一种量化分析文献内容的研究方法。这里采用内容分析法，是对1992~2013年我国代表性的低碳政策进行政策工具的计量分析。

（2）结构分析法。本书采用结构分析法分别分析低碳技术创新与专利政策之间，以及低碳技术创新与低碳经济政策之间的关系，并进一步以促进低碳技术创新为导向，探讨专利政策与低碳产业政策、低碳财税政策、低碳投融资政策以及碳交易政策之间的互动。

（3）共词分析法。共词分析法用于研究关键词共现现象，以两两统计关键词在同一篇文献中出现的次数构建共词矩阵为基础，通过分析得到的共词矩阵，判断这些关键词之间的亲疏关系，进而分析这些关键词所代表的主题结构。本书以1992~2013年我国低碳领域的代表性政策为研究对象，运用共词分析法，通过多维尺度分析可视化地展示我国现行低碳政策的政策结构。

二、基本框架

本书共分为七章。

第一章为绪论，主要阐述选题背景、目的和意义、文献综述、研究方法与内容、技术路线与创新点五个方面的问题。

第二章为理论基础，从资源环境经济学、制度经济学、演化经济学、专利经济学的角度，相应地层层梳理低碳经济、低碳政策、低碳技术创新、低碳专利等层面的理论基础，为本书提供理论框架。

第三章为低碳技术创新的动力机制分析，首先探讨低碳技术的范围与特点，然后给出本书对低碳技术创新的含义界定及其与传统技术创新的区别，进而从理论上探讨低碳技术创新的动力机制，指出低碳技术创新的动力机制以政府低碳规制为主，明确了低碳技术创新对相关政策的需求分析的逻辑前提。

第四章为低碳技术创新对专利政策和低碳经济政策的需求分析，在从政策工具的角度描述我国低碳政策现状的基础上，分别分析专利政策、低碳经济政策对低碳技术创新的作用机理，并进一步从现行政策工具的角度对作用机理进行阐述与印证。

第五章为中国现行低碳经济政策与专利政策的结构分析，首先探讨研究政策结构的可选方法，然后以1992~2013年我国低碳领域的代表性政策为研究对象，将筛选出的高频政策工具作为关键词，经过数据处理后，运用共词分析法，通过多维尺度分析可视化地展示我国现行低碳政策的政策结构，并进一步对政策结构进行分析与讨论。

第六章为专利政策与低碳经济政策的互动机制分析，以促进低碳技术创新为视角，探讨专利政策与低碳经济政策互动的必要性，并进一步分析专利政策与经济政策互动的作用机理，在此基础上，深入探讨专利政策与低碳产业政策、低碳财税政策、低碳投融资政策以及碳交易政策之间的互动机制。

第七章为结论与展望，对本书的研究结论进行归纳与总结，从低碳经济政策、专利政策两个方面给出政策建议，并指出本书研究的局限性与不足，对未来研究方向进行展望。

第五节 技术路线与创新点

一、技术路线

本书共分七章，技术路线如图 1-1 所示。

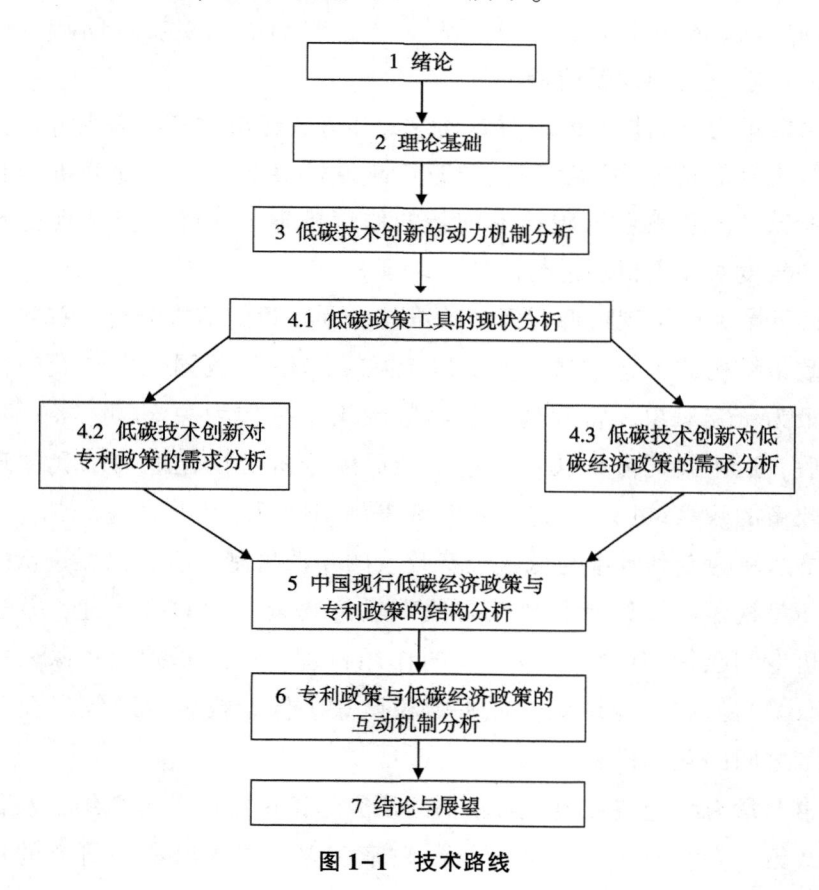

```
1 绪论
  ↓
2 理论基础
  ↓
3 低碳技术创新的动力机制分析
  ↓
4.1 低碳政策工具的现状分析
  ↙            ↘
4.2 低碳技术创新对    4.3 低碳技术创新对低
专利政策的需求分析      碳经济政策的需求分析
  ↘            ↙
5 中国现行低碳经济政策与
专利政策的结构分析
  ↓
6 专利政策与低碳经济政策的
互动机制分析
  ↓
7 结论与展望
```

图 1-1 技术路线

二、创新点

(1) 运用文本分析法明确了既有低碳政策工具的存量和内涵。现有研究注重对低碳政策的规划与建构,缺乏对既有低碳政策存量和政策内涵的系统分析,导致政策规划的针对性与可行性值得怀疑。本书指出政府低碳规制是推动企业低碳技术创新的最重要动力,运用政策工具理论和文本分析法明确我国现行低碳政策工具的存量和内涵,有助于更好地把握现行低碳政策的政策存量和政策现状,为低碳政策的优化提供现实依据。

(2) 运用共词分析法明确促进低碳技术创新的公共政策结构。现有研究选择不同角度研究低碳政策措施,缺少对我国低碳政策现状的整体把握,导致低碳政策规划缺乏整体性与协调性。本书运用共词分析方法对我国代表性的低碳政策进行计量分析,明确我国促进低碳技术创新的公共政策结构,有助于更好地进行促进低碳技术创新的公共政策布局,实现政策供给的良性循环。

(3) 揭示促进低碳技术创新的专利政策与低碳经济政策互动机制。现有研究忽视了低碳政策之间的互动对低碳技术创新的影响,特别是忽视了专利政策在低碳政策互动中的重要性。本书在明确专利政策与低碳经济政策互动必要性的基础上,提出将专利政策作为低碳政策互动的枢纽,揭示了促进低碳技术创新的专利政策与低碳经济政策互动机制,有助于提高低碳政策的整体实施效果,更有效地促进低碳技术创新。

第二章 理论基础

工业革命时代以来，经济增长成为人类社会发展的第一目标，但人类促进经济增长的同时还带来全球资源耗竭、环境污染与气候变化。20世纪全球环境污染和气候变化引发的公害频发，对人类生产、生活和健康造成严重损害。

低碳经济来源于人类经济发展与环境之间关系的反思，用于解决温室气体过度排放带来的资源耗竭、环境污染和全球气候变化等问题。作为一种全新的经济发展模式，低碳经济引领全球经济发展的浪潮，随着低碳经济实践的不断加深，从低碳经济、低碳政策、低碳技术创新、低碳专利等层面层层梳理理论基础，有利于更好地促进低碳经济转型。

第一节 低碳经济与资源环境经济学

20世纪以来，全球环境状况因工业污染不断恶化，温室气体过度排放导致的全球气候变化加速了生态恶化，这些问题的出现与经济增长方式的不可持续性有着密切联系。1972年，联合国发表的《人类环境宣言》指出人类必须尽到保护自然的责任。同年，罗马俱乐部发布研究报告《增长的极限》,❶ 指出人类对资源的过度消费和开发最终将导致人类社会的衰退。为了应对气候变化和国内能源挑战,发展低碳经济已经成为国际共识。低碳经济的核心是低碳技术创新和制度创新,目标是减缓气候变化和促进人类的可持续发展。❷

低碳经济的提出,以资源环境经济学为理论基础。之所以会出现资源环境经济学,是因为传统主流经济学没有将环境因素纳入分析范式,忽视了人类经济发展与环境之间的和谐。这具体体现在两个方面:(1)传统主流经济学的理性经济人假设缺少环境生态要素,导致人们仅仅从现实的物质经济利益出发向自然界无限索取,造成环境损耗与环境质量恶化。❸(2)传统主流经济学将环境要素排除在稀缺资源范围之外,导致环境资源的经济价值长期被忽视,造成资源浪费和破坏。❹加之,环境资源从破坏到恢复的周期较长,如果环境资源遭到严重破坏以至打破生态平衡,会使生态环境再生恢复过程更加艰难,甚至无法再生恢复,从而造成生态环境危机。所以说,资源耗竭、环境污染和全球气候变化等问题的出现,是人类认识有限理性的结果,是人类把生态环境保护与经济发展对立起来的结果,把生态环境保护与降低成本、科技创新对立起来的结果。

一、低碳经济与资源经济学

资源经济学,是通过经济分析研究资源的合理配置与最优使用及其与人口、环境的协调和可持续发展等资源经济问题的学科,其研究对象包含能源经济。资源经济制度是人类制度体系形成与发展的基础,

---

❶ [美] 丹尼斯·米都斯. 增长的极限 [M]. 李宝恒译. 长春:吉林人民出版社,1997.
❷ 庄贵阳. 中国经济低碳发展的途径与潜力分析 [J]. 太平洋学报,2005,12(11):79-87.
❸ 李艳丽,李利军. 节能减排社会经济制度研究 [M]. 北京:冶金工业出版社,2010.
❹ 卢现祥,罗小芳. 论发展低碳经济的制度安排 [J]. 江汉论坛,2011,54(11):5-10.

资源的突然发现、大规模开发或资源价格的异常变动都将引发国际贸易和工业化进程的变动。❶ 全球气候变化，带来环境与人类经济和谐发展的需求，必然引发碳基能源利用削减、能源结构改变和化石能源利用效率提高等变化。作为工业经济的重要基础，能源结构的改变必将带来相应的经济制度的变化。

资源经济学为低碳经济的发展与研究提供了3个基础：（1）运用不可再生能源耗竭理论，分析能源分布与利用状况，探讨能源发展战略，能为低碳经济发展的必要性提供事实依据；（2）能源是一种重要的自然资源，能源的高效利用与合理配置是低碳经济需要解决的问题，运用资源公共物品配置理论、资源经济转型理论等资源经济学的基础理论来分析低碳经济发展中面临的问题将起到事半功倍的作用；（3）低碳经济与资源经济的研究具有交叉性，只是研究对象与侧重点不同，可以运用资源价值评估理论评估具体低碳方案的经济效益。

二、低碳经济与环境经济学

环境经济学分析环境与经济的协调性。在微观层面，环境经济学以均衡理论、外部性理论、产权理论等作为基础理论和方法，探究环境问题的根源、治理方式及相应的费用效益等问题。❷ 新古典经济学的代表人物马歇尔提出的均衡理论认为环境问题根源于环境资源配置的市场失灵和政府失灵，这为低碳经济研究提供了微观分析范式。福利经济学中的外部性理论推崇庇古税，产权理论又提倡排污权交易，这两种治理方案的提出为利用市场力量发展低碳经济提供了思路，演化出碳税、碳排放权交易等一系列政策工具。在宏观层面，环境经济学侧重研

---

❶ 曲福田. 资源经济学 [M]. 北京：中国农业出版社，2001.
❷ [美] 威廉·鲍莫尔，华莱士·E. 奥茨. 环境经济理论与政策设计 [M]. 严旭阳译. 北京：经济科学出版社，2003.

究经济与环境之间的相互影响,这为低碳经济的提出提供了宏观层面的理论依据。此外,考虑到国际环境问题中的合作与冲突异常复杂,可以借鉴处理环境问题的具体博弈理论,分析低碳经济的国际谈判、合作与协调等问题。

第二节　低碳政策与制度经济学

萨缪尔森和诺德豪斯认为,"外部性(Externality)是指那些生产或消费对其他团体强征了不可补偿的成本或给予了无需补偿的收益的情形,包括正外部性(Positive Externality)和负外部性(Negative Externality)"。❶ 碳排放负外部性的存在带来了高碳经济,解决外部性问题的根本途径是外部性内在化,低碳经济制度是实现碳排放外部性内在化的方式之一。所谓低碳经济的制度安排,是指政府通过制定并执行相应的低碳政策协调经济发展与节能减排之间的关系。

低碳经济转型涉及社会生产生活的方方面面,属于跨界问题(Cross-cutting Issues)。❷ 考虑到每种制度都各有优缺点,单一地强调某一种制度而忽视或否定其他制度将无法完全实现低碳经济发展目标。因为这些制度并不是相互替代,而是相互补充的,所以多元的制度格局更有利于发展低碳经济。与低碳经济相关的制度经济学理论包括凯恩斯主义、庇古理论、科斯定理、自主治理理论及社会准则的教育。以这些理论为基础的低碳政策力图找到将碳排放外部成本内部化的有效途径,从而消除碳排放社会成本与私人成本的差额。

---

❶ [美]萨缪尔森,诺德豪斯. 经济学 [M]. 18版. 萧琛主译. 北京:人民邮电出版社,2008.

❷ 周志忍,蒋敏娟. 整体政府下的政策协同:理论与发达国家的当代实践 [J]. 国家行政学院学报,2010,12(6):28-33.

一、政府的直接管制与凯恩斯主义

1936年凯恩斯发表《就业、利息和货币通论》[1]后,各国政府陆续利用凯恩斯提出的宏观经济理论来调控经济,在低碳政策领域表现为政府的直接管制。直接管制是政府以非市场途径,即制定和执行标准或限额的方式对碳排放外部性的直接干预,包括命令和控制两种方式。命令是指示企业一定不能超过已经预先确定的碳排放限额;控制是对节能减排标准的监督和强制执行。命令和控制的方式具有针对性强、易操作、可监管的优点,但是这两种对碳排放活动直接干预的方式,在不考虑企业之间成本与收益差别的情况下,要求不同企业按照相同的标准进行节能减排,缺乏灵活性。此外,这种干预带有法定性质,企业若不遵守,所承担的经济后果远远高于控制成本或边际收益,通过经济制裁达到节能减排效果不仅缺乏效率,而且执行成本较高。

二、经济激励手段与庇古理论和科斯定理

通过经济激励手段也可以达到碳排放外部性内在化的目的。经济激励手段是利用价格机制促使企业节能减排的一种手段。对于碳排放外部性的内在化来说,经济激励手段可以分为价格控制和数量控制两大类。价格控制以庇古理论为依据,主要是对生产者行为或产品实行税收、收费或补贴。数量控制以科斯定理为理论基础,通过分配市场许可设定可接受的碳排放水平。

庇古在《福利经济学》一书中指出,当经济中出现外部性时,市场失灵随之出现,为挽回市场失灵带来的福利损失,必须依靠政府干

---

[1] [英] 约翰·梅纳德·凯恩斯. 就业、利息和货币通论 [M]. 陆梦龙译. 北京:中国社会科学出版社, 2009.

预。为了解决外部性问题，庇古首次提出对正外部性行为进行补贴，对负外部性行为进行征税或收费，以此来矫正外部性所导致的社会成本与私人成本之间的偏离。❶ 运用庇古理论，通过政府干预实现碳排放负外部性内在化，其假设前提是政府对企业碳排放信息是完全知情的。这一前提在现实社会中很难做到，因此，在实际应对碳排放负外部性问题时，庇古税难以发挥效用的可能性较大。

科斯定理以批判庇古理论为基础，反对庇古理论提出的通过政府征税或补贴的方式实现外部性内在化，提出在交易及谈判成本为零、产权明晰的情况下进行企业之间的谈判。❷ 科斯定理的局限在于：（1）明确碳排放的权利，不仅这种权利要被严格制度化，而且应获得法律保障，这与庇古的征税相比难度可能要大得多；（2）在实际生活中，交易及谈判成本为零的情形少之又少，有时甚至比交易标的的价值更高。

庇古理论和科斯定理都从外部性出发，但这两种理论具有很多不同之处：（1）在外部性内在化上，庇古理论强调国家干预，科斯定理主张从产权入手；（2）在对市场和政府的看法上，庇古理论认为，市场在自然资源的分配与保存上常常无能为力，政府可以运用法律进行规制与监督，而科斯定理则认为由于官员会考虑自身收益，因此，往往忽视资源分配的社会收益；（3）在实施环境保护的手段上，庇古理论主张从法律角度来进行，主要采取行政手段，而科斯定理从产权入手，主要采取经济手段。

三、自愿协议与自主治理理论

自愿协议及自主治理是发展低碳经济的一种新机制。埃莉诺·奥斯

---

❶ Pigou A C. The Economics of Welfare [M]. London: Macmillan, 1920.

❷ Coase R H. The Problem of Social Cost [J]. The Journal of Law and Economics, 1960 (3), 1-44.

特罗姆突破传统理论中对政府或市场非此即彼的逻辑选择，认为自主治理是与政府、市场并存的第三种治理形式。埃莉诺·奥斯特罗姆首次系统地提出自主治理理论，❶ 这为碳排放外部性的内在化提供了第三条道路，即自愿协议的方式。节能减排自愿协议的渗透力强、涉及面广泛，但缺乏法律强制力，在社会整体低碳意识欠缺的情况下，企业的自愿性碳减排承诺往往执行不力，协议效力形同虚设。

四、宣传教育与社会准则的教育理论

可以对人们进行社会准则的教育以解决碳排放外部性问题。社会准则（Social Sanctions）就是社会可接受的方式。斯蒂格利茨认为，社会准则的内容就是"黄金律"（Golden Rule），❷ 黄有光则认为，在外部性事件中，良心总是在一定程度上起作用。❸ 实际上，黄金律和良心效应（Conscience Effect）都是以社会机制为依托的道德教育，具体到碳排放外部性问题，就是当市场失灵和政府失灵同时存在时，依靠公众的低碳意识来解决问题。要使公众具有低碳意识，需要政府开展节能减排宣传教育。运用思想教育的方式解决碳排放外部性问题，属于新制度经济学中所指的非正式规则，在一定范围内可以发挥作用，但由于这种方式缺乏激励和强制，只能作为一种辅助手段。

凯恩斯主义、庇古理论、科斯定理、自主治理理论和社会准则的教育在低碳政策中的系统运用说明发展低碳经济需要综合利用政府、市场和社会的力量，以强制规则和自愿协议的互补运用为依托。❹ 每种理

---

❶ [美] 埃莉诺·奥斯特罗姆. 公共事物的治理之道：集体行动制度的演讲 [M]. 余逊达，陈旭东译. 上海：上海三联书店，2000.
❷ 刘友芝. 论负的外部性内在化的一般途径 [J]. 经济评论，2001，22（3）：7-10.
❸ 兰月. 环境污染外部性的内部化研究：兼论我国农业污染的内部化策略 [J]. 北方经贸，2004，24（2）：82-84.
❹ 卢现祥，罗小芳. 论发展低碳经济的制度安排 [J]. 江汉论坛，2011，54（11）：5-10.

论都存在一定的适用范围和局限性,这些理论相互之间并不完全矛盾,而是相互补充,有机融合为碳排放外部性内部化的有效途径与系统框架。综合上述各种理论,为实现节能减排的有序进行与人类社会的可持续发展,政策制定应从政府、公众和企业交互合作的角度开展,优化选择与合理整合低碳政策工具。

第三节 低碳技术创新与演化经济学

演化经济学借用了现代生物学的进化隐喻,❶ 以创新为核心,重视制度变迁对经济演化和技术创新的影响。根据演化经济学,一方面,低碳政策在促进碳排放外部性内部化的过程中,将因改变企业成本而影响企业竞争力;另一方面,在缺乏低碳政策规制的情况下,企业很少考虑碳排放,以追求企业利润为目的开展创新活动。适当严格的政策规制存在激发企业进行低碳技术创新的可能性。因此,要降低低碳政策规制对企业竞争力,甚至是国家竞争力的负面影响,可以通过低碳政策引导和激励企业低碳技术创新与推广,达到降低企业节能减排成本的目的。

演化经济学为低碳技术创新的研究提供了3个基础:(1)从演化经济学的角度来看,技术与制度是协同演化的,这种协同演化的过程构成经济增长背后的主要推动力。低碳经济转型是一个技术-制度综合体(Techno-Institutional Complexes, TIC),既包括技术本身,也包括构建与管理这些技术的社会组织与制度体系,❷ 这说明低碳政策与低碳技术创新之间存在相互关系,为从低碳政策优化的角度探索低碳技术创

---

❶ Marshall A. The Principles of Economics [M]. 8th ed. London: Macmillan, 1949.
❷ Unruh G C. Understanding Carbon Lock-in [J]. Energy Policy, 2000, 28 (12): 817–830.

新的激励机制提供了理论依据。（2）根据路径依赖理论，传统技术规模收益递增驱动的路径依赖可能带来碳锁定效应，技术进步本身无法突破阻碍低碳经济转型的非技术障碍，政府在掌握全球技术进步的总体趋势与基本规律，以及本国或本地区技术进步总体趋势方面具有无可比拟的信息优势，通过鼓励技术创新的公共政策向社会传达"政府偏好"，能够在很大程度上促进低碳技术的"碳解锁"。这说明了需要从公共政策的角度促进低碳技术创新的原因，为探索低碳技术创新激励政策的优化路径提供了思考方向。（3）虽然低碳技术创新不能被计划或编程，并且大多数低碳技术创新来自私人公司，但多元化的政府政策能影响低碳技术变革的速度和方向，这说明公共政策能促进低碳技术创新，为探索低碳技术创新的动力机制提供了研究方向。

第四节　低碳专利与专利经济学

专利经济学是指运用现代经济学的基本原理、工具和研究方法，分析专利制度的形成、结构、功能、效率及社会收益的学科。经济学旨在使稀缺资源得到优化配置和有效使用。从经济学的角度来看，专利制度的形成源于技术发明的稀缺性。专利制度本身并不创造价值，但是专利制度通过赋予发明者在一定时期内排他性地使用自己的技术发明的权利，不仅使得技术发明得到更加有效的利用，而且会进一步刺激和诱导新的技术发明，从而提高整个社会创新活动的积极性，增加了社会收益。

专利经济学为低碳专利的研究提供了3个基础：（1）专利制度将发明者对其技术发明的权利进行了有效地界定和保护，在排除他人免费搭便车的同时，使发明者对其技术发明的收益享有充分的权利，达到提高创新的私人收益率使之接近社会收益率的目的，是一种鼓励技术创新的激励机制。从理论角度确证专利制度是技术创新的激励机制，为从低碳专利的角度探索激励低碳技术创新的路径提供了理论依据。（2）专利这种排他性专有权的实施保证了对发明者的补偿和对公众创新热情的激励，但是当专利权人的垄断性经营收益超过创造性成本后，就存在个人对社会财富的掠夺。也就是说，专利保护程度决定了专利权人与社会公众之间的利益配置。诺德豪斯模型❶以专利保护期限为指标来衡量专利制度对发明者的保护程度，梅吉斯和纳尔逊（1992）❷将衡量专利制度保护程度的指标拓展为专利保护期限和专利保护范围，这为寻求低碳专利的合理保护程度以实现社会福利的最大化提供了研究方法。（3）专利制度通过给予发明者对其技术发明一定程度的垄断权来激励创新活动。专利制度允许暂时的垄断，而垄断是一种低效率的资源配置方式，会导致资源利用不充分。但是正如斯科奇默（Scotchmer）（1991）❸所说，专利制度只是实现精确政策目标的"钝器"（Blunt Instrument），要把专利制度与其他政策结合起来考虑，才能给出具有可行性的政策建议，这为研究专利政策与低碳经济政策的互动机制提供了理论依据。

第五节 小　　结

低碳经济的核心是低碳技术创新和制度创新，目标是促进人类的可

---

❶ Nordhaus W D. Invention, Growth and Welfare: A Theoretical Treatment of Technological Change [M]. Cambridge: MIT Press, 1969.

❷ Merges R P, Nelson R R. Market Structure and Technical Advance: The Role of Patent Scope Decisions [M] // Jorde T M, Teece D J (Eds.). Antitrust, Innovation and Competitiveness. Oxford: Oxford University Press, 1992.

❸ Scotchmer S. Standing on the Shoulders of Giants: Cumulative Research and the Patent Law [J]. Journal of Economic Perspectives, 1991, 5 (1): 29-41.

持续发展。低碳经济发展需要依靠企业技术创新和政府政策措施，因而与资源环境经济学、制度经济学、演化经济学、专利经济学等理论均密切相关。其中，资源环境经济学主要研究资源、环境与经济之间的关系，为低碳经济转型提供经济、环境、社会等角度的理论依据；制度经济学把制度作为研究对象的一门经济学分支，通过对凯恩斯主义、庇古理论、科斯定理、自主治理理论和社会准则的教育等理论的分析，明确各类低碳政策工具的理论基础与优缺点，为明确各类低碳政策工具的边界，以及后续低碳政策工具的选择与整合奠定了理论基础；演化经济学综合考量技术和制度对低碳经济转型的影响，将低碳经济转型作为一个技术-制度综合体，从路径依赖理论的角度帮助企业找到合理的低碳技术发展方向，协助政府制定符合本土特点的低碳政策；专利经济学将技术发明作为稀缺资源，运用现代经济学理论和工具来研究专利制度，为寻找促进低碳技术创新的最优专利制度提供了理论基础和研究方法。

第三章 低碳技术创新的动力机制分析

资源耗竭、环境污染和全球气候变化问题的出现，表明全球环境承载能力已接近上限，节能减排已然成为一个举世关注的经济和政策议题。在后国际金融危机时代，世界经济能否实现新一轮复苏，关键取决于低碳经济转型的进程。发展低碳经济是一场涉及生产模式、生活方式、价值观念和国家权益的全球性革命。❶ 为了实现经济发展方式的绿色低碳循环化，中国政府已将生态文明体制改革提上议事日程。节能减排重在资源的优化配置与优化再生，是生态文明体制改革的重要举措，更体现了新常态提质增效的本质要求。作为知识密集型、资源增殖型、知识技术驱动型的经济发展方向，低碳经济转型的决定性因素在于低碳技术创新。

第一节 低碳技术的范围与特点

低碳技术的创新与推广是节能减排的关键途径，❷ 更是创新驱动发

---

❶ 胡大立，丁帅. 低碳经济评价指标体系研究 [J]. 科技进步与对策，2010，27（22）：160-164.

❷ IPCC. Climate Change 2007：Mitigation. Contribution of Working Group Ⅲ. To The Fourth Assessment Report of the Intergovernmental Panel on Climate Change [M]. Cambridge：Cambridge University Press，2007.

展战略的基本要求。低碳技术是伴随绿色革命的兴起、低碳经济的构建提出的技术新概念,与传统碳基技术这一概念相对应,目前还没有一个比较权威的定义,❶ 具体技术范围也无明确界定。低碳技术,又称气候友好技术、气候相关技术、碳减缓技术等,几乎覆盖所有涉及温室气体排放的行业。从能源流动过程或者温室气体产生过程的角度来看,在能源发生阶段,零排放或者较低排放的可再生能源技术与新能源技术,以及传统能源的高效利用技术,如煤的清洁高效利用技术、油气资源和煤层气的勘探开发技术等构成低碳技术的主体,即在能源发生阶段以减碳技术为主;在能源转换阶段,能效提升技术在电力、交通、建筑、冶金、化工、石化等高耗能产业的应用,可以起到节约能源和提高能效的作用,即在能源转换阶段以节能技术为主;在后续处理阶段,二氧化碳回收储存技术、碳捕获与存储技术等新技术可以有效地控制温室气体排放,也属于低碳技术的范畴,即在后续处理阶段以固碳技术为主。所以说,低碳技术的覆盖面广,如何界定其范围非常重要。

　　学者们对低碳技术的范围界定有不同看法。布莱克曼(Blackman)(1999)认为减少全球温室气体排放的注意力应集中在气候友好技术,其中最主要的是那些提高能源效率的技术。❷ 艾博特(Abbott)(2009)认为应对气候变化应着眼于可替代能源资源和气候变化减缓技术。❸ 本书将能够减少温室气体排放、节约能源、提高能源效率或降低对化石燃料依赖程度的技术、产品或工艺界定为低碳技术。

　　与传统技术相比,低碳技术涉及的行业范围广泛,遍及能源流动的全过程,具有一些自身的特点:(1)由于低碳技术是对传统技术的颠

---

❶ 王文军,赵黛青,陈勇. 我国低碳技术的现状、问题与发展模式研究[J]. 中国软科学,2011,26(12):84-91.

❷ Blackman A. The Economics of Technology Diffusion: Implications for Climate Policy in Developing Countries [R]. RFF Discussion Paper 99-42, 1999.

❸ Abbott F M. Innovation and Technology Transfer to Address Climate Change: Lessons from the Global Debate on Intellectual Property and Public Health [R]. Issue Paper 24. ICTSD Publishing, 2009.

覆与变革，因而低碳技术具有研发难度大、投资高、收益不确定性较高的特点。这些特点决定了低碳技术的开发者需具备优秀的技术人才及完善的配套资源，这在一定程度上限定了低碳技术开发者的范围，即具有相当经济实力与科研实力的大规模企业或科研机构。（2）由于低碳技术的开发成本高、风险大，而且低碳产品大多采用高新技术和材料制成，生产工艺及市场开拓费用高，导致低碳技术相关产品的价位相对较高，如同档次的新能源汽车的价格比普通汽车的价格高出数千美元，甚至上万美元。（3）由于全球资源耗竭、环境污染、气候变化的压力，与传统技术不同，人们对低碳技术实施的需求具有迫切性。（4）尽管人们对低碳技术的实施具有迫切性，但是由于低碳产品的价位相对较高，而且低碳技术的实施具有公益性，在人们的低碳社会责任意识普遍薄弱的当下，低碳技术相关产品的销售状况不佳。

第二节 低碳技术创新的相关问题界定

一、技术创新的含义辨析

熊彼特（Schumpeter. J. A）在《经济发展理论》中首次提出"创新"的概念，指出创新是"企业家利润"或"潜在超额利润"的源泉。❶ 其后，不同的研究者从不同的角度，赋予创新不同的含义，如制度创新、知识创新、技术创新等。其中，技术创新最具可操作性，与企业产品和服务的竞争力息息相关，这在高技术产业中表现得尤为突出。

不同学者对技术创新的含义界定不同。熊彼特认为技术创新是一个

---

❶ ［美］约瑟夫·熊彼特. 经济发展理论［M］. 何畏译. 北京：商务印书馆，1990.

科技成果转变为商品的过程。斯通曼认为技术创新是首次将科学发明引入生产系统，通过开发研究形成商业交易的过程。❶ 林恩从创新时序的视角，认为技术创新"始于对技术商业潜力的认识而终于将其完全转化为商业化产品的整个行为过程"。❷ 弗里曼指出，"技术创新带来新产品的市场实现和新技术、新工艺与新装备的商业化应用"。❸ 彼得·德鲁克认为技术创新是在自然界中为某种自然物找到新的应用，并赋予新的经济价值的过程。❹ 经济合作与发展组织（Organization for Economic Cooperation and Development，OECD）提出，技术创新是新产品的产生及其在生产过程中应用的过程。❺ 综合上述观点可以发现，尽管每个学者界定的角度不同，但都强调技术创新以新技术的商业化应用过程为核心。商业化应用带来的经济价值的高低是判断技术创新成功与否的重要标准。

二、低碳技术创新的含义探析

作为技术创新的一种，一方面，低碳技术创新应具备满足企业内在利益需求的商业化属性；另一方面，必须具备节约资源、保护环境和减缓气候变化的社会属性。根据路径依赖理论，在规模收益递增效应的驱动下，传统碳基技术的广泛应用使得社会技术系统形成路径依赖。对传统碳基技术长期地路径依赖导致社会经济系统的碳锁定（Carbon

---

❶ 范旭，曲用心. 略论可持续发展的技术创新思想 [J]. 科学管理研究，2001，19（3）：4-6.

❷ 傅家骥. 技术创新学 [M]. 北京：清华大学出版社，1998.

❸ Freeman C. Innovation and Growth [M] // Dodgson M, Rothwell R. The Handbook of Industrial Innovation. Aldershot：Edward Elgar Publishing Company Limited，1994：76-87.

❹ Drucker P F. Technology，Management and Society [M]. Cambridge：Harvard Business Publishing，2010.

❺ 肖显静，赵伟. 从技术创新到环境技术创新 [J]. 科学技术与辩证法，2006，23（4）：80-83.

Lock-in），需要通过低碳技术创新改变技术范式以实现碳解锁。若低碳技术无法商业化，那么将起不到节能减排和减缓气候变化的作用。所以说，尽管低碳技术创新以减缓气候变化和实现可持续发展的社会属性为主，但满足企业潜在利润需求的商业化属性也应受到重视。

  按照创新的强度，创新可分为渐进性创新与突破性创新。一些学者认为低碳技术创新属于突破性创新，如贝克豪特（Berkhout）（2001）认为低碳技术创新"起于毫末，但最终将通过技术与社会系统的共同进化为自己创造出一个新的社会经济系统"；❶霍弗特（Hoffert）（2002）认为"新的能源技术是对能源生产技术的革命性变化"，而传统能源技术"具有严重缺陷，无助于稳定全球气候"。❷黄栋（2010）认为低碳技术创新首先是突破性创新，但在产业扩大的过程中，学习效应带来的渐进性创新将逐渐显现，所以说低碳技术创新是包含渐进性创新的突破性创新。❸考虑到任何技术在产业扩大的过程中都会存在学习效应，所以没必要强调低碳技术创新包含渐进性创新。相对于传统碳基技术而言，低碳技术创新具有减少温室气体排放、节约能源、提高能源利用效率、降低对化石燃料依赖程度的目的，将带来能源领域及相应的技术经济系统的全面革命。综上所述，本书认为低碳技术创新属于突破性创新。

  如表3-1所示，从能源流动过程或者说温室气体产生过程的角度来看，能源发生阶段的低碳技术以减碳技术为主，其技术创新重在实现能源利用类型的转变，以及化石燃料温室气体排放的减量化；能源转换阶段的低碳技术以节能技术为主，其技术创新关注生产流程本身的低碳化，重在实施生产流程的变革，以实现产品生产过程及整个产

---

❶ Berkhout F. Technology Regimes, Path Dependency and the Environment [J]. Global Environment Change, 2001: 1-4.

❷ Hoffert M I. Advanced Technology Paths to Global Climate Stability: Energy for a Greenhouse Planet [J]. Science, 2002, 298 (5595): 981-987.

❸ 黄栋. 低碳技术创新与政策支持 [J]. 中国科技论坛, 2010, 26 (2): 37-40.

品使用周期的节能减排；后续处理阶段的低碳技术以固碳技术为主，其技术创新是在生产流程的末端附加固碳设备或设施，通过回收、捕获和储存等一系列流程控制温室气体排放。这种方法不涉及生产流程的变革，只是实现了温室气体的储存以防止温室气体对气候的影响，并未从实质上减少温室气体。从经济学的角度看，能源发生阶段和能源转换阶段的低碳技术创新通过提高能源效率、降低对化石能源依赖程度和节约能源来减少温室气体排放，可以从源头解决低碳化问题，但技术创新的难度大，短期内技术推广的成本高。后续处理阶段的低碳技术创新需要对回收、捕获和储存温室气体的设备和设施投入大量资本，并且这些设备和设施的维护和保养也需要花费成本，但这种方法能迅速降低空气中温室气体的浓度。所以说，不同阶段的低碳技术创新各有利弊，需综合采用，才能最大限度地减少温室气体排放，减缓气候变化。

表 3-1 基于能源流动过程的低碳技术类型与创新角度

能源流动过程	低碳技术类型	具体低碳技术	技术创新角度
能源发生阶段	减碳技术	可再生能源技术与新能源技术，以及传统能源的高效利用技术，如煤的清洁高效利用技术、油气资源和煤层气的勘探开发技术	能源利用类型的转变，化石燃料温室气体排放的减量化
能源转换阶段	节能技术	能效提升技术在电力、交通、建筑、冶金、化工、石化等高耗能产业的应用	实施生产流程的变革以实现节能减排
后续处理阶段	固碳技术	二氧化碳回收储存技术、碳捕获与存储技术等	温室气体储存

三、低碳技术创新与传统技术创新的区别

低碳技术创新覆盖面广、涉及创新环节多、对企业经济绩效与低碳环保绩效影响复杂，不同于传统技术创新，需要对低碳技术创新与传

统技术创新进行比较。

（1）由于创新的性质不同，传统技术创新主要依靠企业自主，低碳技术创新主要依靠政府引导。传统技术创新只具备商业化属性，为了追求利润最大化，企业进行技术创新的积极性较高。尽管低碳技术创新具有商业化属性，但是其以减缓气候变化和实现可持续发展的社会属性为主，这种不以企业潜在利润为主导的特性降低了企业进行低碳技术创新的积极性。考虑到低碳技术创新必须实现商业化，才能真正发挥转变经济发展模式的作用，为了促进经济发展模式向低碳转变，需要政府实施各类政策措施引导和激励企业进行低碳技术创新。

（2）由于技术开发的风险程度不同，传统技术创新偏向于独立创新，低碳技术创新的合作创新趋势明显。按照创新的组织体制，技术创新可分为独立创新与合作创新两类。传统技术创新一般由企业独立进行，不仅研发效率较高，而且企业能够独享技术创新带来的收益。相较于独立创新，尽管合作创新存在沟通成本，需要协商企业之间或企业与科研机构之间的利益分配问题，但是合作创新通过整合不同企业或科研机构的资金、技术、信息等资源，分散单个企业或科研机构的创新风险，有助于企业之间以及企业与科研机构之间相互学习。低碳技术的研究开发难度大、成本高、投资收益不确定性较高，且低碳技术创新对企业的技术储备、技术人才及配套资源的要求较高，绿色新能源开发、新型环保材料研制等就是典型代表，单个企业难以独自进行低碳技术创新，因此合作创新将成为低碳技术领域的主流创新方式。

（3）由于创新目的不同，传统技术创新重在促进产品推广，低碳技术创新重在激励创新主体。传统技术创新以追求经济利益的最大化为目的，能够给企业带来"企业家利润"或"潜在超额利润"，是企业开展技术创新的最直接动力，能有效激励企业进行持续创新。持续创新带来传统技术产品的多样化，大多数技术产品都存在需求不足的问题，为促进传统技术创新的充分商业化与可持续性，需要诱导和激发消费者的消费欲望。低碳技术创新不以利润为直接目的，重在节能减排和可持续发展，导致企业开展低碳技术创新的动力不足。与此同时，相关低碳产业对低碳技术研发的依赖程度非常高，全球气候变化、资源耗竭和环境污染的压力使得低碳技术的实施具有迫切性，因此需要采取措施激励企业进行低碳技术创新。

四、低碳技术创新的特点

（1）低碳技术创新属于突破性创新。按照技术创新对产业影响方式的不同，可以将技术创新分为突破性创新和渐进性创新两种类型。❶ 低碳技术创新旨在改变能源的生产与使用方式，对建立在传统碳基技术之上的技术经济系统进行碳解锁，❷ 实现由传统碳基技术向低碳技术的范式转变，属于突破性创新。这种技术范式的转变，不仅促进新能源汽车产业、清洁煤产业、太阳能光伏发电产业等一系列新产业的兴起，而且最终将实现整体产业链的低碳化变迁。

（2）低碳技术创新具有全球公益性。人类适应的气候是全球当代人及其子孙后代的共同财富。大气中的温室气体浓度过高引起的全球气候变化，给世界每个国家和地区的当代人及其子孙后代的生存环境都造成损害，不利于全人类的可持续发展，属于碳排放负外部性导致的全球公共物品问题。❸ 公共物品具有消费上的非排他性（Non-excludability）与非竞争性（Non-rivalry）。❹ 控制温室气体排放，并将其浓度稳定在安全水平之下是全球公共利益的诉求。低碳技术的创新和应用，有利于全球温室气体减排，具有全球公益性。

---

❶ 王发明，毛荐其. 基于技术进步的产业技术协同演化机制研究［J］. 科研管理，2010，31（6）：41-48.

❷ Unruh G C. Escaping Carbon Lock-in［J］. Energy Policy，2002，30（4）：317-325.

❸ ［美］英吉·考尔，联合国开发计划署发展研究中心. 全球化之道：全球公共物品的提供与管理［M］. 张春波，高静译. 北京：人民出版社，2006.

❹ 王淑君. 专利商业化激励机制研究［J］. 知识产权，2016，26（9）：21-27.

（3）低碳技术创新具有显著的正外部性。萨缪尔森和诺德豪斯（2008）认为，"外部性是指那些生产或消费对其他团体强征了不可补偿的成本或给予了无需补偿的收益的情形"。❶ 技术创新具有正外部性，不仅能给创新企业带来收益，而且能增进社会福利。低碳技术创新具有减缓气候变化和实现可持续发展的全球公益性特征，导致创新带来的社会效益远远大于个人收益，正外部性更为显著。

第三节 低碳技术创新的动力模式辨析

动力机制是技术创新过程的诱发和启动机制。动力因素是保障低碳技术创新动力机制有效运行，激发企业创新积极性的关键。低碳技术创新的动力机制分析，应以传统技术创新动力分析框架为基础。创新动力理论为研究低碳技术创新的动力因素提供了一定的理论框架。❷ 目前国内研究低碳技术创新动力因素的学者较少。华锦阳（2011）采用问卷调查方法，分析对比了上海与浙江制造业低碳技术创新的动力源，但未结合低碳技术创新的特点梳理动力因素，其解释力的普遍性有限。❸ 陈文剑和黄栋（2011）分析了中国低碳技术创新的动力与障碍，但未结合具体的创新动力理论，动力因素的覆盖不够全面。❹ 赵淑英和程光辉（2011）构建政府与煤炭企业之间的静态博弈模型，只分析政

---

❶ [美]萨缪尔森，诺德豪斯. 经济学 [M]. 18版. 萧琛主译. 北京：人民邮电出版社，2008.

❷ [美]约瑟夫·熊彼特. 资本主义、社会主义与民主 [M]. 吴良健译. 北京：商务印书馆，1999.

❸ 华锦阳. 制造业低碳技术创新的动力源探究及其政策涵义 [J]. 科研管理，2011，32（6）：42-48.

❹ 陈文剑，黄栋. 我国低碳技术创新的动力和障碍分析 [J]. 科技管理研究，2011，31（20）：21-24.

府政策这一种动力因素,忽略了低碳技术创新动力因素的多样性、复杂性与关联性。❶ 本书在明确低碳技术创新特点的基础上,运用创新动力理论分析中国低碳技术创新动力因素的动力效能,并提出提高低碳技术创新动力因素动力效能的政策建议,是创新动力理论在低碳技术创新领域应用的一次尝试,对提高企业低碳技术创新积极性、培育企业低碳技术创新能力、实现低碳技术创新系统的良性动力循环具有十分重要的现实意义。

熊彼特在《经济发展理论》一书中强调了企业对超额利润的追求和企业家精神对技术创新的重要作用,这是创新动力理论的基础。❷ 20世纪50~80年代,国外学者进一步研究提出了一些理论观点与解释模型,以下五种较有影响力:技术推进模式(Freeman,1982)、❸ 市场拉引模式(Schmookler,1966)、❹ 技术推-市场拉综合作用模式(Rosenberg,1982)、❺ 技术规范-技术轨道模式(Dosi,1982)、❻ N-R(需求-资源)关系模型。❼ 技术推进模式与市场拉引模式属于单向因果决定模式,对技术创新活动的理解过于局限与片面。技术推-市场拉综合作用模式只考虑了两种外部动力因素,仍属于过分简化的静态模型。技术规范-技术轨道模式属于考虑了更多动力因素的动态过程模型,但忽视了创新企业的主导作用,侧重于从科学技术的角度去寻找技术创新的动力因素。N-R 关系模型也属于多动力因素的动态过程模型,且强

---

❶ 赵淑英,程光辉. 煤炭企业低碳技术创新动力的博弈分析及政策取向[J]. 学习与探索,2011,33(3):203-205.

❷ 向刚,汪应洛. 企业持续创新动力机制研究[J]. 科研管理,2004,25(6):108-114.

❸ Freeman C. The Economics of Industrial Innovation [M]. Cambridge: Cambridge University Press, 1982.

❹ Schmookler J. Invention and Economic Growth [M]. Cambridge: Harvard University Press, 1966.

❺ Rosenberg N. Inside the Black Box [M]. Cambridge: Cambridge University Press, 1982.

❻ Dosi G. Technological Paradigms and Technological Trajectories: a Suggested Interpretation of the Determinants and Directions of Technical Change [J]. Research Policy, 1982, 2 (3): 147-162.

❼ 斋藤优,李公绰. 技术创新与世界经济[J]. 国际经济评论,1990,7(3):3-12.

调了创新企业的主导作用，但分析角度过于偏向市场需求，忽视了科学技术。中国科技水平落后，市场机制有待进一步健全，整体技术创新环境具有特殊性，这些模式无法充分解释中国的技术创新活动。20世纪80年代后期，中国学者开始研究技术创新动力问题，结合中国技术创新环境提出了一些理论观点与解释模型，其中，技术创新期望理论和EPNR（Entrepreneur：创新者，Policy：政策，Need：需求，Resource：资源）模型这两种理论模式较有影响力。考虑到技术创新期望理论限于将熊彼特的观点函数化，❶ 解释力有限，而EPNR模型是在综合评析国内外学者提出的动力模式的基础上创建的，全面涵盖了上述经典动力模式的动力因素，能给不同类型的技术创新活动提供全面的解释力，本书以EPNR模型为理论框架开展研究。

如图3-1所示，EPNR模型从整个社会大环境的角度来考察技术创新活动，将影响技术创新活动的动力因素分为内部动力因素和外部动力因素。来自企业内部和外部的各种动力综合驱动企业进行技术创新。内部动力因素存在于技术创新活动系统内部，由创新企业主导，对技术创新活动产生内驱力，主要包括经济利益最大化、企业家精神、塑造企业形象3个方面。根据西方经济学中的经济人假设，追求经济利益最大化是企业技术创新的最直接动力。外部动力因素存在于技术创新活动系统外部，能与创新所处的社会环境产生联系，主要包括科学技术、政府政策、市场需求、市场竞争4个方面。影响技术创新的直接社会环境主要包括经济环境和资源环境。内部动力因素与外部动力因素具有互补性，但依据"内因决定外因"的哲学原理，外部动力因素对技术创新活动并不起决定性作用，只有内部动力因素才能从根本上促进技术创新。也就是说，外部动力因素通过诱导、唤起或转化成内部动力因素来实现其动力效能，而内部动力因素只有借助外部动力因素才能与

---

❶ 万君康，王开明. 论技术创新的动力机制与期望理论 [J]. 科研管理，1997，18（2）：32-36.

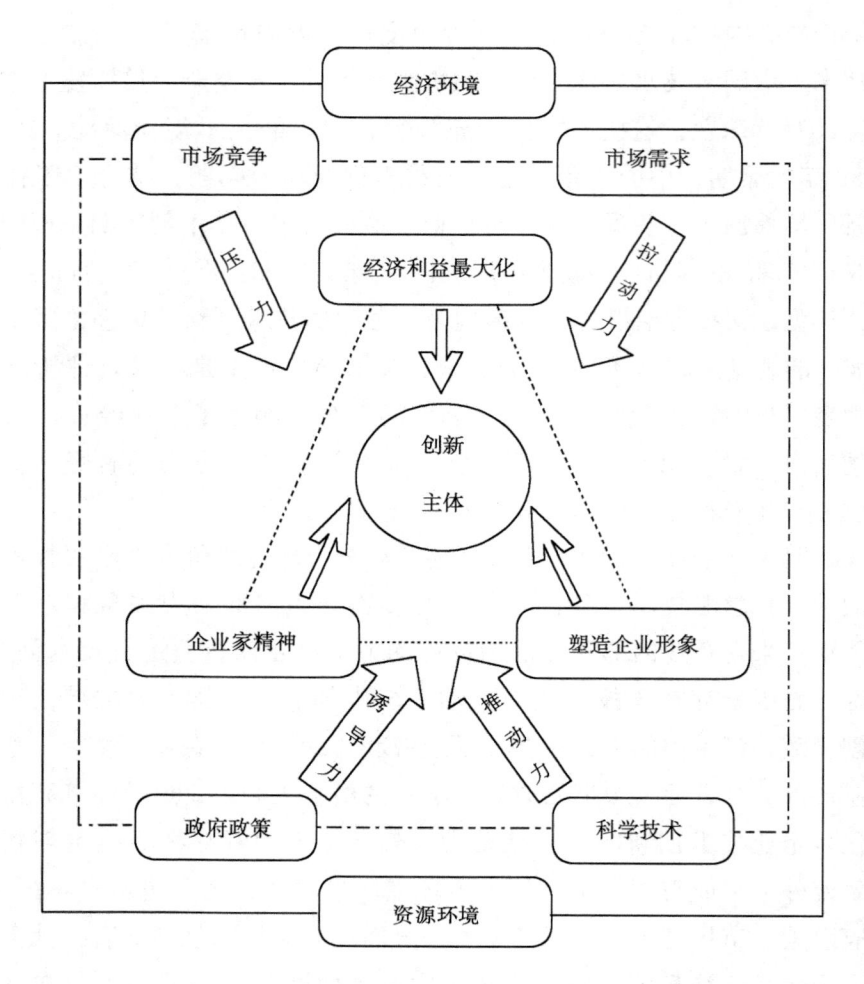

图 3-1　基于 EPNR 模型的技术创新动力因素

外部社会环境产生有效的动力响应，进而推动技术创新活动。❶

---

❶ 王海山. 技术创新动力机制的理论模式 [J]. 科学技术与辩证法, 1992, 9 (6): 22-27.

第四节 低碳技术创新的内部动力因素分析

企业低碳技术创新的动力问题，本质上是节能减排动力的问题。根据 EPNR 模型，低碳技术创新的内部动力因素主要包括经济利益最大化、企业家精神、塑造企业形象 3 个方面，以下逐一进行分析。

一、经济利益最大化

企业是否进行技术创新以及创新动力的强弱，主要在于技术创新能否给企业带来潜在经济利益以及经济利益的高低。低碳技术创新属于突破性创新，是对传统碳基技术的颠覆与变革，技术研发投资高、难度大、风险高，大大提高了创新企业获利的不确定性。低碳技术创新的直接目的在于节能减排和实现可持续发展，不能如传统技术创新那样给企业带来直接利润，同时又具有显著的正外部性，这意味着即便企业付出高额成本实现低碳技术创新，给企业带来的经济利益也十分有限，甚至还会增加额外成本，主要是产生较大的社会效益。驱动企业低碳生产意愿提高和行为改变的首要因素是经济利益，[1] 低碳技术创新不以企业利润为直接目的的特性，弱化甚至完全抑制了低碳技术创新对企业的直接经济利诱，大大降低了企业创新的积极性，导致企业持续创新的动力严重不足。

---

[1] Montalvo C. General Wisdom Concerning the Factors Affecting the Adoption of Cleaner Technologies: Survey 1990-2007 [J]. Journal of Cleaner Production, 2008 (16): 7-13.

二、企业家精神

企业家进行技术创新，是为了提高企业内部的资源配置效率，进而获得更高的利润。低碳技术创新属于突破性创新，决定了创新企业面临较大的投资风险、技术风险及市场风险。中国碳排放容量还没有作为严格监管的有限资源，碳排放成本计算体系不健全，导致企业的碳排放行为缺乏支付损害补偿费用的惩罚性机制。与此同时，中国化石能源价格市场化进程缓慢，导致可替代能源与化石能源的比价不合理。以天然气价格为例，国内现行天然气平均出厂基准价格仅相当于国际市场可替代能源价格的 21%。❶ 在这种背景下，企业不但仍能通过高耗能高排放的生产模式获得利润，而且花费高额成本、面临各类风险的低碳技术创新并不能因为优化生产资源配置而给企业带来利润，导致中国企业家进行低碳技术创新的内在主动力不足。

三、塑造企业形象

企业在谋求短期经济利益的同时，会关注自身在消费者、社会公众心目中的形象，是因为良好的企业形象能提高消费者对企业产品与服务的忠诚度，增强社会公众对企业的认可度，为企业带来长期利润。在中国，尽管社会公众的低碳需求意识已有所提高，但低碳责任意识依然十分薄弱，而且社会公众低碳责任意识的增强将是一个缓慢的过程。调查显示，45.3%的城市公众认为低碳与生活密切相关，但只有22.6%的城市公众愿意支付自己产生的碳排放费用的10%～20%，愿意支付自己产生碳排放全部费用的城市公众只占11.5%。❷ 与此同时，低碳产

---

❶ 杨洁. 低碳经济发展中资源性产品价格改革探讨 [J]. 经济纵横, 2012, 28 (1): 61-64.
❷ 李玉洁. 我国城市公众低碳意识和行动分析 [J]. 调研世界, 2015, 28 (3): 22-25.

品往往比同类产品的价格高,如中国市场上的冰箱、空调等家电产品,低碳环保型产品的价格要比普通产品的价格贵几百元甚至上千元。❶ 在这种情况下,有些具备低碳责任意识的消费者又缺乏购买力,导致社会整体的低碳消费偏好并不显著,使得企业通过塑造低碳形象谋求长期利润的期望落空,为塑造低碳形象进行技术创新的动力不足。

综上所述,低碳技术创新的高风险性与显著的正外部性,使得企业谋求经济利益最大化的愿望难以实现。产业政策中的标准类与资源配置类政策不健全,未能为企业创造较好的产业环境,难以激发企业家的低碳创新热情。社会整体的低碳消费偏好不显著,使得企业通过塑造低碳形象谋求长期利润的期望落空。由此可见,经济利益最大化、企业家精神、塑造企业形象这三大内部动力因素都未能有效发挥作用,即促进企业进行低碳技术创新的内部动力十分薄弱。

第五节 低碳技术创新的外部动力因素分析

根据 EPNR 模型,低碳技术创新的外部动力因素主要包括科学技术、政府政策、市场需求、市场竞争 4 个方面,以下逐一进行分析。

一、科学技术

科技研发是技术创新的源头,技术创新后续还须经历设计试制、规模化生产、产品销售等阶段。科学技术揭示了气候变化科学事实,评估了气候变化风险,进而指出低碳技术创新的必要性与紧迫性。低碳技术创新属于突破性创新,为了减缓与适应气候变化,科学技术在促进

---

❶ 刘丽. 推广低碳产品,政府补贴不能"缺位"[N]. 中华建筑报,2013-03-29 (02).

低碳技术创新方面还将发挥不可替代的驱动作用。《2010年中国人类发展报告：迈向低碳经济和社会的可持续未来》指出，中国实现未来低碳经济的目标，至少需要60多种骨干技术支持，其中，有42种是中国目前不掌握的核心技术。❶ 这表明，中国70%的低碳核心技术需要"进口"。发达国家不仅掌握了世界上绝大部分低碳核心技术，而且通过政策措施设置了种种低碳技术国际转让障碍，导致大多数低碳技术被少数发达国家垄断，中国作为发展中国家，并不能充分利用全球低碳技术，无法有效发挥科学技术对低碳技术创新的推动作用。

二、政府政策

政府采用制定市场竞争规则、资助基础研究、税收优惠、政府采购等多种政策措施，诱导企业进行技术创新。碳排放外部性使得政府必须诱导企业进行低碳技术创新以控制日益严重的碳排放和减缓日益恶劣的气候变化。中国政府往往采用命令与控制的方式对企业进行政策规制，直接限制和约束企业的碳排放行为，迫使企业不得不进行生产流程的低碳化管理，但政策规制对企业开展低碳技术创新的诱导力有限，而且政策规制的实施效果受到低碳政策类型、规制目标、规制严格程度、政策执行状况等因素的影响。财政补贴、政府采购以及碳排放交易等政策措施，采用重新配置社会性资源的方式引导和激励企业进行低碳技术创新，但在中国这类政策工具较少，仅占低碳政策工具总数的26.67%，❷ 而且专利政策工具的功能性缺位，使得社会性资源的重新配置未能有效诱导低碳技术创新。以风电为例，中国的风电装机容量达到2 500万千瓦，居世界第二，但由于中国风电产业政策未能与专

---

❶ 联合国开发计划署，人民大学. 2010年中国人类发展报告：迈向低碳经济和社会的可持续未来［R］. 纽约：联合国开发计划署，2010.

❷ 罗敏，朱雪忠. 基于政策工具的中国低碳政策量化研究［J］. 情报杂志，2014，33（4）：12-16.

利政策有效衔接，使得中国在关键风电机组的控制系统和叶片设计等技术方面仍依赖国外进口，在 2050 年前得追加增量投资 7 854 亿美元。❶ 由此可见，中国低碳政策的结构性失衡，导致政策对低碳技术创新的外在诱导力不足。

三、市场需求

在商品经济时代，消费者通过在市场上购买产品或服务来满足自身的需求。全体消费者的购买选择构成市场需求的信号。技术创新活动以市场需求信息为导向，给消费者提供满足这种需求的新产品或服务。低碳技术创新的全球公益性，使得低碳产品比同类产品的环境有益性增强，而使用价值并不一定得到提升。在中国消费者低碳责任意识较为薄弱的现状下，低碳产品很难激发消费者的购买欲望。与此同时，低碳产品往往比同类产品的价位高，又进一步缩小了实际购买低碳产品的消费者的范围。奥美集团 2011 年发布《与绿色同行：跨越可持续性鸿沟》的调研报告指出，约 70% 的中国受访者表示只愿意为低碳产品多支付 10% 的价格。❷ 在市场销售量欠佳的情况下，企业不但无法获得超额利润，甚至可能无法收回技术开发成本与生产成本。所以说，当前中国市场对低碳产品的需求还不足以激发企业的创新积极性。

四、市场竞争

在非完全垄断市场，企业时刻面临市场竞争压力。为抢占市场份额以获得经济利益，企业须追求与保持产品差异化与低价化的竞争优势，

---

❶ 施智梁，李二峰. 中国实现低碳目标遭遇技术瓶颈 [N]. 中国知识产权报. 2010-06-30 (04).

❷ 周艳菊，黄雨晴，陈晓红，等. 促进低碳产品需求的供应链减排成本分担模型 [J]. 中国管理科学，2015，23 (7)：85-93.

这促使企业进行技术创新。由于低碳技术创新属于突破性创新，因而低碳技术的研发难度大且开发成本高、低碳产品的生产工艺复杂且市场开拓费用高，导致低碳产品的价位比同类产品高，在中国低碳财政补贴政策未普遍实施的情形下，创新企业往往无法获得低价竞争优势。而且低碳技术创新的全球公益性，使创新带来的产品差异不是面向使用价值，而是面向低碳环保价值，那些具有低碳责任意识的消费者才有购买欲望。在中国消费者低碳责任意识普遍薄弱的情形下，创新企业无法获得产品低碳化的竞争优势。在既缺乏低碳竞争优势，又缺乏低价竞争优势的情形下，低碳产品在中国市场的竞争能力十分有限，无法激发企业的低碳技术创新热情。

综上所述，发达国家的技术垄断，导致科学技术对中国低碳技术创新的推动作用受到限制。低碳政策存在结构性失衡，规制型政策工具太多，经济激励型政策工具偏少，以及专利政策工具的功能性缺位，导致中国政策对低碳技术创新的外在诱导力不足。中国社会公众低碳责任意识较为薄弱，且低碳产品的价位超越了部分潜在消费者的购买能力，导致市场需求对低碳技术创新的外在拉动力不足。低碳产品在中国同时缺乏低碳与低价竞争优势，导致市场竞争对低碳技术创新的外在压力不足。由此可见，科学技术、政府政策、市场需求、市场竞争这四大外部动力因素都未能有效发挥作用，即促进企业进行低碳技术创新的外部动力不足。

第六节　低碳技术创新动力效能的提升路径分析

通过对低碳技术创新的内外部动力因素进行分析，可以发现，现阶段，中国低碳技术创新的内外部动力因素都未能有效发挥作用。由于低碳技术创新具有突破性、全球公益性和显著的外部性，弱化甚至完全抑制了低碳技术创新对企业的直接经济利诱，导致激励企业进行低碳技术创新的内外部动力因素的动力效能，直接或间接地依赖于中国社会整体低碳意识和人类生态文明进程：中国消费者、企业家、社会公众的低碳化行为只有在中国社会整体低碳意识增强到一定高度，人类生态文明发展到一定程度后才会产生。现阶段，中国社会整体低碳意识与人类生态文明的发展状况无法促使足够多的消费者、企业家以及社会公众开展低碳行动以促进企业低碳技术创新。并且，中国社会整体低碳意识的增强、人类生态文明的发展，将是一个漫长的历史过程。在中国社会整体低碳意识薄弱、人类生态文明尚不成熟的现阶段，需要为低碳技术创新内外部动力因素的动力效能提升寻找新的突破口。

根据 EPNR 模型，在低碳技术创新内部动力因素效能受限的情况下，需要借助外部动力因素作为纽带，使得内部动力因素能通过与社会环境的联系提高动力效能；在低碳技术创新外部动力因素效能受限的情况下，需要加强外部动力因素与社会环境的联系来提高动力效能。即外部动力因素是低碳技术创新整体动力效能提升的关键节点。相对于其他外部动力因素，在中国特色社会主义市场经济环境下，政府政策中的制定市场竞争规则、资助基础研究、税收优惠、政府采购等多种政策措施，能对市场需求、市场竞争和科学研究等其他外部动力因素起到规制和引导作用，因此，完善低碳政策是短期内提高低碳技术创新内外部动力因素动力效能的有效途径之一。

一、低碳政策能唤起内部动力因素的动力效能

低碳技术创新内部动力因素效能受限的原因在于，低碳技术创新的高风险性与显著的正外部性，产业政策中的标准类与资源配置类政策不健全，以及社会整体的低碳消费偏好不显著。低碳政策措施的优化与完善能帮助消除上述动力障碍。低碳投融资、碳交易等方面的金融政策促进金融资本分担企业低碳技术创新的资金压力与不确定性风险。

专利政策通过界定和保护低碳新技术的产权，财政补贴、政府采购等财税政策通过激励约束机制重新配置社会性资源，将低碳技术创新带来的部分社会效益转化为创新企业的经济利益，能有效促进低碳技术创新的正外部性内部化。节能减排宣传教育、节能减排信息公开等政策措施的长期有序实施，能加快社会公众低碳责任意识增强的进程，进而有效提高社会整体的低碳消费偏好。所以说，尽管内部动力因素是低碳技术创新的内驱力，但在中国低碳技术创新内部动力不足的情况下，政府政策能在一定程度上唤起内部动力因素的动力效能。

二、低碳政策能加强外部动力因素与社会环境之间的联系

低碳技术创新外部动力因素效能受限的原因在于，发达国家的技术垄断，低碳政策存在结构性失衡，中国社会公众低碳责任意识较为薄弱，且低碳产品的价位超越了部分潜在消费者的购买能力，低碳产品在中国缺乏低碳与低价竞争优势。低碳政策措施的优化与完善能帮助消除上述动力障碍。低碳投融资政策在技术研究与开发应用中引入金融资本，碳交易政策引导国际投资资金向先进低碳技术倾斜，共性关键技术研发与示范推广、国际科技合作等专利政策措施为低碳技术的研究开发创造科技平台，这些政策措施共同推进中国低碳技术研发，能有效降低发达国家的低碳技术壁垒对中国造成的不利影响。节能减排宣传教育、节能减排信息公开等政策措施能促进社会公众低碳责任意识的增强。财政补贴、税收优惠、环境税费改革等财税政策措施能大大缩小低碳产品与同类产品的价位差异。低碳倾向的政府采购政策能大大提高低碳产品的销售量，有效降低低碳技术创新的市场风险。这些政策措施最终将促进中国低碳技术创新外部动力因素动力效能的增强。所以说，政府政策是维系中国低碳技术创新外部动力因素与社会环境之间联系的重要纽带。

第七节 小　　结

　　低碳经济转型的决定性因素在于低碳技术创新。本书将低碳技术界定为：能够减少温室气体排放、节约能源、提高能源效率或降低对化石燃料依赖程度的技术、产品或工艺。技术创新的实质是新技术的产生与商业化应用，判断技术创新成功与否的重要标准在于市场实现程度。作为技术创新的一种，低碳技术创新兼具商业化属性和节能环保属性，与传统技术创新相比有很多不同。动力机制是技术创新过程的诱发和启动机制。动力因素是保障低碳技术创新动力机制有效运行，激发企业创新积极性的关键。在明确低碳技术创新特点的基础上，回顾创新动力理论，选择解释力较强的 EPNR 模型作为理论框架，分析中国低碳技术创新动力因素的动力效能及其提升路径。研究发现，低碳技术创新具有突破性、全球公益性和显著的外部性，导致在中国当前的技术创新环境下，低碳技术创新内外部动力因素的动力效能受限。根据 EPNR 模型，低碳政策能在一定程度上唤起内部动力因素的动力效能，且能维系外部动力因素与社会环境之间的联系。完善低碳政策是短期内提高低碳技术创新内外部动力因素动力效能的有效途径之一。

第四章 低碳技术创新对专利政策和低碳经济政策的需求分析

气候变化是人类面临的共同挑战。为减缓气候变化，推进低碳经济转型已成为各国政府的共识。作为一种技术-制度综合体，低碳经济转型必然伴随着政策变迁。❶ 学者们从不同角度论述了政策和政策变迁对低碳经济转型的重要性。布拉德布鲁克和奥汀格（2005）❷ 强调能源法对能源可持续发展的战略规划和全过程控制。内梅特（2007）❸ 以美国风力发电与光伏发电为代表研究低碳能源技术政策，发现政策预期的不确定性将增加低碳能源技术创新投资的风险。欧克韦尔，沃森和麦克恩等（2008）❹ 通过混合动力汽车和燃煤发电领域的案例研究，发现国家政策和国际政策的变迁对国际低碳技术转让具有关键作用。纽厄尔（Newell）（2010）❺ 认为合理的国际和国内政策变迁能优化能源技术和能源系统。本章着重分析专利政策、低碳经济政策对低碳技术创新的作用机理，并从政策工具的角度对作用机理进行进一步的阐述。

---

❶ Unruh G C. Understanding Carbon Lock-in [J]. Energy Policy, 2000, 28 (12): 817-83

❷ [澳] 艾德里安·J. 布拉德布鲁克, [美] 理查德·L. 奥汀格主编. 能源法与可持续发展 [M]. 曹明德, 邵方, 王圣礼译. 北京: 法律出版社, 2005.

❸ Nemet G F. Policy and Innovation in Low-Carbon Energy Technologies [D]. Berkeley: University of California Berkeley, 2007.

❹ Ockwell D G, Watson J, Mackerron G, et al. Key Policy Considerations for Facilitating Low Carbon Technology Transfer to Developing Countries [J]. Energy Policy, 2008, 36 (11): 4104-4115.

❺ Newell R G. The Role of Markets and Policies in Delivering Innovation for Climate Change Mitigation [J]. Oxford Review of Economic Policy, 2010, 26 (2): 253-269.

第一节 低碳政策工具的现状分析

我国低碳经济的发展尚处于起步阶段，促进温室气体减排的政策体系不够成熟。有些学者从低碳政策移植的角度进行政策变迁的探讨。如熊良琼和吴刚（2009）比较分析了世界典型国家可再生能源政策，认为我国应通过优化低碳财税政策促进可再生能源产业的发展。❶ 王福波和冯全普（2010）认为可从战略规划、财政金融、能源、科技、生活消费这五个方面借鉴国外低碳经济立法经验。❷ 也有学者强调从我国国情出发进行低碳政策创新。宋德勇和卢忠宝（2009）认为我国低碳经济的政策工具设计应从主要依靠行政手段向主要依靠市场机制转变。❸ 李武军和黄炳南（2010）从政策链的角度进行设计，认为应从低碳能源政策、低碳产业政策、低碳市场政策、低碳消费政策、低碳技术政策、低碳管理政策六个方面健全我国低碳经济政策。❹ 钱洁和张勤（2011）从政策行动主体、政策工具、政策变迁三个方面展开我国低碳政策规划分析。❺ 无论是从政策移植还是政策创新的角度来促进政策变迁，都必须建立在把握现有低碳政策存量的基础上，否则盲目的低碳

---

❶ 熊良琼，吴刚. 世界典型国家可再生能源政策比较分析及对我国启示 [J]. 中国能源，2009，31（6）：22-25.

❷ 王福波，冯全普. 国外发展低碳经济的立法考察及对我国的启示 [J]. 中国行政管理，2010，26（10）：77-80.

❸ 宋德勇，卢忠宝. 我国发展低碳经济的政策工具创新 [J]. 华中科技大学学报（社会科学版），2009，23（3）：85-91.

❹ 李武军，黄炳南. 中国低碳经济政策链范式研究 [J]. 中国人口、资源与环境，2010，20（10）：19-22.

❺ 钱洁，张勤. 低碳经济转型与我国低碳政策规划的系统分析 [J]. 中国软科学，2011，26（4）：21-28.

政策移植或低碳政策创新可能会适得其反。上述研究注重对低碳政策的规划与建构，但是缺乏对既有低碳政策存量、政策结构和政策工具的量化分析。在未能全面和准确把握我国低碳政策的现状和不足的前提下，这些政策规划的针对性与可行性值得怀疑。

完善政策体系必须建立在把握现有政策存量的基础上。政策工具理论为研究低碳经济转型的政策存量提供了一定的理论框架。❶ 从政策工具的角度进行低碳政策的量化分析不仅为公共政策分析的学科建设提供了政策案例，也为低碳领域的政策建构和实施提供了方法论和理论的支撑。❷ 内容分析法是一种量化分析文献内容的研究方法，❸ 适合对政策文本和政策工具进行分析，得到了较为广泛的应用。❹ 本章采用内容分析法，对1992~2013年我国代表性的低碳政策进行政策工具筛选，分析我国现行低碳政策工具的结构、特点与存在的问题，是政策工具理论在低碳政策制定领域应用的一次尝试，对提高低碳政策的实施效果、优化低碳政策的社会资源配置功能、促进低碳经济转型具有十分重要的现实意义。

一、低碳政策工具的筛选

（一）政策搜集

考虑到1992年11月7日，全国人民代表大会常务委员会做出了

---

❶ Hood C. The Tools of Government [M]. London: Macmillan, 1983.

❷ 顾建光. 公共政策工具研究的意义、基础与层面 [J]. 公共管理学报, 2006, 3 (4): 58-61.

❸ Harwood T G, Garry T. An Overview of Content Analysis [J]. The Marketing Review, 2003, 3 (4): 479-498.

❹ 黄萃, 苏竣, 施丽萍, 等. 中国高新技术产业税收优惠政策文本量化研究 [J]. 科研管理, 2011, 32 (10): 46-54; 张韵君. 政策工具视角的中小企业技术创新政策分析 [J]. 中国行政管理, 2012, 28 (4): 43-47.

《关于批准〈联合国气候变化框架公约〉的决定》，本书以 1992~2013 年为年度区间，以"北大法宝"数据库为准，进行我国低碳政策的样本选择。为了保障政策选取的全面性与代表性，本书遵循以下步骤：（1）在选择政策样本时，仅选择国家层面的低碳政策，即由全国人大、国务院以及各部委等单独或联合颁布的各种低碳政策，而不包括地方政府颁布的低碳政策。（2）由于"北大法宝"的"法规类别"中未包含"低碳"分类，以"气候变化""节能减排""低碳""环保""可持续发展"作为关键词进行尝试性检索，经归纳整理后发现，涉及低碳政策的政策文件主要集中在"资源综合利用""能源综合规定""节能管理""气象综合规定""环保综合规定"这五大"法规类别"中。在全面检索政策文件时，一方面，分别从上述五大与低碳相关的"法规类别"进行全面搜索，另一方面，利用政策之间的传承与引用关系，通过检索到的政策文件进行回溯检索。（3）对检索到的政策文件进行略读后，剔除目录类、监督评审类、技术征集与推广类等缺少政策工具或政策工具过于单一的政策文件，如多批次的《"节能产品惠民工程"产品推广目录》《节能与新能源汽车示范推广应用工程推荐车型目录》等目录类政策，《可再生能源建筑应用示范项目评审办法》《国务院批转节能减排统计监测及考核实施方案和办法的通知》等监督评审类政策，《工业和信息化部办公厅关于征集再生资源综合利用先进适用技术的通知》《既有建筑节能改造技术推广目录》等技术征集与推广类政策。删除政策工具过于单一化的政策文件，如《中国清洁发展机制基金管理办法》《可再生能源电价附加补助资金管理暂行办法》等。最终筛选出相关性最强的政策文件 48 篇，其中法律 5 篇，行政法规 22 篇，部门规章 21 篇，发布主体包括全国人大常委会、国务院以及国务院各部委，具有较高的效力等级和较广的适用范围。这 48 篇政策文件的政策目标主要集中在"应对气候变化""节能减排""可再生能源""节能减排科技专项""节能减排专项资金"五个方面，具有较强的针对性和较好的代表性（详见附录 1：低碳政策信息表）。

(二) 政策工具的提取与规范化

步骤1：政策工具的提取与词频预统计。仔细研读搜集到的每一篇政策文件，从中人工提取出与促进低碳转型有关的政策工具。统计每篇政策文件的政策工具数，一个政策工具在一篇政策文件中出现多次，记为一次。每篇政策的政策工具数控制在20~35个。48篇政策文件共得到政策工具172个，篇均政策工具3.58个。从统计结果来看，存在大量的无效词、同义词与近义词，需进一步规范化处理。

步骤2：政策工具的规范化。为保证此环节的科学合理性，邀请5位公共管理研究方向的博士生参与。对低碳政策工具的规范化处理包括三个方面：(1) 无效词剔除，全面阅读提取的政策工具，剔除涵义过于宽泛的政策工具，如"可持续发展""低碳经济""节能减排"等；(2) 同义词统一，统一含义相同而词形重叠❶的政策工具的表述，如"重点领域节能"和"重点领域能效水平提高"，"重点耗能企业节能管理"和"重点用能单位节能管理"等；(3) 近义词合并，合并含义相近的政策工具，如"节能发电调度"和"电力调度管理"，"落后产能退出机制"和"淘汰落后产能机制"等。

经规范化处理，得到40个高频政策工具，累计频次532次，平均词频13.30次，基本覆盖近22年国内的低碳政策工具（见表4-1）。

表4-1 低碳政策的政策工具汇总

序号	政策工具	频次	序号	政策工具	频次
01	目标责任评价考核制	14	05	节能发电调度	10
02	节能评估审查	14	06	"领跑者"标准制度	6
03	节能减排自愿协议	8	07	节能产品认证	15
04	电力需求侧管理	12	08	能效标识	17

---

❶ 吕一博，程露，苏敬勤. 基于共词网络的我国中小企业管理研究现状与趋势分析 [J]. 科学学与科学技术管理，2011，32 (2)：110-116.

续表

序号	政策工具	频次	序号	政策工具	频次
09	环境影响评价	10	25	产学研结合	10
10	碳排放交易	8	26	节能产品惠民工程	10
11	高耗能、高排放行业抑制机制	11	27	技术标准	10
12	企业环保信息纳入人民银行企业征信系统	4	28	共性关键技术研发与示范推广	28
13	淘汰落后产能机制	16	29	国际科技合作	11
14	重点领域节能	13	30	节能环保标准体系建设	16
15	节能改造	14	31	环境污染责任保险	6
16	税收优惠	22	32	节能服务体系建设	12
17	环境税费改革	16	33	技术创新	29
18	知识产权	19	34	引进消化吸收再创新	17
19	清洁发展机制项目	7	35	合同能源管理	18
20	奖励	23	36	资源产品价格改革	13
21	政府采购	21	37	银行绿色评级制度	3
22	重点用能单位节能管理	11	38	成果转化	10
23	财政补贴	15	39	节能减排宣传教育	18
24	高能耗淘汰制	9	40	节能减排信息公开	6

二、低碳政策工具的内涵分析

我国在促进低碳经济转型的实践过程中逐渐形成具有独特性的政策体系，以下对低碳领域特有的政策工具的内涵与我国的政策规定进行阐释。

（1）目标责任评价考核制。2007年11月17日国务院同意国家发展改革委员会、统计局和环保总局分别会同有关部门制订的《单位GDP能耗统计指标体系实施方案》《单位GDP能耗监测体系实施方案》《单位GDP能耗考核体系实施方案》（简称"三个方案"）和《主要污染物总量减排统计办法》《主要污染物总量减排监测办法》《主要污染物总量减排考核办法》(简称"三个办法"),构成节能减排统计、监测和考核的实施方案。该方案按行政等级自上而下层层分解落实节能减排指标,实行目标责任评价考核制。❶

(2)节能评估审查。国家发展和改革委员会于2010年9月17日发布《固定资产投资项目节能评估和审查暂行办法》。节能评估审查以加强固定资产投资项目节能管理,提高能源利用效率为目的,适用于各级人民政府发展改革部门管理的在我国境内建设的固定资产投资项目。

(3)节能减排自愿协议。节能减排自愿协议是指为最大限度地调动企业和行业协会的节能减排积极性,在强制性节能减排指标之上,由耗能企业或行业协会自愿与相关政府部门签订节约能源、消减污染物排放量的协议,如有色金属企业、交通企业,相关政府部门须在本地区主要媒体上公布企业名称及节能减排成果。

(4)电力需求侧管理。国家发展改革委、工业和信息化部、财政部等六个部级单位于2010年11月4日联合印发《电力需求侧管理办法》。我国电力需求侧管理(Power Demand Side Management,DSM)方面的政策规定,以提高电能利用效率、促进电力资源优化配置为目的,通过电网企业执行,电力用户参与的方式进行,同时,由各级价格主管部门通过完善电价制度支持电力需求侧管理的实施,由各省级电力运行主管部门制定电网企业的年度电力电量节约指标并进行考核。于永臻认为中国电力需求侧管理发展的瓶颈在于,缺乏长期、稳定、充足且不断增加的资金流向电力需求侧管理相关项目。❷

(5)节能发电调度。国务院办公厅于2007年8月2日发布《节能发电调度办法(试行)》。节能发电调度以减少能源消耗和污染物排放为目的,在确保电力系统安全运行和可靠供电的前提下,要求所有并

---

❶ 宋德勇,卢忠宝. 我国发展低碳经济的政策工具创新[J]. 华中科技大学学报(社会科学版),2009,23(3):85-91.

❷ 于永臻. 需求侧管理、电价改革与节能减排[J]. 当代经济科学,2012,34(6):26-33.

网运行的发电机组,优先调度可再生发电资源,按机组能耗和污染物排放水平由高到低排序的方式,依次调度化石类发电资源,确保生产单位电能的能耗和污染物排放最少。

(6)"领跑者"标准制度。所谓"领跑者"标准制度,是指为了加快能效标准的更新换代,促进能效水平的快速提升,制定高耗能产品和终端用能产品的先进能效标准,并明确实施时限。

(7)节能产品认证。1999年2月11日,《节能产品认证管理办法》经中国节能产品认证管理委员会讨论通过,报国家质量技术监督局批准后生效。节能产品认证,是指以被认证企业自愿为原则,依据相关的标准和技术要求,经中国节能产品认证中心确认并通过颁布节能产品认证证书和节能标志的方式,证明某一产品在社会使用中与同类产品或完成相同功能的产品相比,其效率或能耗指标相当于国际先进水平或达到接近国际水平的国内先进水平的活动。认证证书和节能标识的使用有效期为4年,通过认证的企业可以在认证的产品、包装、说明书、合格证及广告宣传中使用节能标志。

(8)能效标识。国家发展和改革委员会、国家质量监督检验检疫总局于2004年8月13日发布《能源效率标识管理办法》。能源效率标识属于产品符合性标志,是国家对节能潜力大、使用面广的用能产品的能源效率等级等性能指标的一种强制性信息标识。王文革认为,我国能效标识覆盖产品范围较小,仅局限于部分家用电器、照明器具及部分工业设备。❶

(9)环境影响评价。2002年10月28日,全国人大常委会通过《环境影响评价法》。环境影响评价是指对规划和建设项目实施后可能对各种环境因素及其所构成的生态系统造成的影响进行分析、预测和评估,其中,应对原料使用、资源消耗以及污染物产生与处置等进行分

---

❶ 王文革. 我国能效标准和标识制度的现状、问题和对策[J]. 中国地质大学学报(社会科学版),2007,7(2):7-12.

析论证，优先采用资源利用率高且污染物产生量少的清洁生产技术、工艺和设备。

（10）碳排放交易。2011年10月29日，国家发展和改革委员会发布《关于开展碳排放权交易试点工作的通知》。我国安排专项资金，在北京市、天津市、上海市、重庆市、湖北省、广东省开展碳排放权交易试点，要求在试点地区测算并确定该地区温室气体排放总量控制目标，研究制定温室气体排放指标分配方案，建立该地区碳排放权交易监管体系和登记注册系统，培育和建设交易平台。

（11）高耗能、高排放行业抑制机制。高耗能、高排放行业抑制机制，是指通过强化节能、环保、土地以及安全等指标约束、控制固定资产投资增速、限制信贷投入、实行基于能耗限额标准的惩罚性电价、提高行业准入标准、控制高耗能高排放产品出口等方式，达到控制电力、钢铁、有色金属、建材、石油石化、化工、煤炭等高耗能、高排放行业的产业规模，降低产业比重的目的。

（12）企业环保信息纳入人民银行企业征信系统。企业环保信息纳入人民银行企业征信系统，是指通过人民银行与环保部门的合作，按照"整体规划、分步实施"的原则，逐步将企业环境违法、环保审批、环保认证、清洁生产审计、环保先进奖励等信息纳入企业征信系统，与企业信用等级评定、贷款及证券融资联动。

（13）淘汰落后产能机制。2010年4月6日，国务院办公厅发布《关于进一步加强淘汰落后产能工作的通知》。落后产能的利益主要来源于环境资源代价，即高污染、高排放、高能耗的社会成本不能内化到企业的生产成本中。❶淘汰落后产能机制，是指通过制定分地区分年度的淘汰计划并逐级分解落实，定期公告淘汰落后产能涉及企业名单，对经济欠发达地区给予适当补助和奖励等方式，淘汰电力、钢铁、建

---

❶ 苏茹勍. 建立淘汰落后产能长效机制的思路与对策 [J]. 宏观经济研究，2012，34（5）：80-82.

材、焦炭、造纸、稀土、平板玻璃、有色金属冶炼等行业的落后生产能力，优化调整上述行业的产业结构。

（14）重点领域节能。重点领域节能，是指加强工业、建筑、交通、商用和民用等领域的节能，其中，工业节能的重点是加强电力、煤炭、钢铁、有色金属、石油石化、化工、建材等高耗能行业的节能；建筑节能的重点是严格执行节能设计标准，强化新建建筑节能，并加大既有建筑节能改造力度；交通节能的重点是建立和实施燃油经济性标准，实现铁路运输、公路运输、水路运输、航空运输和城市交通的全面节能控制；商用和民用节能的重点是提高用能设备能效标准，引导和鼓励用户和消费者购买节能型产品。

（15）节能改造。节能改造方面的政策规定，包括锅炉窑炉改造和热电联产、电机系统节能、能量系统优化、余热余压利用、节约替代石油、既有建筑、绿色照明等节能改造工程。

（16）税收优惠。支持节能减排的税收优惠，是指企业使用或者生产列入国家清洁生产、资源综合利用等鼓励名录的技术、工艺、设备或者产品的，按照国家有关规定享受税收优惠。如掺废渣水泥产品减免税优惠待遇、节能环保型内燃机产品的税收减免、节能与新能源汽车及其关键零部件企业的营业税免税、半导体照明生产设备关键零部件及原材料的进口税收优惠、民用建筑节能项目的税收优惠、节能节水专用设备企业所得税优惠等方面。

（17）环境税费改革。我国现行环境税费制度主要由排污收费和环境资源税组成。[1] 环境税费改革方面的政策规定，包括从取消"两高一资"产品的出口退税的角度进行进出口税改革，从促进能源节约的角度进行燃油税改革，从改进计征方式和提高税负标准的角度进行资源税改革，从鼓励节能环保型产品推广的角度调整消费税范围和税率结构，从全面征收燃煤电厂二氧化硫排污费、城市污水、生活垃圾、危险

---

[1] 徐丰果. 循环经济与环境税费制度改革［J］. 求索，2008，28（2）：35-37.

废物和医疗废物处理处置费及放射性废物收储费的角度完善排污收费制度，以及研究开征环境税等。

（18）知识产权。在低碳领域，有关知识产权的政策规定比较笼统，主要是倡导突破具有自主知识产权的节能减排和减缓气候变化的共性关键技术，培育掌握核心技术、拥有较多知识产权和知名品牌的龙头企业，以及扩大具有自主知识产权、自主品牌的商品出口。对知识产权有较具体规定的主要有三个方面：①将拥有自主知识产权（专利和著作权）的数量和质量作为鉴定国家级能源科技成果水平的重要参考；②国家能源科技重大示范工程的示范方案中包括知识产权管理；③在部分产业的节能发展规划中有一些具体的规定，如在节能和新能源汽车产业，要求推动企业实施商标品牌战略，加强知识产权的创造、运用、保护和管理，构建全产业链的专利体系，积极推进知识产权质押融资；在半导体照明节能产业，要求开展知识产权战略研究，探索建立知识产权预警机制和专利共享机制，建立完善专利池。

（19）清洁发展机制项目。2011年8月3日，国家发展和改革委员会、科学技术部、外交部和财政部共同修订《清洁发展机制项目运行管理办法》。在清洁发展机制方面，我国开展项目合作的重点领域为节约能源和提高能源效率、开发利用新能源和可再生能源、回收利用甲烷；成立中国清洁发展机制基金，通过赠款方式支持有利于加强应对气候变化能力建设和提高公众应对气候变化意识的相关活动，通过有偿使用方式支持有利于产生应对气候变化效益的产业活动；鼓励在煤矿瓦斯利用、交通等领域开展清洁发展机制项目合作，并积极寻求控制温室气体排放所需的资金和技术援助。

（20）奖励。对节能减排奖励制度有详细规定的政策文件包括2007年4月17日由财政部和国家环保总局共同印发的《中央财政主要污染物减排专项资金管理暂行办法》，以及2011年6月21日财政部和国家发展改革委员会共同制定的《节能技术改造财政奖励资金管理办法》。节能减排奖励制度，包括对超额完成国家确定的主要污染物减排指标的企业和地区的奖励，对积极开展排污权交易试点的企业和地区的奖励，以及采取"以奖代补"方式对企业实施节能技术改造项目按节能量给予财政奖励。

（21）政府采购。2007年7月30日，国务院办公厅发布《建立政府强制采购节能产品制度的通知》。政府强制采购节能产品制度，是指为了加强政府机构（包括各级国家机关、事业单位和团体组织）的节能工作，按照节能产品政府采购清单，予以优先采购和强制采购。其中，节能产品政府采购清单，由财政部、国家发展改革委员会从国家采信的节能产品认证机构认证的节能产品中，根据节能性能、技术水平和市场成熟程度等因素择优确定列入，并须在中国政府采购网、发展改革委门户网、中国节能节水认证网等媒体上定期向社会公布。

（22）重点用能单位节能管理。国家经济贸易委员会于1999年3月10日发布《重点用能单位节能管理办法》。重点用能单位节能管理，是指对年耗能万吨标准煤以上的用能单位，以及各省、自治区、直辖市经济贸易委员会指定的年耗能5 000吨标准煤以上，万吨标准煤以下的用能单位，要公布单位名称和能源利用状况，强化经济贸易委员会的监督检查。

（23）财政补贴。在节能减排方面，国家通过财政补贴建设公共可再生能源独立电力系统，加快城镇供热商品化、货币化，支持高效节能家用电器、照明产品、节能汽车、高效电机产品等的推广和使用，加快老旧汽车报废更新等。

（24）高能耗淘汰制。高耗能淘汰制，是指按照节能主管部门定期公布的工艺、技术、设备和产品目录，限期淘汰达不到强制性能效标准的工艺、技术、设备和用能产品，如老旧汽车、落后内燃机产品、挂桨机船等老旧船舶与落后船型、低效电机及拖动设备、低效照明产品等。

（25）产学研结合。在低碳领域，有关产学研结合的政策规定比较笼统，主要是鼓励开展以企业为主体、市场为导向、形式多样化的产学研联合的节能减排技术攻关。

（26）节能产品惠民工程。2009年5月18日，经国务院同意，财政部和国家发展改革委员会共同制定《高效节能产品推广财政补助资金管理暂行办法》。节能产品惠民工程，是指为了扩大高效节能产品的市场份额，提高终端用能产品的能源效率，中央财政安排专项资金作为高效节能产品推广财政补助资金，对量大面广、用能量大、节能潜力明显，但市场份额不足的高效节能产品的生产企业给予补助。生产企业要在产品的外包装和本体上加施"节能产品惠民工程"标识和字样。节能产品惠民工程，在民用领域重点推广高效照明产品、节能家用电器、节能与新能源汽车等，在商用领域重点推广单元式空调器等，在工业领域重点推广高效电动机等，要求产品能效水平提高10%以上，且市场占有率提高到50%以上。自2009年政策实施到2012年，节能产品惠民工程推广了近8600万台（千瓦）产品，节电200多亿千瓦时，节油84万吨，折合833万吨标准煤。❶

（27）技术标准。我国促进低碳经济转型的技术标准，包括智能电网技术标准，国家可再生能源电力的并网技术标准和其他需要在全国范围内统一技术要求的有关可再生能源技术和产品的国家标准、节能环保型内燃机和替代燃料内燃机产品技术标准、船舶节能技术标准、建筑节能技术标准和既有建筑节能改造技术标准、碳捕集、利用与封存（Carbon Capture, Utilization and Storage, CCUS）技术标准、CO_2管道输送工程技术标准等。

（28）共性关键技术研发与示范推广。相关的政策规定，包括组建一批国家级节能减排工程技术研究中心和国家级节能减排工程实验室，推动产学研相结合的节能减排技术开发平台建设，依托科研院所、高校和企业建立低碳技术孵化器、中介服务机构，建立节能减排技术遴选、评定及推广机制，编制重点行业低碳技术推广应用目录，研究建立

---

❶ 白朝阳.节能产品惠民工程3年拉动消费6800亿元［N］.中国经济周刊.2012-11-26（59）.

低碳产品评价标准、标识和认证制度等方式，达到加快减缓和适应气候变化领域的重点行业中的重大技术的技术创新、产业化示范和技术成果转化的目的。

（29）国际科技合作。在低碳领域，有关国际科技合作的政策规定比较笼统，主要是建议运用政府间在节能减排领域的多边、双边合作渠道，充分利用全球创新资源，深层次开展国际科技合作与交流，探索合作新模式。在半导体照明节能产业规划中，提出要积极推进海峡两岸在技术研发、标准检测、应用示范、产业化等方面的实质性合作。

（30）节能环保标准体系建设。节能环保标准体系建设方面的政策规定，包括制定和完善主要工业耗能设备、家用电器、照明器具、机动车等能效标准，修订和完善主要耗能行业能耗准入标准和节能设计规范，加快制定建筑物制冷、采暖温度控制标准、公共建筑用能设备运行标准和建筑节能标准，加快修订重点行业单位产品能耗限额、产品能效和污染物排放等强制性国家标准，完善机动车燃油经济性限值标准、低速汽车排放标准，严格执行大气污染物排放标准和总量控制制度等方面。

（31）环境污染责任保险。环境污染责任保险方面的政策规定，包括重点区域涉重金属企业应当购买环境污染责任保险。

（32）节能服务体系建设。相关政策规定，包括培育节能和环保服务市场，大力推行合同能源管理、节能项目融资、特许经营等节能环保服务新机制，推动节能环保设施建设和运营社会化、市场化、专业化服务体系建设；重点支持专业化节能服务公司为企业以及党政机关办公楼、公共设施和学校实施节能改造提供诊断、设计、融资、改造、运行管理的配套服务；鼓励大型重点用能单位利用自身技术优势和管理经验，组建专业化节能服务公司；推动各级各类节能服务机构通过兼并、联合、重组等方式，实行规模化、品牌化、网络化经营等方面。

（33）技术创新。在低碳领域，有关技术创新的政策规定比较笼统，主要是建议加快创新型人才队伍建设，优化节能减排技术创新与转化的政策环境，加强低碳领域创新团队和研发基地建设，引导创新要素向优势企业集聚，建立以企业为主体的节能减排技术创新体系。

（34）引进消化吸收再创新。低碳领域的引进消化吸收再创新方面的政策规定，主要是通过清洁发展机制项目合作、举办国际低碳技术与产品博览会、利用财政性资金等方式，加快国外先进适用节能减排技术和气候友好技术的引进吸收、推广应用和再创新，增强我国控制温室气体排放、发展低碳经济的能力。

（35）合同能源管理。2010年4月2日，国务院办公厅同意并转发发展改革委、财政部、人民银行和税务总局制定的《关于加快推行合同能源管理促进节能服务产业发展的意见》。合同能源管理（Energy Performance Contracting，EPC）是运用市场手段促进节能的服务机制，是指节能服务公司与用户签订能源管理合同，为用户提供节能诊断、融资、改造等服务，并以节能效益分享方式回收投资和获得合理利润。我国合同能源管理的合同方式比较单一，大多采用节能效益分享模式，❶对此我国政府从加大资金支持力度、实行税收扶持、完善相关会计制度、改善金融服务等多方面进行政策引导以加快推行合同能源管理。

（36）资源产品价格改革。长期以来我国资源产品采用低价政策，考虑到资源性产品价格具有实现资源性产品价值货币化、完成国民收入再分配、核算资源性国有资产、配置社会资源的多重功能，需要深化资源产品价格改革。❷资源产品价格改革，是指为了形成能够反映资源稀缺程度、市场供求关系和污染治理成本的价格机制，理顺煤、电、油、气、水、矿产等资源性产品的价格关系，如全面推进煤炭价格市场化改革；落实石油综合配套调价方案，理顺国内成品油价格；推行居民

---

❶ 袁海臻，高小钧，杨春权等. 我国合同能源管理的现状、存在问题及对策 [J]. 能源技术经济，2011，23（1）：58-66.

❷ 马衍伟，危然. 深化资源性产品价格改革的几个问题 [J]. 财政研究，2010，31（9）：21-24.

用电、用水阶梯价格，从电力峰谷分时电价、季节电价、可中断负荷电价、惩罚性电价、脱硫电价、垃圾填埋气体发电和垃圾焚烧发电的上网电价的角度完善电价制度；继续推进天然气价格改革，建立天然气与可替代能源的价格挂钩和动态调整机制；深化供热体制改革，全面推行供热计量收费等方面。

（37）银行绿色评级制度。按照国务院《"十二五"节能环保产业发展规划》的规定，银行绿色评级制度，是指将"绿色信贷成效作为对银行机构进行监管和绩效评价的要素"，与银行机构高管人员履职评价、机构准入、业务发展相挂钩。

（38）成果转化。在政策规定中提到的加快低碳科技成果转化的方式，主要有建设节能减排科技试点企业和产业化示范基地，积极支持科研单位和企业开展低碳技术的应用研究，依托科研院所、高校和企业建立低碳技术孵化器、中介服务机构等。

（39）节能减排宣传教育。在节能减排宣传教育方面的政策规定，旨在提高全民应对气候变化意识、资源忧患意识以及节约意识，主要有将气候变化和节能减排纳入中小学教育、高等教育、职业教育和技术培训体系，引导公众选择有利于保护气候的消费模式；鼓励各类民间组织和社会团体面向社会公众开展节能减排培训、宣传，为社会公众提供技术咨询和服务；开展节能减排社会监督，组织开展节能减排志愿者等活动，为节能减排营造良好的舆论氛围。

（40）节能减排信息公开。节能减排信息公开，是指为了引导地方和企业加强节能减排工作，促进社会监督，利用现代信息传播技术，及时发布国内外各类能耗信息、先进的节能减排新技术、新工艺、新设备及先进的管理经验等信息。节能减排信息公开方面的政策规定，包括实施 GDP 能耗公报制度，完善节能减排信息发布制度，完善节能产品政府采购信息公开制度等。

第二节 低碳技术创新对专利政策的需求分析

一、专利政策对低碳技术创新的作用机理

国务院新闻办公室发布的《中国应对气候变化的政策与行动》指出："应对气候变化要靠技术，技术创新和技术转让是应对气候变化的基础和支撑。"技术创新具有正外部性，即技术创新的知识溢出效应带来个人收益与社会受益的巨大差距。低碳技术创新以节能减排和实现可持续发展为直接目的，因此溢出效应在低碳技术创新中表现得更为明显。由于溢出效应的存在，短期内，低碳技术创新的社会受益远远大于个人收益，这大大降低了企业创新行为的积极性，阻碍了低碳技术创新。为保障创新主体的权益以实现创新的可持续性，需要将低碳技术创新的外部效益进行内部化。专利政策的实施通过界定和保护低碳新技术的产权，在一定程度上实现了低碳技术创新的外部性内部化。首先，专利制度是技术创新与推广的制度保障，不但能起到激励作用，还有助于吸引技术投资，促进低碳技术进步。其次，专利政策的强弱与低碳技术创新息息相关。如果专利保护太强，低碳技术扩散与进一步创新的成本增加，将会阻滞创新；如果专利保护太弱，则将对更迫切需要的低碳技术进步产生不利影响。❶ 最后，专利保护是影响清洁发展机制下发达国家向发展中国家转让技术的重要因素。若发展中国家的专利保护体系不够健全，不但会减少发达国家向其转让技术的数量，还会降低转让技术的质量。所以说，无论是低碳技术的研发、创新还是转

---

❶ [英] 安东尼·吉登斯. 气候变化的政治 [M]. 曹荣湘译. 北京：社会科学文献出版社，2009.

让都与专利制度密不可分。作为支撑低碳技术创新与推广的制度保障，专利政策是促进低碳技术创新的基础性政策机制。

加利尼（Gallini）和斯科奇默（Scotchmer）认为，专利制度的规则设计可以通过适当修正给予每个不同的行业最大的激励。[1] 考虑到我国的专利制度不够完善，加之法律的稳定性与低碳经济转型的不确定性之间存在冲突，需要政府结合我国低碳技术的研发现状与发展优势，针对低碳技术创新与推广制定相应的专利政策。

二、专利政策工具的种类和运用

在已经筛选出的40个政策工具中，专利政策包含8个政策工具（见表4-2），专利政策工具数占总政策工具数的百分比为20%。这些专利政策工具的累计频次为134次，平均频次为16.75次，比总的平均频次13.3次高，占总频次的百分比为25.19%。无论从政策工具数量，还是政策工具频次百分比的角度来看，专利政策都在低碳政策中占有重要的比重。但是具体的专利政策工具的频次高低不一，如"技术创新""共性关键技术研发与示范推广"的频次较高，说明这两个政策工具在政策制定中较受重视；而"产学研结合""技术标准""成果转化"等政策工具的频次较低，说明这些政策工具在政策制定中所受的重视程度不够。低碳导向的专利政策的主要目标是通过界定和保护低碳新技术的产权，保障低碳技术成果的供应量，从而减少低碳技术市场供应的不确定性。但是现有低碳导向的专利政策工具的规定比较笼统，尤其是在低碳技术的专利化方面，只将"知识产权"这个专利的上位概念作为政策工具，缺乏激励低碳专利申请与运用的具体政策工

---

[1] Gallini N, Scotchmer S. Intellectual Property: When Is It the Best Incentive System? [M] // Jaffe A, Lemer J, Stem S (Eds.). Innovation Policy and the Economy in Innovation. Massachusetts: MIT Press, 2001.

具，导致现行专利政策工具的可操作性和实效性欠缺。

表 4-2 专利政策工具汇总

序号	政策工具	频次	序号	政策工具	频次
01	知识产权	19	05	国际科技合作	11
02	产学研结合	10	06	技术创新	29
03	技术标准	10	07	引进消化吸收再创新	17
04	共性关键技术研发与示范推广	28	08	成果转化	10

第三节 低碳技术创新对低碳经济政策的需求分析

一、低碳经济政策对低碳技术创新的作用机理

基于资源环境经济学的低碳经济政策，其实质在于实现碳排放外部性的内部化，目的在于将碳减排企业边际成本与碳减排社会边际收益纳入市场中以求均衡，目标在于降低以二氧化碳为表征的温室气体排放，减少化石能源消费以及实现可再生能源生产。由于低碳经济转型同时面临低碳技术创新的正外部性和碳排放的负外部性，因而低碳经济政策对低碳技术创新的作用机理主要表现在两个方面。一方面，由于低碳技术创新的正外部性的存在，创新者不能完全获取技术创新所产生的收益，而且低碳技术创新以减缓气候变化和实现可持续发展的公益性特征为主，增强了其正外部性，这意味着企业缺乏足够的激励去从事对社会有益的低碳创新行为。为通过低碳技术的应用与推广达到节能减排的目的，需要财政补贴、政府采购以及碳排放交易等公共政策通过重新配置社会性资源引导和激励企业进行低碳技术创新。另一方面，碳排放的负外部性使得碳排放问题日益严重，气候变化问题

日益恶劣，政府面临来自各利益相关者的压力。为实现碳排放外部性的内部化，政府必须对企业进行政策规制，通过命令和控制的方式，以及相应的惩罚机制，迫使企业进行节能减排的低碳化管理，这能间接起到推动企业进行低碳技术创新的作用。

二、低碳经济政策工具的量化分析

（一）低碳经济政策工具的分类标准辨析

政策工具是达到具体政策目标的手段、方法和措施。依据不同的分类标准，针对不同的政策类型，可以对政策工具进行不同的分类。按照政府介入程度的由高到低，加拿大公共政策学者豪利特和拉米什（2006）将政策工具分为强制性政策工具、混合型政策工具和自愿性政策工具。❶顾建光和吴明华（2007）从政策工具的使用方式上，将政策工具分为管制类政策工具、激励类政策工具和信息传递类政策工具。❷依据政策工具对科技活动的作用方式的不同，罗斯韦尔（Rothwell）和塞哥菲尔德（Zegveld）（1985）将科技政策的政策工具分为供给型政策工具、环境型政策工具和需求型政策工具。❸根据环境政策演进历程，蒂滕伯格（Tietenberg）（1985）将环境政策的政策工具分为命令控制型工具、基于市场型工具、信息疗法型工具。❹可见，除了对政府干预程度高低的考虑之外，政策工具发挥作用的动力和机制更受到学者们的重视。

本书选择政府干预程度高低的角度，结合政策工具发挥作用的基

---

❶ [加] 迈克尔·豪利特, M. 拉米什. 公共政策研究：政策循环与政策子系统 [M]. 庞诗等译. 北京：生活·读书·新知三联书店, 2006.

❷ 顾建光, 吴明华. 公共政策工具论视角述论 [J]. 科学学研究, 2007, 25 (1): 47-51.

❸ Rothwell R, Zegveld W. Reindustrialization and Technology [M]. Logman Group Limited, 1985: 83-104.

❹ Tietenberg T H. Emissions Trading: An Exercise in Reforming Pollution Policy [M]. Washington, DC: Resources for the Future Press, 1985.

础，将低碳经济政策工具分为规制型政策工具、经济激励型政策工具和社会型政策工具三大类进行研究。规制型政策工具以政府强制力为基础，对目标群体的行为进行控制和指导。规制型政策工具发挥作用的基础在于政府的强制性，以管制为主。经济激励型政策工具主要依托市场机制，从影响成本收益的角度引导目标群体进行选择以达到政策目标。经济激励型政策工具以经济利益的调节性为基础，主要可分为财政支出、税收调节和产权拍卖。社会型政策工具是很少或几乎没有政府的参与，由社会群体在自愿提供的基础上运作，以实现所期望的政策目标。社会型政策工具适用的前提是将自愿提供的观念渗透到企业的经营理念和个人的价值观，主要可分为信息与劝诫、自愿性行为和私人市场。

(二) 中国低碳经济政策工具统计分析

在已经筛选出的 40 个政策工具中，低碳经济政策包含 32 个政策工具。按照上述分类标准，将这 32 个政策工具分别归类到规制型政策工具、经济激励型政策工具和社会型政策工具，发现这种分类方法最终可以涵盖 28 个政策工具，累计频次为 373 次，平均频次为 13.32 次，分别计算数量、平均频次和频次百分比，最终形成表 4-3。

表 4-3 中国低碳经济政策工具分布

类型	小类	政策工具	频次	政策工具	频次	小类政策工具数	小类平均频次	小类频次百分比	政策工具数	大类平均频次	大类频次百分比
规制型政策工具	管制	目标责任评价考核制	14	重点用能单位节能管理	11	15	12.4	100.00%	15	12.4	49.87%
		节能评估审查	14	资源产品价格改革	13						
		电力需求侧管理	12	高耗能、高排放行业抑制机制	11						
		节能发电调度	10	重点领域节能	13						
		"领跑者"标准制度	6	节能改造	14						
		能效标识	17	淘汰落后产能机制	16						

续表

类型	小类	政策工具	频次	政策工具	频次	小类政策工具数	小类平均频次	小类频次百分比	政策工具数	大类平均频次	大类频次百分比
		环境影响评价	10	节能环保标准体系建设	16						
		高能耗淘汰制	9								
		奖励	23	节能产品惠民工程	10						
经济激励型政策工具	财政支出	财政补贴	15	政府采购	21	4	17.25	56.56%	8	15.25	32.71%
	税费调节	税收优惠	22	环境税费改革	16	2	19	31.15%			
	产权拍卖	清洁发展机制项目	7	碳排放交易	8	2	7.5	12.29%			
社会型政策工具	信息与劝诫	节能减排宣传教育	18	节能减排信息公开	6	2	12	36.92%	5	13	17.42%
	自愿性行为	节能减排自愿协议	8	节能产品认证	15	2	11.5	35.39%			
	私人市场	合同能源管理	18			1	18	27.69%			

如表 4-3 所示，规制型政策工具共 15 个，超过政策工具总数的一半；经济激励型政策工具共 8 个；社会型政策工具最少，只有 5 个。从平均频次来看，规制型政策工具和社会型政策工具的平均频次分别为 12.4 次和 13 次，比总的平均频次 13.32 次略低；经济激励型政策工具的平均频次为 15.25 次，比总的平均频次高。从频次百分比来看，规制型政策工具几乎占一半（49.87%），其次是经济激励型政策工具（32.71%），社会型政策工具最少，只占 17.42%。考虑到每类政策工具的频次百分比由该类的政策工具数量与频次决定，而这三类政策工具的平均频次相差不大，这说明从政策大类来看，每类政策工具的频次百分比主要由政策工具的数量决定。

进一步分析政策小类可以发现，规制型政策工具主要是管制类。在经济激励型政策工具中，三个小类的平均频次差别很大。财政支出类和税收调节类的平均频次分别达到 17.25 次和 19 次，远远超过总的平均频次；产权拍卖类的平均频次为 7.5 次，远远低于总的平均频次。从政策工具数量来看，财政支出类的政策工具数相对最多，共有4个，加上财政支出类的平均频次较高，使得财政支出类的频次百分比达到56.56%，超过经济激励型政策工具词频总数的一半；税收调节类和产权拍卖类的政策工具数较少，都为2个，所以尽管税收调节类的平均频次最高，但最终频次百分比只占31.15%；产权拍卖类的政策工具数和平均频次都相对低，因而频次百分比相对更低，只占12.29%。在社会型政策工具中，三个小类的平均频次有差别。信息与劝诫类和自愿性行为类的平均频次分别为12次和11.5次，低于总的平均频次；私人市场类的平均频次为18次，远远高于总的平均频次。从政策工具数量来看，信息与劝诫类和自愿性行为类的政策工具数都为2个，加上它们的平均频次差不多，因而频次百分比也差不多，分别为36.92%和35.39%；私人市场类仅有1个政策工具，尽管频次较高，但最终频次百分比只占27.69%。

（三）低碳经济政策工具现状剖析

（1）规制型政策工具缺乏灵活性且数量太多，易致政策失灵。根据统计分析，无论从政策工具数量，还是从政策工具频次百分比的角度来看，规制型政策工具都接近半数，这说明规制型政策工具在我国低碳经济政策中占主导地位。从平均频次来看，规制型政策工具与其他两类政策工具的频次相差不大，这说明规制型政策工具的频次百分比较高是因为规制型政策工具的数量较多所导致的。

规制型政策工具主要以命令与控制的方式对低碳相关主体的行为进行限定与监督以达到碳减排目标。尽管命令控制方式具有针对性强、易操作、可监管的优点，尤其是在行业减排控制与高耗能淘汰上具有其他低碳经济政策工具无法比拟的优势，但命令控制方式往往缺乏灵活性，容易导致政策失灵：①受管理成本的限制，规制型政策工具往往缺乏对不同企业边际成本差异的对比，按照"一刀切"的方式，要求不同企业按照相同的标准进行节能减排，而不考虑各个企业的碳排放控制能力的差异，极易导致市场资源配置失衡；②规制型政策工具通过量化考核、指标评估与标准限额的操作方式将节能减排锁定在特定的技术方法之中与一定的控制标准之下，不仅缺乏动态的灵活性，不利于企业采用新技术，而且对有能力超越控制标准进行低碳技术创新与产品节能化革新的企业缺乏激励。现行规制型政策工具的数量太多，也极易导致政策失灵：①命令与控制的行政管理方式以了解被监管企业信息为前提，过于广泛的信息收集不仅导致政策执行与监督的成本较高，而且易因信息收集不全所致的信息不对称导致政策执行不力；②受政策监督成本的限制，规制型政策工具往往致力于监管大型耗能企业与高耗能行业，如"重点用能单位节能管理""高耗能、高排放行业抑制机制""重点领域节能"等政策工具就是代表，忽视了对大量的耗能排污小型企业的监管，导致这些耗能排污小型企业能在短期内逃避节能减排义务。

（2）产权拍卖类政策工具过于薄弱，削弱了经济激励型政策工具的资源配置功能。经济激励型政策工具主要依托市场机制，力求使各个企业节能减排的边际成本相等，不仅有利于实现社会资源的有效配置，而且能进一步激励有技术潜力的企业去研发和采用更经济和成熟的节能减排技术，间接促进节能减排技术创新。中国现有的经济激励型政策工具可分为财政支出、税费调节和产权拍卖三类。其中，财政支出和税费调节类政策工具以庇古理论为指导，对促进节能减排的正外部性行为进行补贴或税收优惠，对阻碍节能减排的负外部性行为进行征税或收费。产权拍卖类政策工具以科斯定理为理论基础，在产权明晰的前提下促进市场交易，使得排污者和受损者通过碳排放权交易实现碳排放的外部性内部化。

理论基础的不同导致政策工具在运行机制上的差异。财政支出和税费调节类政策工具较多地依靠政府干预，补贴依据和税费标准的制定与修改不仅耗费大量的政府成本，而且易因信息不对称导致制定与修改的不合理，并且这种制定与修改往往具有时间上的滞后性，无论是不合理或时滞都会导致节能减排效果阶段性地偏离帕累托最优。更重要的是，补贴或税收优惠容易在产品出口时招致反补贴制裁，征税或收费容易被企业当作成本转嫁给消费者。相比之下，产权拍卖类政策工具更多地依靠市场机制，各个企业根据市场的价格信号分散决策，灵活性较强，政府在其中主要起产权界定和规范市场机制的作用，耗费的政府管理成本较少，较易实现帕累托最优。由此可见，产权拍卖类政策工具更有利于资源的有效配置，应在经济激励型政策工具中占据较大份额。通过统计分析发现，从数量来看，财政支出和税费调节类政策工具共有6个，产权拍卖类政策工具只有2个；从平均频次来看，财政支出和税费调节类政策工具的平均频次分别达到17.25次和19次，产权拍卖类政策工具的平均频次只有7.5次。上述数据充分说明产权拍卖类政策工具所受的重视程度远远低于财政支出和税费调节类政策工具所受的重视程度。经济激励型政策工具的这种比例结构将严重削弱其资源配置的功能。

（3）政府的引导和协调作用不充分，导致社会型政策工具执行不力。社会型政策工具依靠社会整体的低碳意识的增强，在自愿的基础上完成期望目标。这类政策工具显著的特征就是主体的多元化，需要政府、企业、非政府组织和公民的全面参与，不仅成本低、涉及面广泛，而且对低碳技术创新的激励程度高，在低碳经济发展中具有很大的发挥作用的空间。中国虽然已经初步运用一些社会型政策工具，如节能减排自愿协议、合同能源管理、节能减排宣传教育等，但实施效果不大明显。之所以会出现这样的状况，是因为社会型政策工具的强制力不足，较多地依赖于社会层面的互助与合作，而政府未能充分发挥引导与协调的作用，导致相关主体发挥作用不充分。社会型政策工具执行不力，具体表现在：①信息和劝诫类政策工具是政府为了更好地使企业和公民自愿行动而提供的外在支持，但这方面的支持不够充分。一方面，作为公民参与的前提条件，"节能减排信息公开"这一政策工具不仅频次过低，受到的重视程度不够，而且信息公开的范围过于狭窄，不利于公民参与和监督；另一方面，尽管"节能减排宣传教育"的频次较高，但是由于非政府组织的资源和影响力发展不足，导致节能减排宣传教育以政府提倡为主，缺少非政府组织的积极实践，大大降低了这一政策工具的实施效果。②"节能减排自愿协议"和"节能产品认证"这两项政策工具的主体是企业。消费者、金融机构、政府公共采购部门、非政府组织等重要利益相关者基于政府对承诺或认证信息的发布与宣传给予相应企业更多的支持，企业借此获得竞争优势。但是由于我国公民的节能减排意识不强，导致承诺或认证企业的竞争优势不够明显而缺乏激励，降低了企业自愿节能减排的积极性。更重要的是，"节能减排自愿协议"不仅频次较低而且缺乏监督机制，在"节能减排自愿协议"比"节能产品认证"需要企业付出更高成本的前提下，很多企业不愿进行节能减排承诺，甚至某些企业虽承诺但不履行，导致"节能减排自愿协议"执行不力。③作为一种新型的节能减排服务机制，"合同能源管理"的推行需要相应的配套措施。尽管"合同能源管理"的频次较高，但限于政府提倡与宣传，未能解决相关的担保、融资、保险等风险分担机制不健全，第三方认证评估机构缺乏以及节能服务行业专业性不强的问题。

第四节 小 结

低碳政策是促进低碳技术创新的重要动力。本章着重分析专利政策、低碳经济政策对低碳技术创新的作用机理。首先，采用内容分析法，对1992~2013年我国低碳领域的代表性政策所采用的政策工具进行统计，并根据现有政策规范逐一分析低碳政策工具的内涵，然后分别分析专利政策、低碳经济政策对低碳技术创新的作用机理，在此基础上，通过对政策工具的计量分析，发现我国低碳政策工具存在的问题：专利政策工具的规定过于笼统，缺乏可操作性和实效性；规制型政策工具缺乏灵活性且数量太多，易致政策失灵；产权拍卖类政策工具过于薄弱，削弱了经济激励型政策工具的资源配置功能；政府的引导和协调作用不充分，导致社会型政策工具执行不力。政策工具存在的这些问题将降低整个公共政策体系对低碳技术创新的促进作用。

第五章 中国现行低碳经济政策与专利政策的结构分析

由于搭便车行为的存在❶和市场外部性❷的影响,市场自发调节的结果无法达致低碳经济的较好发展,社会福利❸亦遭受损失。政策的介入,引导和扶持着低碳经济的发展。❹ 中国的低碳经济还处在起步阶段,学者们普遍认为我国低碳政策供给相对不足,政策结构有失合理。宋德勇和卢忠宝(2009)认为中国没有系统的低碳经济政策,也没有专门以低碳为目标的政策工具,低碳政策工具主要以"命令-控制"类的行政手段为主。❺ 李武军和黄炳南(2010)认为我国低碳经济政策存在系统性、协调性及配套性缺失的问题。❻ 钱洁和张勤(2011)认为我国低碳政策工具的运用依靠以管制为代表的强制性政策,缺乏自愿性政策工具和混合

---

❶ Groves T, Ledyard J. Optimal allocation of public goods: A solution to the "free rider" problem [J]. Econometrica: Journal of the Econometric Society, 1977: 783-809.

❷ Owen A D. Renewable energy: Externality costs as market barriers [J]. Energy policy, 2006, 34 (5): 632-642.

❸ Schlör H, Fischer W, Hake J F. Measuring social welfare, energy and inequality in Germany [J]. Applied Energy, 2012, 97: 135-142.

❹ Garnaut R. Policy Framework for Transition to a Low - Carbon World Economy [J]. Asian Economic Policy Review, 2010, 5 (1): 19-33.

❺ 宋德勇, 卢忠宝. 我国发展低碳经济的政策工具创新 [J]. 华中科技大学学报(社会科学版), 2009, 23 (3): 85-91.

❻ 李武军, 黄炳南. 中国低碳经济政策链范式研究 [J]. 中国人口、资源与环境, 2010, 20 (10): 19-22.

性政策工具。❶ 这些研究中定性分析较多，对我国低碳政策的现状仍缺乏有效的定量分析。只有对既有的政策存量和政策结构进行准确把握，才能进一步优化和完善我国的低碳政策。共词分析是一种对文献进行量化分析的方法，用于研究关键词共现现象。❷ 低碳政策文本是一种规范性的文献，文本关键词能够全面体现低碳政策所关注的热点与焦点。共词分析方法特别适合对政策文本和政策结构进行分析，希克斯（Hicks）（1987）率先采用共引分析法分析科学政策，❸ 劳（Law）（1988）等学者随后也运用共词分析法进行政策研究，❹ 我国也有学者尝试采用共词分析法开展政策研究。❺ 本章借鉴上述学者的研究，使用共词分析方法，对 1992~2013 年国内代表性的低碳政策进行分析，可视化地展示我国低碳政策的体系结构，是共词分析方法在低碳政策制定领域应用的一次尝试，对明确我国现行低碳政策结构、实现低碳政策供给的良性循环、促进低碳经济转型具有十分重要的现实意义。

第一节 研究方法的选取

一、实证方法的寻求——共词分析法

文献计量方法（Bibliometrics Method）是一种对文献进行定量化分

---

❶ 钱洁，张勤. 低碳经济转型与我国低碳政策规划的系统分析 [J]. 中国软科学，2011, 26 (4): 21-28.

❷ 魏瑞斌. 社会网络分析在关键词网络分析中的实证研究 [J]. 情报杂志，2009, 28 (9): 46-49.

❸ Hicks D. Limitations of Co-citation Analysis as a Tool for Science Policy [J]. Social Studies of Science, 1987, 17 (2): 295-316.

❹ Law J, Bauin S, Courtial J P, et al. Policy and the Mapping of Scientific Change: a Co-word Analysis of Research into Environmental Acidification [J]. Scientometrics, 1988, 14 (3): 251-264.

❺ 苏敬勤，李晓昂，许昕傲. 基于内容分析法的国家和地方科技创新政策构成对比分析 [J]. 科学学与科学技术管理，2012, 33 (6): 15-21.

析的方法，❶ 主要有共引分析（Co-citation Analysis）和共词分析（Co-word Analysis）两种方法。❷ 共引分析法包括作者共被引分析（Author Co-citation Analysis, ACA）和文献共被引分析（Document Co-citation Analysis, DCA），通过分析以往文献作者或文献的引用情况来识别和研究该领域的研究主题、理论或方法，是一种间接的研究方法，适合于成熟领域的研究。共词分析法以两两统计关键词在同一篇文献中出现的次数构建共词矩阵为基础，通过分析得到的共词矩阵，判断关键词之间的亲疏关系，进而分析这些关键词代表的主题结构，❸ 是一种更为直接形象的方法，适合于新兴领域的研究。

政策属于规范类文件，政策制定主体较明确集中，共被引结构简单，不能通过作者共被引分析识别低碳政策结构。低碳政策是新兴的政策体系，政策文件繁杂且政策目标各异，被引用情况不稳定，且可用于统计分析的政策文件较少，共被引结构不清晰，无法通过文献共被引分析识别低碳政策结构。反之，关键词能全面体现低碳政策这种新兴政策领域的关注热点与焦点，从现行低碳政策中抽取关键词，运用共词分析法进行统计分析，有助于识别和研究中国低碳政策的政策结构。

二、多元统计分析方法的选取——多维尺度分析

现代的多元统计方法通常有三种，即因子分析、聚类分析和多维尺

---

❶ Price D S. A General Theory of Bibliometric and Other Cumulative Advantage Processes [J]. Journal of the American Society for Information Science, 1976, 27 (5): 292-306.

❷ White H D, Griffith B C. Author co-citation: A literature measure of intellectual structure [J]. Journal of the American Society for Information Science, 1981, 32 (3): 163-172.

❸ 张勤, 马费成. 国外知识管理研究范式: 以共词分析为方法 [J]. 管理科学学报, 2007, 12 (6): 65-75.

度分析,❶ 用于实现共词分析。利用这些方法能分析出关键词之间的类群关系,用于表明低碳政策的政策结构,而且与这些多元统计方法相对应软件的图形显示功能,可直观形象地显现分析结果,实现政策结构可视化的效果。

因子分析和聚类分析对数据类型和数据分布的要求都较为复杂,相对而言,多维尺度分析不仅对数据的信息要求较低,而且这种方法把所有的变量位置都做了确定,比前两种方法显示的结果更加形象直观。❷ 考虑到低碳政策是一个新兴的政策规范领域,可用于统计分析的政策文件有限,可能难以满足因子分析和聚类分析的数据要求,而且通过更加直观的方式显示结果能让低碳政策的政策结构更一目了然,便于深层次分析,因而本书选择多维尺度分析法分析低碳政策的政策结构。

第二节 数据分析

一、关键词的确定

政策规定一般包括政策目标、作用对象、作用手段三个要素,考虑到低碳政策的范围较广且结构繁杂,而且低碳政策规定的重点在于政策作用手段的创新,为了突出研究重点,本书将政策的作用手段,即政策工具作为关键词。

---

❶ 张勤,徐绪松. 共词分析法与可视化技术的结合:揭示国外知识管理研究结构 [J]. 管理工程学报,2008,22(4):30-35.

❷ 张勤,马费成. 国外知识管理研究范式:以共词分析为方法 [J]. 管理科学学报,2007,12(6):65-75.

将之前筛选的 40 个政策工具作为关键词进行预研究，发现"节能减排宣传教育"和"节能减排信息公开"这两个关键词与其他关键词的距离较远，共现现象不明显，因而删掉了这两个关键词，以剩下的 38 个关键词作为分析数据。这 38 个高频关键词的累计频次为 508，平均词频为 13.37 次。对这些关键词进行聚类编码（见表 5-1），以备进一步的数据分析。

表 5-1 关键词汇总

编码	关键词	频次	编码	关键词	频次
D01	目标责任评价考核制	14	D20	奖励	23
D02	节能评估审查	14	D21	政府采购	21
D03	节能减排自愿协议	8	D22	重点用能单位节能管理	11
D04	电力需求侧管理	12	D23	财政补贴	15
D05	节能发电调度	10	D24	高能耗淘汰制	9
D06	"领跑者"标准制度	6	D25	产学研结合	10
D07	节能产品认证	15	D26	节能产品惠民工程	10
D08	能效标识	17	D27	技术标准	10
D09	环境影响评价	10	D28	共性关键技术研发与示范推广	28
D10	碳排放交易	8	D29	国际科技合作	11
D11	高耗能、高排放行业抑制机制	11	D30	节能环保标准体系建设	16
D12	企业环保信息纳入人民银行企业征信系统	4	D31	环境污染责任保险	6
D13	淘汰落后产能机制	16	D32	节能服务体系建设	12
D14	重点领域节能	13	D33	技术创新	29
D15	节能改造	14	D34	引进消化吸收再创新	17
D16	税收优惠	22	D35	合同能源管理	18
D17	环境税费改革	16	D36	资源产品价格改革	13
D18	知识产权	19	D37	银行绿色评级制度	3
D19	清洁发展机制项目	7	D38	成果转化	10

二、数据处理

多维尺度分析需采用相异矩阵。首先，运用 UCINET 软件，将低碳政策关键词的 2-模矩阵转换为共词矩阵（考虑到 38×38 矩阵所占篇幅太大，只将部分数据列表显示，见表 5-2）。共词矩阵中对角线上的数值为关键词出现的总频次，其他数值为对应的两个关键词在同一篇文献中的共现频次，如 D01（目标责任评价考核制）的对角线上的数值为 14，说明 D01 与其他关键词的共现总频次为 14，D01 与 D04（电力需求侧管理）共同对应的数值为 8，说明这两个关键词在 8 篇政策文件中同时出现。

表 5-2　关键词共词矩阵（部分）

	D01	D02	D09	D04	D05	D07
D01	14	10	7	8	7	10
D02	10	14	4	10	8	12
D09	7	4	10	4	5	4
D04	8	10	4	12	8	11
D05	7	8	5	8	10	8
D07	10	12	4	11	8	15

然后，运用 Ochiia 系数将共词矩阵转换为相关矩阵（部分数据如表 5-3 所示）。相关矩阵中的数据为相似数据，数值越大表示对应的两个关键词之间的距离越近，相似度越好，反之则相似度越差，对角线上的数值表示某一关键词与自身的相关程度，都为 1。

表 5-3　关键词相关矩阵（部分）

	D01	D02	D09	D04	D05	D07
D01	1.000	0.943	0.884	0.943	0.934	0.947
D02	0.943	1.000	0.721	0.978	0.934	0.997

续表

	D01	D02	D09	D04	D05	D07
D09	0.884	0.721	1.000	0.751	0.850	0.716
D04	0.943	0.978	0.751	1.000	0.961	0.989
D05	0.934	0.934	0.850	0.961	1.000	0.917
D07	0.947	0.997	0.716	0.989	0.917	1.000

用1与全部相关矩阵上的数据相减，得到相异矩阵（部分数据如表5-4所示）。与相关矩阵相反，相异矩阵中数值越大表明对应的两个关键词之间的距离越远，相似度越差；数值越小，相似度越好。

表5-4 关键词相异矩阵（部分）

	D01	D02	D09	D04	D05	D07
D01	0.000	0.057	0.116	0.057	0.066	0.053
D02	0.057	0.000	0.279	0.022	0.066	0.003
D09	0.116	0.279	0.000	0.249	0.150	0.284
D04	0.057	0.022	0.249	0.000	0.039	0.011
D05	0.066	0.066	0.150	0.039	0.000	0.083
D07	0.053	0.003	0.284	0.011	0.083	0.000

三、多维尺度分析

运用SPSS统计软件，对低碳政策关键词的相异矩阵进行二维尺度分析，得到相应的可视化结果（见图5-1）。通过多维尺度分析，Stress = 0.16056；RSQ = 0.91170。Stress值低于0.2，RSQ值高于0.8，结果可信。

根据纳利什（Naresh）的效度测试方法，[1] 从相异矩阵中随机删除某个或某几个关键词的数据，对剩余的关键词数据构成的相异矩阵重新进行多维尺度分析，比较删除前后，关键词之间的相对位置变化幅度不大，说明多维尺度分析的结果稳定有效。

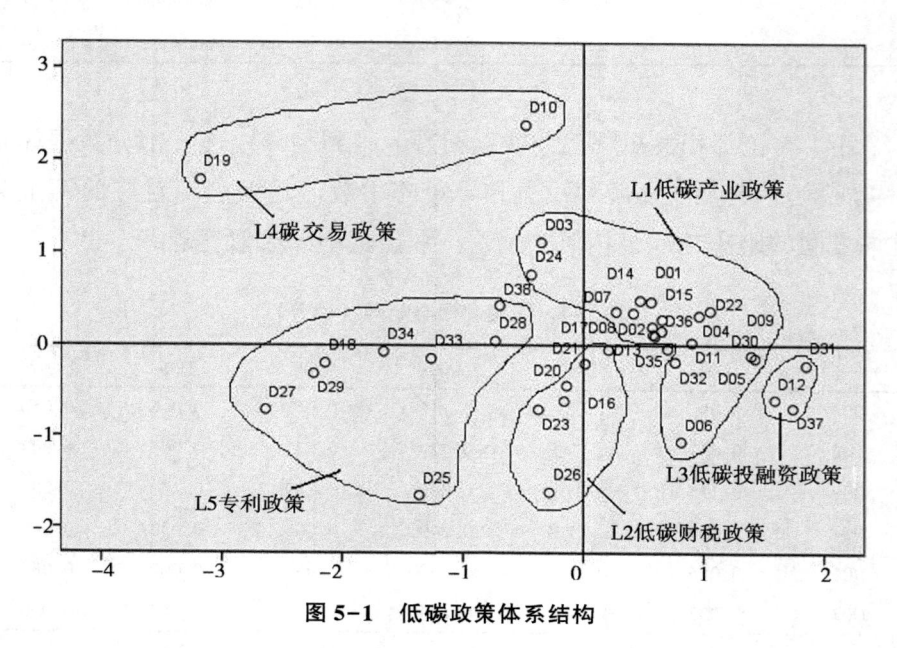

图 5-1　低碳政策体系结构

第三节　结果分析

多维尺度分析指定观测量到概念空间（通常是二维或三维空间）的特定位置，通过测定观测量之间的距离来发现数据结构。多维尺度分析的结果图中，观测量（即本书中所指的关键词）以点状分布，每

---

[1] Naresh K M. A Scale to Measure Self-Concept, Person Concept, and Product Concept [J]. Journal of Marketing Research, 1981, 18 (4): 456-464.

个点的位置显示了关键词之间在文献中的共现性,有高度共现性的关键词聚集在一起,形成一个主题群。❶ 主题群之间的距离远近,由主题群之间的共现关键词的数量多少与关键词的共现频次高低综合决定。越靠近原点,包含的关键词数量越多的主题群越重要。主题群内关键词聚集的紧密程度反映了主题群中心点的明显程度。在主题群内,越靠近中心轴的关键词,尤其是越靠近原点(即同时靠近横轴和纵轴两条中心轴)的关键词,越核心。

如图5-1所示,高频关键词聚成5个主题群,根据各个主题群中分布的关键词的内涵,分别命名为:L1低碳产业政策、L2低碳财税政策、L3低碳投融资政策、L4碳交易政策、L5专利政策。从图5-1中主题群的分布态势来看,L2处于中心地带,是最重要的政策主题群。L1、L5围绕着L2,L3与L1相邻,离原点较远。L4相对独立,离原点最远。

一、低碳产业政策主题群的内涵与态势分析

"L1低碳产业政策"由18个点形成,分别是D01(目标责任评价考核制)、D02(节能评估审查)、D03(节能减排自愿协议)、D04(电力需求侧管理)、D05(节能发电调度)、D06("领跑者"标准制度)、D07(节能产品认证)、D08(能效标识)、D09(环境影响评价)、D11(高耗能、高排放行业抑制机制)、D13(淘汰落后产能机制)、D14(重点领域节能)、D15(节能改造)、D22(重点用能单位节能管理)、D24(高能耗淘汰制)、D30(节能环保标准体系建设)、D32(节能服务体系建设)、D36(资源产品价格改革)。

L1包含的关键词最多,表明低碳产业政策在我国低碳政策体系中

---

❶ 张勤,马费成. 国外知识管理研究范式:以共词分析为方法 [J]. 管理科学学报,2007,12(6):65-75.

占的比重很大。根据已有的政策工具，发现以低碳为导向的产业政策，包括产业规制政策、产业结构政策和产业组织政策三大类，其中产业规制政策占了绝大部分，D01~D09、D22、D36都属于产业规制政策，D11、D14、D15、D32属于产业结构政策，D13、D24、D30属于产业组织政策。

L1中的关键词分布在坐标轴的左上限、右限上下两侧，其中绝大部分关键词位于右上限。从这18个点的位置来看，它们围绕原点聚集在一起，是五大主题群中关键词聚集最紧密的。其中，D01、D02、D07、D08、D13、D14、D15、D36较为靠近原点，说明这些关键词在该类中的中心地位。

二、低碳财税政策主题群的内涵与态势分析

"L2低碳财税政策"由6个点形成，分别是D16（税收优惠）、D17（环境税费改革）、D20（奖励）、D21（政府采购）、D23（财政补贴）、D26（节能产品惠民工程）。

财税政策由税收政策（财政收入方面）和财政支出政策构成。D16、D17属于税收政策，D20、D21、D23、D26属于财政支出政策。具体而言，财政支出政策包括财政补贴和政府采购两种政策，其中D20、D23、D26属于财政补贴政策，D20属于财政补贴中的研发激励类政策，D26属于财政补贴中的产品补贴类政策，D21属于政府采购政策。

L2的关键词分布在坐标轴的下限左右两侧，是五大主题群中关键词离原点最近的，说明其为最重要的政策主题。L2中的点围绕着中心纵轴聚集在一起，D17、D21离原点较近，且D17紧靠中心横轴，D21落在中心纵轴上，说明这两个关键词在该类中的中心地位。

三、低碳投融资政策主题群的内涵与态势分析

"L3 低碳投融资政策"由 4 个点形成，分别是 D12（企业环保信息纳入人民银行企业征信系统）、D31（环境污染责任保险）、D35（合同能源管理）、D37（银行绿色评级制度）。其中，D12、D31、D37 属于促进低碳绿色信贷的政策措施，D35 是一种以减少的能源消耗费用支付节能项目成本的节能投资方式，是低碳经济特有的间接融资机制。上述四个关键词体现了国家对间接投融资市场的规范。

除了 D35，L3 的 3 个关键词分布在坐标轴的右下限，聚集较紧密，紧靠着 L1，整体离原点较远。作为特例，D35 远离主题群，靠近 L1。通过进一步的文献查证发现，尽管合同能源管理是一种新兴的第三方融资方式，但是在政策文件中却不是从投融资的角度，而是从节能服务产业的促进与规制的角度进行规定。最明显的体现是，在政策文件中，D35 常与内容相关的 D32 一起出现，表现在图 5-1 中是 D35 与 D32 的位置邻近，而 D32 属于产业规制类的政策工具，导致 D35 在图 5-1 中靠近 L1。

四、碳交易政策主题群的内涵与态势分析

"L4 碳交易政策"由 2 个点形成，分别是 D10（碳排放交易）、D19（清洁发展机制项目）。D10 是一个种概念，包含配额交易和项目交易，D19 属于基于项目的碳交易，是我国参与国际碳交易市场的主要方式。

L4 相对独立，关键词分布在坐标轴的左上限，是五大主题群中关键词最少，且离原点最远的。仅有的两个关键词 D10 和 D19 相离较远，说明这两个关键词之间的关联性较低。

需要说明的是，从划分政策结构的角度考虑，低碳投融资政策和碳

交易政策可以统称为低碳金融政策。但一方面，二者在图5-1中相距较远，且中间隔着"低碳产业政策"；另一方面，二者的侧重点不同，低碳投融资政策侧重于规范低碳产业所需的投融资市场，碳交易政策侧重于规范碳排放权交易市场，所以本书将低碳投融资政策与碳交易政策分开阐述。

五、专利政策主题群的内涵与态势分析

"L5专利政策"由8个点形成，分别是D18（知识产权）、D25（产学研结合）、D27（技术标准）、D28（共性关键技术研发与示范推广）、D29（国际科技合作）、D33（技术创新）、D34（引进消化吸收再创新）、D38（成果转化）。需要说明的是，尽管L5包含关键词"知识产权"，考虑到L5的其他关键词都着重于技术的创新与推广，相应的，也应以知识产权中的专利取得运用为导向，因而将L5命名为"专利政策"。

L5的关键词围绕着中心横轴聚集在一起，分布在坐标轴的左限上下两侧。L5是五大主题群中关键词分布最为分散的。其中，D28、D38离原点最近，说明这两个关键词在该类中的中心地位。D25、D27离原点和中心轴最远，说明这两个关键词在该类中不受重视。

第四节 结果讨论

通过共词分析发现，在政策结构上，我国低碳政策已成体系，由低碳产业政策、低碳财税政策、低碳投融资政策、碳交易政策和专利政策五大类政策构成，其中，低碳产业政策、低碳财税政策、低碳投融资政策和碳交易政策属于低碳经济政策。

一、低碳产业政策与财税政策是现行政策核心，行政导向性强易致政策失灵

在整个低碳政策体系中，低碳产业政策与低碳财税政策的政策工具的整体频次较高，类内元素的分布较为紧凑，政策核心较为明确。其中，低碳产业政策包含的政策工具最多，将近占总数的一半，其分布位置的重要性仅次于低碳财税政策。相对于低碳产业政策而言，低碳财税政策的政策工具较少，但其位置紧靠原点。由此可见，低碳产业政策和低碳财税政策是我国现行低碳政策体系的核心。

在低碳产业政策中，无论是政策工具的数量、频次，以及靠近原点的政策工具的数量，产业规制政策都占了绝大部分，其中，"目标责任评价考核制""节能评估审查"这两个频次高且较靠近原点的政策工具，是典型命令考核类行政手段。在低碳财税政策中，税收政策只有两个政策工具，行政管控更强的"环境税费改革"这个政策工具离原点更近；财政支出政策有四个政策工具，其中有三个属于财政补贴政策，唯一离原点较近的政策工具属于政府采购政策，而政府采购政策比财政补贴政策的行政管控性更强。这些充分说明现行低碳产业政策和低碳财税政策的行政导向性强。

尽管行政管控方式的针对性强且可监管，但过强的行政管控极易导致政策失灵：（1）行政管控以了解被监管企业信息为前提，过于广泛的信息收集不仅导致政策执行与监督的成本相对高，而且易因信息不对称导致政策执行不力；（2）受政策监督成本的限制，行政管控类政策往往致力于监管大型耗能企业与高耗能行业，如"重点用能单位节能管理""高耗能、高排放行业抑制机制""重点领域节能""政府采购"等政策工具就是代表，忽视了对大量的耗能排污小型企业的监管，导致这些耗能排污小型企业能在短期内逃避节能减排义务。

二、低碳投融资政策与碳交易政策过于薄弱,存在结构性缺失

在整个低碳政策体系中,低碳投融资政策与碳交易政策的政策工具的数量最少,因而无法从政策工具分布的紧密程度来判断这两类政策的政策核心。除了"合同能源管理"这个政策工具的频次较高外,这两类政策的政策工具的整体频次也最低。在位置分布上来看,这两类政策都离原点较远。所以说,低碳投融资政策与碳交易政策是低碳政策体系中最薄弱的环节。

在低碳投融资政策中,尽管"合同能源管理"的频次较高,但政策文件多从节能服务产业的促进与规制的角度进行规定,导致图5-1中合同能源管理位于远离低碳投融资政策主题群的位置,所以合同能源管理不能作为现行低碳投融资政策的核心来看待。低碳投融资政策的四个政策工具都用于规范间接投融资市场,缺少规范直接投融资市场的政策工具。更为重要的是,尽管低碳投融资市场通过融资机制降低低碳经济转型面临的各种风险,如政治风险、技术风险、市场风险及财务风险等,但低碳投融资机制本身就存在风险。为了预防低碳金融风险,需要建立低碳金融风险预防机制。

《京都议定书》确定了三种跨国间的碳排放交易机制,即联合履行(Joint Implemented,JI)、清洁发展机制(Clean Development Mechanism,CDM)和"碳减排"贸易(Emission Trade,ET)。目前,在国际上主要形成了两个碳排放交易市场,一是欧盟排放交易体系(EUETS);二是芝加哥气候交易所(CCX)。我国虽然已形成了以北京环境交易所、上海环境交易所和天津排污权交易所为主体的碳交易中心,并在重庆市、湖北省、广东省及深圳市开展碳排放权交易试点,但这些交易所主要从事以清洁发展机制为主的碳交易,与欧美真正意义上的碳交易市场

有一定的差距。❶ 清洁发展机制的运行规则复杂，需要企业、委派的经营实体、国家主管机构和联合国清洁发展机制执行理事会的多方协调。但现行碳交易政策只有"碳排放交易"和"清洁发展机制项目"这两个可统计的政策工具，而且具体政策规定十分笼统，无法起到促进清洁发展机制高效运行、优化清洁发展机制项目分布、提高项目减排量的作用。更为重要的是，系统的碳交易市场监管机制的欠缺，使得交易流程复杂的清洁发展机制的运行存在潜在风险。

三、专利政策的政策中心不明确，存在功能性缺位

低碳政策以促进低碳技术的创新与推广为导向。具体而言，低碳产业政策通过调整政府干预方式，为低碳技术创新与推广营造良好的产业环境。低碳财税政策通过激励约束机制系统配置低碳创新资源，并通过政府采购机制减少技术创新过程中的市场不确定性。低碳投融资政策为技术研发提供资金支持，碳交易政策作为国际金融杠杆引导资金向先进技术流动，实现金融资本与产业资本之间分担技术创新与推广过程中的不确定性风险。专利政策通过界定和保护低碳技术的产权，能在一定程度上实现低碳技术创新与推广的外部性内部化。不难看出，作为支撑低碳技术创新与推广的制度保障，专利政策可在低碳政策内部的协调与融合中起枢纽作用。

但在低碳政策体系中，现行专利政策的政策工具的分布最为分散，说明专利政策的政策工具之间关联性较低，政策核心不明确。并且，尽管专利政策的政策工具的整体频次最高，但除了"共性关键技术研发与示范推广"和"成果转化"离原点较近外，其他关键词都离原点较远，尤其是"产学研结合"和"技术标准"离原点和中心轴相对更远，说明专利政策的政策工具与其他类低碳政策的政策工具的共现频次相

---

❶ 王福波. 我国发展低碳经济的法学思考［J］. 现代法学，2011，33（1）：90-99.

对较少，也即专利政策与其他类低碳政策的关联性较低，未起到促进低碳政策内部协调与融合的枢纽作用。

综上所述，低碳产业政策与低碳财税政策的行政导向性过强，低碳投融资政策与碳交易政策的政策内部存在结构性缺失，专利政策未能发挥促进低碳政策内部协调与融合的功能，这些充分说明我国低碳政策体系存在结构性失衡。

受资源产品价格改革的产业政策以及政府采购和税收优惠的财税政策的影响，2009年我国的风电装机容量达到2 500万千瓦，居世界第二，但是由于上述风电产业政策和财税政策的行政导向性过强，未与专利政策相衔接，我国在产能性投入的过程中未能实现对风电技术的消化吸收再创新，导致风电技术专利化水平偏低，我国在关键风电机组的控制系统和叶片设计等技术方面仍依赖国外进口。[1] 从长期来看，这还会使我国在风电产业发展与能源安全维护上受制于别国。由于我国现行碳交易政策过于薄弱，存在碳交易市场监管机制的结构性缺失，使得我国复杂且技术含量高的清洁发展机制项目的运行存在潜在风险，因此尽管从2005年开始，我国一直是全球初级清洁发展机制市场的最大卖家，但我国清洁发展机制项目大部分监测易行、方法简单、涉及的领域偏窄。[2] 低碳政策的种种缺陷已经通过政策效果上的局限充分展现出来。

第五节 小　　结

对既有的政策存量和政策结构进行准确把握，是进一步优化和完善

---

[1] 施智梁，李二峰. 中国实现低碳目标遭遇技术瓶颈 [N]. 中国知识产权报，2010-6-30 (04).

[2] 世界银行. 世界碳市场发展状况与趋势分析 [M]. 郭兆晖，朱瑾，付丽译. 北京：石油工业出版社，2011.

低碳政策的前提。中国的低碳经济还处在起步阶段，学者们普遍认为我国在低碳方面的公共政策供给相对不足，政策结构有失合理，但缺乏对我国低碳政策的定量分析。本章以近 22 年我国低碳领域的代表性政策为研究对象，运用共词分析法，通过多维尺度分析可视化地展示了我国低碳政策的政策结构。通过研究发现，目前我国低碳政策由低碳产业政策、低碳财税政策、低碳投融资政策、碳交易政策、专利政策五大类政策构成，但存在结构性失衡：低碳产业政策与低碳财税政策是现行政策体系的核心，但行政导向性强易致政策失灵；低碳投融资政策与碳交易政策过于薄弱，存在结构性缺失；专利政策的政策中心不明确，存在功能性缺位。

第六章　专利政策与低碳经济政策的互动机制分析

与低碳技术创新相关的公共政策涵盖产业政策、财税政策、投融资政策、碳交易政策和专利政策等。目前学者多集中研究某类或某几类政策，缺乏各个政策之间的"协同"研究。中国的低碳经济还处在起步阶段，如果低碳政策整体规划不足，会导致低碳政策体系缺乏整体性与协调性，降低低碳政策对低碳技术创新的促进效果。管理协同理论为我们研究政策协同提供了一定的理论框架，❶ 我国也有学者采用"协同论"对技术政策体系进行研究。❷ 专利政策作为技术领域的一项根本性制度，如何将之嵌入低碳政策体系，尚未得到深入研究。本章运用管理协同理论，以促进低碳技术创新为视角，探讨专利政策与低碳产业政策、低碳财税政策、低碳投融资政策以及碳交易政策之间的互动机制，是管理协同理论在低碳政策制定领域应用的一次尝试，对提高低碳政策的整体实施效果、加快低碳技术创新、促进低碳经济转型具有十分重要的现实意义。

---

❶ 潘开灵，白烈湖. 管理协同理论及其应用 [M]. 北京：经济管理出版社，2006.
❷ 刘华，周莹. 我国技术转移政策体系及其协同运行机制研究 [J]. 科研管理，2012，33(3)：105-112.

第一节　专利政策与低碳经济政策互动的必要性分析

国务院常务会议决定，到 2020 年我国单位国内生产总值（Gross Domestic Product，GDP）二氧化碳排放将比 2005 年下降 40%～45%，并将其作为约束性指标纳入国民经济和社会发展中长期规划。❶ 为了达到 2020 年控制温室气体排放的行动目标，我国采取了多项政策措施，如发挥既有专利政策措施保障低碳技术创新的作用，开展在清洁能源等减排项目上的大量产能性投入，但因为专利政策的功能性缺位导致低碳政策整体的实施效果欠佳。

（1）既有的专利政策措施促进低碳技术创新的效果不显著。既有的研发资助、专利申请补贴、专利纠纷解决机制等具体专利政策措施虽在一定程度上起到促进低碳技术创新的作用，但这些政策的实施效果不够理想：我国国家知识产权局有关《全球低碳技术专利发展态势分析》的专利简报中指出，我国低碳专利中，发明专利占比刚好过半，专利申请质量不容乐观，且我国企业在低碳技术领域的研发能力明显不足，与国外企业专利申请动辄数百甚至上千的状况对比，我国在各低碳技术领域处于领先位置的企业申请量均不足百件。

（2）专利政策的功能性缺位导致产能性投入未能带来专利效益。根据美国智库皮尤研究中心的报告，2009 年我国在清洁能源方面投资超过 346 亿美元，已超过美国成为全球第一大清洁能源投资国。但是，这种投资只局限于清洁能源的产能性投入，由于国外高端技术的封锁与我国技术吸收能力的不足，加之在低碳政策上对低碳技术专利化的激励措施不足，未能在产能性投入的过程中实现对低碳技术的消化吸收再创新，导致我国低碳

---

❶ 初昌雄，周丕娟. 碳金融：低碳经济时代的金融创新［J］. 金融与经济，2010，31（2）：18-21.

技术专利化水平偏低,在低碳产业发展上仍受制于国外专利。以风电为例,尽管我国的风电装机容量达到2 500万千瓦,居世界第二,但是我国在关键风电机组的控制系统和叶片设计等技术方面仍依赖国外进口。若今后我国仍需进口这些技术,在2050年前得追加增量投资7 854亿美元。❶ 这说明尽管我国通过产能性投资发展了部分低碳产业,但由于未能同时促进相应的低碳技术创新及专利化,使得后续的产业发展需以昂贵且持续的技术进口为代价,而且从长期来看,还会使我国在低碳产业发展与能源安全维护上受制于别国。

综上所述,对低碳政策系统规划的研究不足,导致我国政策制定整体性的缺失,未能在低碳政策制定与实施中充分运用专利政策的枢纽作用,导致现有低碳政策整体实施的有限有效性,在最大程度上以最小成本推进低碳经济转型的效果欠佳。

第二节 专利政策与低碳经济政策互动的作用机理

尽管低碳产业政策、低碳财税政策、低碳投融资政策、碳交易政策分别侧重于通过制度创新实现产业创新、市场创新以及金融创新,而低碳专利政策是低碳技术创新的制度保障,但整个低碳政策体系最终都以促进技术创新为政策导向。专利政策立足于低碳新技术的产权界定与保护,决定了专利政策在低碳政策内部互动中的枢纽作用,如图6-1所示。

(1)适当的专利政策可以帮助克服束缚产业的"技术惰性"。目前的高碳经济发展模式与传统技术之间达成了一种低效率均衡,即存在技术惰性。技术惰性使得产业深陷现有市场以及周边供给结构当中,形成碳锁定。专利通过赋予创新企业排他性独占权,保障低碳技术创

---

❶ 施智梁,李二峰.中国实现低碳目标遭遇技术瓶颈[N].中国知识产权报,2010-6-30(04).

```
┌─────────┐    ┌─────────┐    ┌──────────┐    ┌─────────┐
│低碳产业政策│    │低碳财税政策│    │低碳投融资政策│    │碳交易政策│
└────┬────┘    └────┬────┘    └────┬─────┘    └────┬────┘
   ↑产业技术惰性    ↑创新资源         ↑低碳融资机制       ↑碳交易机制
┌──────────────────────────────────────────────────────┐
│                      专利政策                          │
└──────────────────────┬───────────────────────────────┘
                       ↑产权界定与保护
            ┌──────────────────────┐
            │      低碳技术创新       │
            ├───────┬───────┬──────┤
            │非排他性 │高风险性 │碳锁定效应│
            └───────┴───────┴──────┘
```

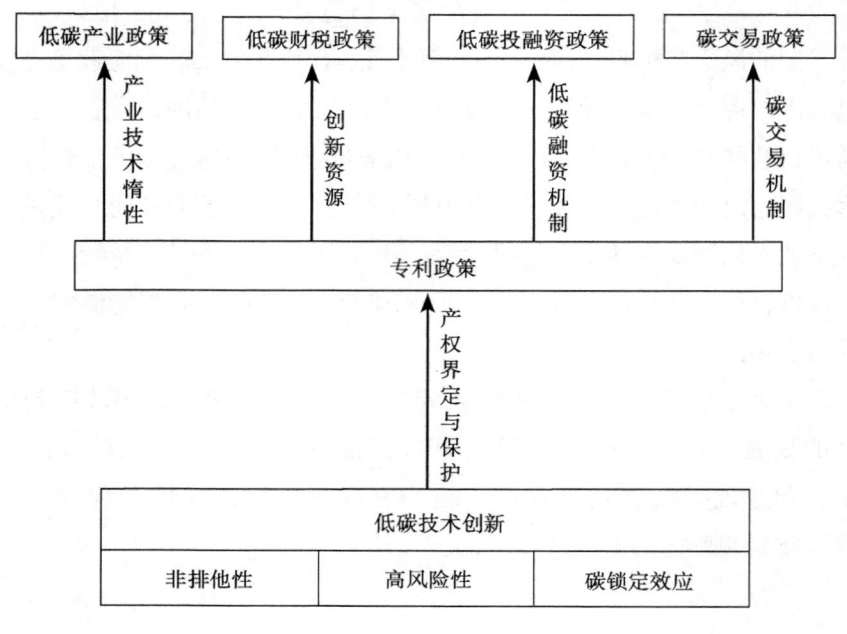

图 6-1　专利政策作用机理

新企业的收益，促使更多低碳技术创新企业愿意从事更高层次的创新活动。专利政策的持续实施所带来的长期创新激励，将启动传统产业向着新的网络和周边支持系统的低碳化转型，并促进新兴低碳产业的形成，从而摆脱碳锁定效应，实现碳脱钩。

（2）专利政策的实施为低碳创新资源的有效配置提供条件。低碳技术创新资源主要包括用于研究与开发的资金、人力和设备等。低碳财税政策由税收政策和财政支出政策两部分构成，这两类政策都能有效引导低碳技术创新资源的配置。税收政策侧重于通过各类税收措施对高碳排放造成的负外部性进行校正，财政支出政策侧重于通过政府财政投入矫正因市场缺陷而产生的外部性问题。这些政策措施通过引导创新资源的有效配置，促进了低碳技术的创新与扩散。专利的取得要求专利申请人公开相关技术原理，这种机制设计为低碳技术的再创新提供了技术基础，不仅能有效防止创新资源的重复配置，还能从现有低碳专利技术布局的角度为低碳财税政策的制定提供方向性指引。

（3）专利政策的实施有助于低碳融资机制的良性循环。企业进行低碳技术创新面临多重风险，如市场风险、技术风险等，在企业的低碳技术创新活动中引入风险投资基金，起到了金融资本帮助产业资本分担低碳技术创新过程中的不确定性的作用，降低了这种不确定性可能对企业造成的损失，有助于提高企业进行低碳技术创新的积极性。缺乏风险预防与控制的低碳融资机制将因无法实现良性循环而丧失风险分担的作用。考虑到低碳产业技术密集的特性，接受融资服务企业采用专利质量评估、专利信息监测等措施以加强低碳金融风险的评估、监测与管理，有助于低碳融资机制良性循环的实现。

（4）专利制度能保障碳排放交易机制的有效运行。建立碳交易市场是目前国际上普遍认可的实现碳总量控制的方法。碳排放交易制度提出排污权有偿使用的理念，在强制性的碳排放总量框架下，碳交易的基础是企业之间碳减排成本的差异。采用低碳新技术是企业降低碳排放量的有效方法。但是低碳技术研发与产业化所具有的高风险性与不确定性，使得企业往往不愿意进行低碳技术创新。专利制度实现了低碳技术的产权化与公开化，不但保障了企业能在一定期限内垄断创新收益，还能为后续碳交易的开展提供专利技术信息支持。

第三节　以专利政策为核心的低碳政策互动机制

低碳政策的设计与实施不仅包含节能减排和减缓气候变化的目的，也为了促进短期经济均衡与长期经济增长。为了保障低碳政策体系设计的合理性，不仅需要同类政策内部的协调，如财政政策中的支出政策与税收政策的协调，更需要不同类型政策之间，甚至是整个低碳政策体系内部的合理配合。作为低碳政策内部互动的枢纽，专利政策与其他低碳政策之间存在必然的互动关系，如图6-2所示。

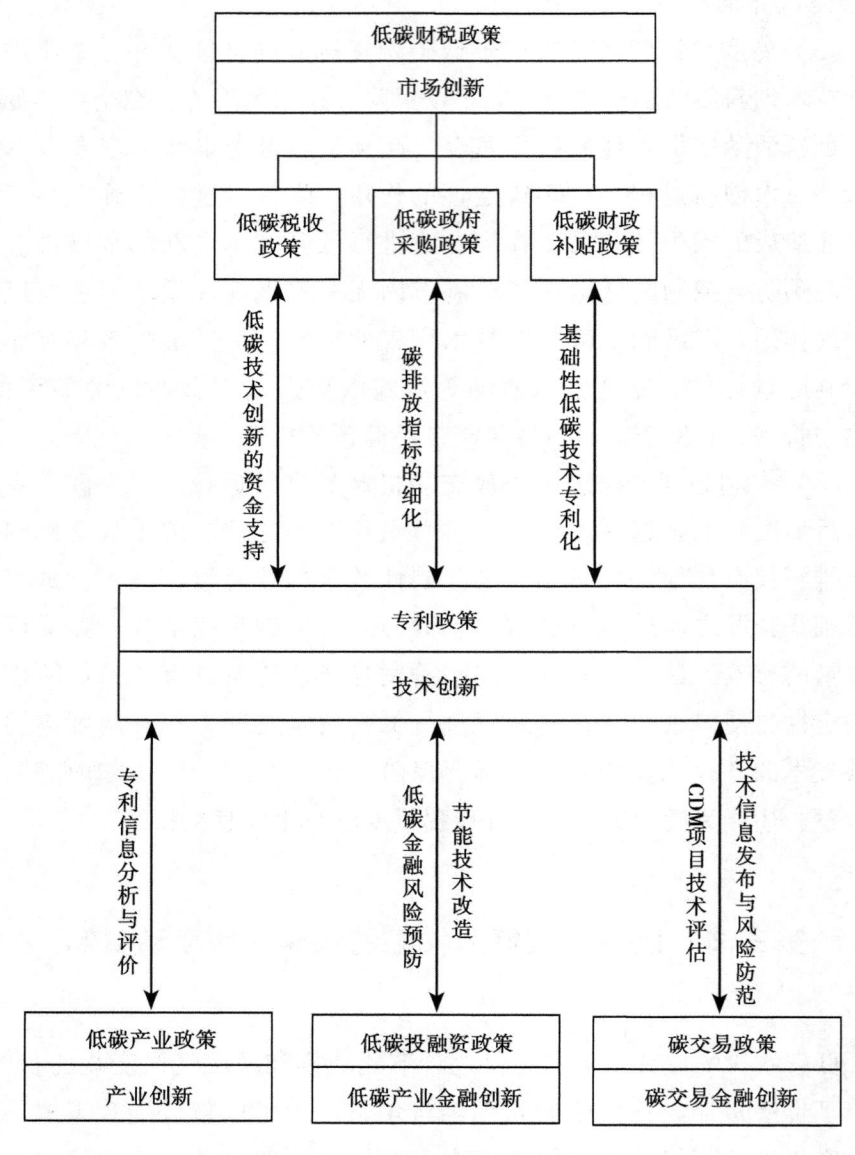

```
                    ┌─────────────────┐
                    │  低碳财税政策    │
                    ├─────────────────┤
                    │   市场创新       │
                    └────────┬────────┘
              ┌──────────────┼──────────────┐
              ↓              ↓              ↓
       ┌──────────┐   ┌──────────┐   ┌──────────┐
       │ 低碳税收  │   │低碳政府  │   │低碳财政  │
       │ 政策     │   │采购政策  │   │补贴政策  │
       └────↕─────┘   └────↕─────┘   └────↕─────┘
        低碳技术       碳排放指标     基础性低碳
        创新的         的细化         技术专利化
        资金支持
                    ┌─────────────────┐
                    │   专利政策       │
                    ├─────────────────┤
                    │   技术创新       │
                    └────────┬────────┘
              ┌──────────────┼──────────────┐
              ↓              ↓              ↓
         专利信息      低碳金融  节能技术   CDM项目    技术信息
         分析与评价    风险预防  改造       技术评估   发布与风险防范
       ┌──────────┐   ┌──────────┐   ┌──────────┐
       │低碳产业  │   │低碳投融资│   │碳交易政策│
       │政策      │   │政策      │   │          │
       ├──────────┤   ├──────────┤   ├──────────┤
       │产业创新  │   │低碳产业  │   │碳交易    │
       │          │   │金融创新  │   │金融创新  │
       └──────────┘   └──────────┘   └──────────┘
```

图6-2 低碳政策内部互动机制

一、专利政策与低碳产业政策的互动

产业政策作为政府行为,其作用主要是纠正市场失灵、弥补市场缺陷。低碳产业政策的实施,是为了推进传统产业的低碳转型,促进新兴低碳产业的发展,增强低碳产业的整体竞争力。低碳产业政策通过影响低碳技术自主开发、低碳技术引进以及低碳技术推广,引导低碳产业技术创新,扶持和推动高新技术的优先发展,进而带动整个低碳产业结构优化和国民经济持续发展。低碳产业主要以高新技术为主,决定了其本身就是专利的密集区域。专利政策的实施可以防止低碳产业因缺少核心技术而形成对跨国公司的技术依赖,出现产业技术源泉的"空心化"。《国家知识产权战略纲要》提出要"强化科技创新活动中的知识产权政策导向作用,坚持技术创新以能够合法产业化为基本前提,以获得知识产权为追求目标,以形成技术标准为努力方向"。所以说,促进低碳经济转型的产业政策与专利政策都旨在激励技术创新,这两类政策的互动体现在以下两方面。

(1) 低碳产业政策的制定应以专利信息分析为前提,低碳专利政策的实施以优化专利信息分析为目的之一。与低碳相关的产业政策的出台建立在对新兴低碳产业与传统产业升级进行准确预测的基础上,而新兴产业预测中最重要的就是技术发展趋势预测。技术发展趋势预测中需要对技术信息进行分析,而技术信息分析中最重要的是专利技术信息的分析。为了优化低碳产业的专利技术信息分析,有必要从专利检索、专利布局、技术路线图设计、专利预测等多个方面颁布相应的专利政策,以协助低碳产业避开国外在中国的专利布局,加强本国企业在海外的专利布局,实现新兴低碳产业的发展与传统产业的低碳转型。

(2) 低碳产业评价体系包含专利指标,低碳专利政策重在优化专利评价方法。低碳产业评价指标体系中应该包含一项重要指标就是自主知识产权，因为培育发展低碳产业的根本着力点就在于突破核心技术和拥有自主创新能力，而不是低水平、盲目地大规模扩张。这里的自主知识产权指标具体到专利领域，主要包括专利数量、专利质量（发明专利授权率）和专利价值等相关指标。由于专利是低碳产业评价体系中的重要评价指标，那么有必要出台配套政策，在低碳产业的行业标准中明确专利标准。

二、专利政策与低碳财税政策的互动

低碳财税政策是为了低碳经济发展，由国家实施的税收政策（财政收入方面）和财政支出政策的总称，是政府促进经济结构低碳化调整的调控手段和财力保障。在低碳方面，目前世界各国采用的税收政策措施有开征碳税、税收优惠等；采用的财政支出政策措施有政府投资、政府采购、财政补贴等。税收政策通过向高碳排放的生产和消费行为征收碳税，对传统碳基技术的应用起抑制作用；通过给低碳新产品和低碳技术研发活动以优惠待遇，对低碳技术创新起推动作用。财政支出政策通过财政资金的投入激励创新主体低碳技术创新投入的增长，引导产业技术的低碳化创新，进而达到促进产业结构低碳化的目的，具体包括两种方式：一是通过政府采购推动技术创新和产业结构升级；二是通过政府财政投入对低碳技术开发进行补贴或引导。[1] 因而，低碳财税政策与低碳专利政策的互动分别从低碳税收政策、低碳政府采购政策、低碳财政补贴政策三个方面体现。

（1）低碳税收政策可为低碳技术研发与引进提供资金支持，低碳专利政策为低碳技术专利化提供制度保障。从经济学的观点看来，碳税的要旨在于帮助消除环境方面的外部性，其中税赋互换是一种有效

---

[1] 柳卸林. 新时期我国促进自主创新的政策解读——以财政政策为例 [J]. 山西大学学报（哲学社会科学版），2007, 30（3）：177-182.

的方式。所谓税赋互换（Tax Swaps），是指用环境税从根本上冲抵其他方面的减少量，例如将碳税收入用于低碳技术研发，或用于充实能源基金。其中，将碳税收入用于低碳技术研发，以及进一步的专利申请，这种策略集税收政策、政府资助政策和专利政策于一体，能够创造一种良性循环的局面，既限制了排放量，又为技术研发提供了资金支持，并通过申请专利保证技术的专有。目前，一些发达国家已将这种制度设计理念加以实施：英国利用气候变化税的部分收入创立碳基金，该基金以企业模式运作，其工作重点之一是投资低碳技术开发。丹麦将税收收入用于补贴节能行为以达到低碳目标，其中就包括技术研发方面，这使得丹麦的二氧化碳排放绝对总量下降。此外，还可以利用碳税充实能源基金，进一步推动清洁发展机制下低碳技术的转移。

（2）低碳政府采购政策的制定以碳排放指标为导向，专利政策的实施以达到碳排放指标为目的。以低碳目标为导向的政府采购政策包含节能减排的要求，这些要求具体化为碳排放指标，并通过生产工艺节能标准、产品类型指定、产品生态标志等方式体现。为达到碳排放指标，低碳技术商业化是必要途径之一。为了促进低碳技术商业化，可以制定必要专利采购、核心技术专利平台建设、资助核心专利研发及核心专利申请等多种专利政策措施。

（3）低碳财政补贴政策为基础性的低碳技术突破提供资金支持，专利政策为低碳财政补贴政策的落实提供保障。基础性的低碳技术研发具有研究周期长、资金投入高、成果不确定的特点，需要政府提供明确且长期的财政补贴。为了防止财政补贴导致类似于福利依赖的结果，并强化这种补贴性激励措施的成效导向，有必要在政策设计上推进基础性低碳技术的专利化，如从专利审查角度为基础性低碳技术专利化提供便利等。

三、专利政策与低碳投融资政策的互动

低碳金融政策规范与碳排放量相关的金融活动,包括碳交易政策和低碳投融资政策。碳交易政策规范狭义的低碳金融市场,即碳排放权交易市场,低碳投融资政策规范广义的低碳金融市场中的节能减排项目投融资市场、发展新能源等低碳产业所需的投融资市场。低碳产业所需的投融资市场,包括间接投融资市场和直接投融资市场。其中,以银行为主的银行体系是发展低碳经济的间接投融资市场主体,银行参与低碳投融资的重要方式是低碳信贷、低碳投资基金、低碳担保等。低碳股票市场和低碳债券市场等资本市场是发展低碳经济的直接投融资市场。低碳投融资政策与低碳专利政策的互动表现在以下两个方面。

(1) 低碳投融资政策以促进低碳领域的风险投资为目标,专利政策的实施有助于低碳金融风险预防。低碳投融资政策以塑造低碳风险投资主体,建立低碳风险投资机制和发展低碳风险投资基金为目标,以满足低碳科技成果转化和低碳产业发展的资金需求。这种低碳投融资机制本身就存在风险,为了降低金融机构的投资风险,需要建立低碳金融风险预防机制,专利是低碳技术风险测评的重要指标。通过将低碳专利质量评估作为对合同能源管理项目提供融资担保的重要依据,将低碳专利标准作为低碳能源企业与低碳技术改造企业上市融资的技术门槛,将低碳专利信息公开作为对上市低碳企业监督的重要方式,能在很大程度上帮助预防金融风险。

(2) 低碳投融资政策为节能技术改造提供资金支持,专利政策为节能技术改造提供技术保障。节能技术改造是促进低碳技术推广的有力措施。政府通过加大财政资金支持力度、实行税收扶持、改善金融服务等多方面引导合同能源管理、节能项目融资等融资方式的全面推广,促进节能服务体系向社会化、市场化和专业化的方向完善,以大力推行节能技术改造。节能技术改造不仅需要资金支持,还需要技术保障,

专利是反映节能技术水平的重要指标之一。通过建设节能技术专利信息平台，加强节能技术专利质量评估，不仅能有效引导专业化节能服务公司与现有大中型企业合作，促进节能技术改造合作率的提高，实现这类企业的节能技术改造在诊断、设计、融资、改造与运行管理方面的专业化与高效化，还能激励低碳科技开发机构参与节能技术改造，实现低碳技术创新与传统产业低碳化的紧密结合。

四、专利政策与碳交易政策的互动

碳排放权是发生在人类保护环境过程中产生的国家与国家之间、国家与企业之间，以及企业与企业之间为顺利完成对温室气体的减排任务而形成的排放配额交易行为。在预先设定碳排放总量的情况下，碳排放权成为一种稀缺资源。碳交易的实质是买卖温室气体减排额。本质上，碳交易是一种金融活动，是连接金融资本与基于低碳技术的实体经济的桥梁。碳交易政策与低碳专利政策的互动表现在以下三个方面。

（1）碳排放交易制度以真实发布技术信息为保障，专利政策能提高技术信息发布的准确性。温室气体减排额的市场价格越是能够揭示低碳技术创新的效益，企业对低碳技术的需求量就越大，这说明低碳技术信息发布的全面性、准确性对碳排放交易市场的健康运转非常重要。低碳技术包含非专利技术，这类技术因为受到技术秘密保护而无法公开。能公开技术信息，且信息最全面最具市场价值的是低碳专利技术。从低碳专利信息平台建设、专利质量评估等多个方面颁布专利政策，能有效提高低碳技术信息发布的准确性，为碳排放交易制度的良好运作加强技术信息保障。

（2）CDM项目选择以技术评估为前提，专利政策能保障技术评估的准确性。发展中国家是CDM项目的东道国。CDM项目的可持续发展评价体系中包含项目采用技术对东道国可持续发展贡献的评估。项目采用技术中包含的低碳技术秘密可能难以评估，但其中包含的低碳专利技术因技术信息全面，可以得到合理评估。通过加强专利数据库平台建设，强化专利检索与预测，以合理评估CDM项目所涉专利技术的减排潜力和技术成熟度，能在很大程度上提高CDM项目采用技术的可持续发展贡献评估的准确性，为引进更多技术含量高、推广效果好的CDM项目提供保障。

（3）碳排放权交易制度以企业低碳技术创新为前提，专利政策能降低低碳技术创新风险。用于交易的温室气体排放配额有相当大一部分来源于低碳技术商业化带来的温室气体减排量。企业尤其是各类中小企业推动低碳技术商业化是为了保持碳排放权交易制度下产品的竞争力。中小企业低碳技术创新面临着一系列风险，如低碳技术本身是否实用、低碳技术能否与企业现有技术对接、低碳技术的发展前景如何等。这些因素的不确定程度越高，企业进行低碳技术创新的风险就越大。企业在低碳技术研发、产业化或商业化任何一个环节的失败，使得企业不仅会损失研发成本，还会因研发投入而错过其他市场机会。通过推行促进行业专利数据库建立、加强研发前行业专利检索的专利政策，能帮助企业明确所在行业的技术发展状况、淘汰落后技术、有效整合可利用低碳技术，进而加快企业开发低碳技术和低碳产品的进程，达到有效降低企业低碳技术创新风险的效果。

第四节　小　　结

通过公共政策引领低碳技术创新与推广，能在很大程度上促进低碳技术的"碳解锁"。与低碳技术创新相关的公共政策涵盖产业政策、财税政策、投融资政策、碳交易政策和专利政策等。当前我国对公共政策在促进低碳技术创新中的互动机制的认识模糊，降低了具体政策措施制定的关联性与可行性，影响了公共政策的整体实施效果，未能在最大程度上以最小成本推进低碳技术创新与推广。本章以促进低碳技术创新为视角，分析专利政策与低碳经济政策互动的必要性，明确专利政策在束缚产业的"技术惰性"的克服、低碳创新资源的有效配置、低碳融资机制的良性循环以及碳排放交易机制的有效运行中所起的作用，重点探讨专利政策与低碳产业政策、低碳财税政策、低碳投融资政策以及碳交易政策之间的互动机制。

第七章 结论与展望

第一节 研究结论

气候变化问题成为国际政治经济博弈的焦点之一，低碳技术竞争又决定了博弈的格局和走向，因此如何促进低碳技术的创新是各国政府与学术界都普遍关注的热点问题。中国低碳经济的发展尚处于起步阶段，在国际竞争中处于"市场追赶者"的地位，加之低碳技术本身的研发难度大、投资高、收益不确定性较高等特征使得我国低碳技术的创新与推广中产生了"碳锁定"效应，导致我国低碳技术创新与推广的市场失灵。政府在掌握全球技术进步的总体趋势与基本规律，以及本国或本地区技术进步总体趋势方面具有无可比拟的信息优势，通过鼓励技术创新的公共政策向社会传达"政府偏好"，能够在很大程度上促进低碳技术的"碳解锁"。

与低碳技术创新相关的公共政策涵盖范围广泛。学者们普遍认为我国在低碳领域的公共政策供给相对不足，政策结构有失合理，注重对低碳领域政策的规划与建构，但是在缺乏对既有低碳政策存量和政策结构的量化分析的前提下，这些学者们的研究不仅不够全面，而且缺乏政策之间的"协同"研究。本书从促进低碳技术创新出发，在全面把握我国低碳领域公共政策的现状与不足的基础上，对专利政策与低碳经济政策的互动机制进行研究，是政策工具理论、管理协同理论和共词分析法在公共政策制定领域应用的一次尝试，对提高低碳领域公共政策的整体实施效果、加快低碳技术创新、促进低碳经济转型具有十分重要的现实意义。

本书分析了低碳技术创新的动力机制。将低碳技术界定为：能够减少温室气体排放、节约能源、提高能源效率或降低对化石燃料依赖程度的技术、产品或工艺。技术创新的实质是新技术的产生与商业化应用，判断技术创新成功与否的重要标准在于市场实现程度。作为技术创新的一种，低碳技术创新兼具商业化属性和节能环保属性，与传统技术创新相比有很多不同之处。在明确低碳技术创新特点的基础上，回顾创新动力理论，选择解释力较强的EPNR模型作为理论框架，分析中国低碳技术创新动力因素的动力效能及其提升路径。研究发现，低碳技术创新具有突破性、全球公益性和显著的外部性，导致在中国当前的技术创新环境下，低碳技术创新内外部动力因素的动力效能受限。根据EPNR模型，低碳政策能在一定程度上唤起内部动力因素的动力效能，且能维系外部动力因素与社会环境之间的联系。完善低碳政策是短期内提高低碳技术创新内外部动力因素动力效能的有效途径之一。

在对低碳技术创新的基本问题进行梳理的基础上，本书分析了低碳技术创新对专利政策、低碳经济政策的需求。采用内容分析法，对1992~2013年我国低碳领域的代表性政策所采用的政策工具进行统计，并根据现有政策规范逐一分析低碳政策工具的内涵。然后分别分析专利政策、低碳经济政策对低碳技术创新的作用机理，在此基础上，通过对政策工具的计量分析，发现我国低碳政策工具存在的问题：专利政策工具的规定过于笼统，缺乏可操作性和实效性；规制型政策工具缺乏灵活性且数量太多，易致政策失灵；产权拍卖类政策工具过于薄弱，削弱了经济激励型政策工具的资源配置功能；政府的引导和协调作用不充分，导致社会型政策工具执行不力。政策工具存在的这些问题降低了整个公共政策体系对低碳技术创新的促进作用。

为了明确低碳经济政策与专利政策之间的现行关系，本书以1992~2013年我国低碳领域的代表性政策为研究对象，运用共词分析法，通过多维尺度分析可视化地展示了我国低碳政策的政策结构。通过研究发现，目前我国低碳政策由低碳产业政策、低碳财税政策、低碳投融资政策、碳交易政策、专利政策五大类构成，但存在结构性失衡，低碳产业政策与低碳财税政策是现行政策体系的核心，但行政导向性强易致政策失灵；低碳投融资政策与碳交易政策过于薄弱，存在结构性缺失；专利政策的政策中心不明确，存在功能性缺位。

在明确低碳经济政策与专利政策之间存在相互关系的基础上，以促进低碳技术创新为视角，分析了专利政策与低碳经济政策互动的必要性，明确了专利政策在束缚产业的"技术惰性"的克服、低碳创新资源的有效配置、低碳融资机制的良性循环以及碳排放交易机制的有效运行中所起的作用，重点探讨了专利政策与低碳产业政策、低碳财税政策、低碳投融资政策以及碳交易政策之间的互动机制。

第二节　政策规范重点

企业是否进行低碳技术创新以及创新动力的强弱，最终取决于企业家对低碳技术创新的利益预期。考虑到低碳技术创新属于突破性创新，具有全球公益性和显著的正外部性，为保证企业低碳技术创新持续进行，关键是如何提高创新企业的私人收益率，使之接近低碳技术创新的社会收益率。低碳政策将创新企业边际成本与低碳技术创新的社会边际收益纳入市场中以求均衡，是提高创新企业私人收益率的有效途径。各个国家促进低碳技术创新的政策措施各异，归结起来，中国低碳政策主要包括低碳产业政策、低碳财税政策、低碳金融政策和低碳专利政策。❶ 我国目前尚未形成激励企业低碳技术创新的良好政策环境，需要矫正低碳政策的结构性失衡，明确各类低碳政策的规范重点。

（1）低碳产业政策重在克服关键性低碳产业的"技术惰性"。中国产业的价值链分布一直向资源型企业倾斜，❷ 经济发展的高碳特征明显。一方面碳排放负外部性无法在市场交易价格中反映，另一方面存在传统碳基技术规模收益递增效应，这两个因素共同作用于技术经济系统，导致经济发展模式陷入传统碳基技术的惰性之中。经济发展模式的低碳化转变，重点在于扶持具有比较优势的关键性低碳产业，要求产业政策一方面需纠正市场失灵、弥补市场缺陷，为关键性低碳产业的基础性创新创造较好的市场氛围；另一方面还需建立低碳专利信息分析报告发布制度，整合政府掌握的全球专利信息资源，定期向关键性低碳产业内相关企业发布低碳专利技术发展动态分析报告，对企业的产品定位、风险评估、技术研发及成果交易等进行全方位与全流程的指导，推动共性关键低碳技术的优先研发与推广。

（2）低碳财税政策重在保障政府创新资金的长期稳定投入。低碳财税政策包括税收政策和财政支出政策，侧重于运用激励约束机制系统配置用于低碳技术创新的资金、人力、设备等资源。其中，税收政策通过税制的低碳化改革，如对高耗能高排放的生产经营活动和产品进行征税，给低碳产品和低碳技术研究开发活动以税收减免等多种方式，诱导企业进行低碳技术创新。财政支出政策由财政投入和政府采购两部分构成，其中，财政投入用于对低碳技术研究开发活动的资助，政府采购政策通过采购标准的低碳化，促进低碳产品的销售与推广，降低低碳技术创新过程中的市场不确定性。优化低碳技术创新资源的配置，重点在于保障政府创新资金在低碳技术创新各阶段的长期稳定投入，

---

❶ 罗敏, 朱雪忠. 基于共词分析的我国低碳政策构成研究 [J]. 管理学报, 2014, 11 (11): 1680-1685.

❷ 胡宗义, 刘亦文. 低碳经济的动态 CGE 研究 [J]. 科学学研究, 2010, 28 (10): 1470-1475.

要求低碳财税政策通过建立低碳技术创新专项资金制度、引入税赋互换机制等多种方式提高政府创新资金支持的连续性与稳定性。

（3）低碳金融政策重在降低低碳技术融资的金融风险。低碳金融政策由低碳投融资政策和碳交易政策两个部分构成：一方面低碳投融资政策用于规范低碳投融资市场，引导金融资本向创造碳资产的项目与企业流动，推动低碳新技术的研究开发；另一方面碳交易政策用于规范碳排放权交易市场，监管碳金融市场的排放权交易，促进碳交易机制发挥国际金融杠杆的作用，引导国际投资资金向先进低碳技术倾斜，两类政策共同促进金融资本分担企业低碳技术创新的资金压力与不确定性风险。但低碳投融资机制和碳交易机制这两类低碳金融机制自身也面临风险，缺乏风险预防与控制的低碳金融机制将因无法实现良性循环而丧失风险分担的作用。促进低碳金融机制的良性循环，重点在于降低低碳技术融资的金融风险，要求低碳金融政策建立和完善低碳金融风险预防机制和碳交易市场监管机制。

（4）低碳专利政策重在加强低碳专利的产权激励作用。低碳新技术具有稀缺性，专利政策保护创新企业对低碳新技术的产权，在一段时间内维持创新企业与低碳新技术之间的所有关系，排除他人免费搭便车的模仿、仿制等行为，使企业的创新收益在一定程度上得到保障，激励企业进行低碳技术创新。提高企业低碳技术创新活动的积极性，重点在于加强低碳新技术的产权激励作用，要求低碳专利政策从专利的取得、运用、保护、风险应对等多角度进行支持，如建立低碳技术专利费用专项资助制度，提高低碳技术的专利化水平；在一些中国具备比较优势的低碳技术领域试行加速审查制度，缩短低碳产品的上市时间；完善低碳专利的强制许可制度，避免先进低碳技术的闲置；建立低碳专利风险预警与评估制度，降低低碳技术创新的技术风险和市场风险等。

第三节　政策建议

在 2050 年的减排情景下，我国进口低碳核心技术需累计增量投资 14.2 万亿美元。为了摆脱我国低碳经济转型的技术困境，有必要通过公共政策变革实现以最小成本推进低碳技术创新与推广。本书从低碳经济政策与专利政策的角度给出政策建议。

一、低碳经济政策的完善

政策的制定，并不是简单的政策创新与政策移植的选择与加合的过程，而是政策移植与政策创新交互作用的政策变迁的过程。不同类型的低碳经济政策都有各自特定的适用对象和条件，也有各自的优越性与局限性。为了提高低碳政策的整体实施效果，促进政策供给的良性循环，以期以最低的社会成本实现节能减排效益的最大化，应从以下五个方面矫正低碳经济政策的结构性失衡。

（1）淡化低碳产业政策的行政管控色彩，逐步摆脱对命令与控制方式的过度依赖。低碳产业政策共包含 18 个政策工具，除了"节能减排自愿协议""节能产品认证""节能服务体系建设"这三个政策工具以外，剩下的 15 个都属于规制型政策工具，这说明低碳产业政策以命令与控制方式为主。在宏观层面，应从以行政管控为主，向政府制定市场规则、激励节能减排市场化、弥补市场失灵转变。在微观层面，可从以下四个方面来优化低碳产业政策：①应继续发挥规制型政策工具在行业减排控制与高耗能淘汰上的工具优势。考虑到我国仍将处于快速的工业化和城市化进程，为抑制建筑和交通领域能源消耗与碳排放的过快增长，应在"高耗能、高排放行业抑制机制""节能环保标准体系建设""高能耗淘汰制""淘汰落后产能机制"等政策工具中加强对相关高耗能高排放行业的管控，促使相关高耗能高排放行业能源效率的提高。②在政策工具设计上，应适当提高规制型政策工具的灵活性，结合不同地区低碳生产、低碳消费和低碳技术的实际进行低碳规制，可在"目标责任评价考核制""节能评估审查""节能改造"等政策工具中体现对各地区现实差距的考虑。③应当合理控制规制型政策工具的频次，防止因在先制定的政策工具未得到切实执行而不得不在后续政策中予以反复提及所导致的政策工具频次增加。防止功能相近且适用范围交叉的政策工具的重复使用，如"重点用能单位节能管理"和"重点领域节能"，"淘汰落后产能机制"和"高能耗淘汰制"等，在保证实施效果不变或增强的基础上，合理合并一些功能相近的政策工具，以降低政府的管理成本。④为了提高"节能减排自愿协议"和"节能产品认证"这两个自愿性行为类政策工具的作用效果，政府应尽快建立节能减排自愿协议的监督机制，完善节能产品认证的监管机制，重视公民和非政府组织对企业节能减排自愿协议和节能产品认证的舆论监督作用。在强化"节能减排自愿协议""节能产品认证""'领跑者'标准制度""节能发电调度"等现有节能减排市场化机制作用力度的前提下，还应进一步丰富节能减排市场化机制的种类。

（2）完善市场机制，逐步提高低碳财税政策的实施效果。低碳财税政策共包含6个政策工具，属于经济激励型政策工具的财政支出和税费调节类政策工具，是基于市场的激励和约束机制。财政支出和税费调节类政策工具在市场机制不健全的条件下也能发挥一定作用，但实施效果会受影响。我国应积极推动市场化改革，尤其要增强能源供给体系的市场化程度，改变资源性产品长期的价格扭曲的情况，以增强财政支出和税费调节类政策工具的实施效果。

（3）现行的低碳投融资政策只有4个政策工具，都用于规范低碳间接投融资市场，缺少规范低碳直接投融资市场的政策工具。为了完善低碳投融资政策，对于低碳间接投融资市场，需通过丰富间接投融资市场政策的政策工具并加大政策力度,鼓励银行全面创新低碳信贷产品;政府还应通过财税减免、政策性奖励等激励措施引导各类融资担保机构为合同能源管理提供风险分担服务,积极培育和扶持第三方认证评估机构,尽快建立节能服务行业的行业准则与行为规范,以有效促进合同能源管理的全面推行。对于低碳直接投融资市场,通过不断规范低碳企业的上市条件,鼓励大型低碳企业进入主板市场,鼓励新兴中小型低碳企业依靠创业板市场融资;通过放松低碳债券的发行管制和鼓励创新交易机制,促进低碳企业债券的发行与流动。在此基础上,通过建立低碳金融风险评估与监测的管理信息系统,不断改进监管机制与模式,防范低碳投融资市场的潜在风险。

(4)现行的碳交易政策只有两个政策工具,都属于经济激励型政策工具中的产权拍卖类政策工具。之所以碳交易政策受到的重视程度不够,是因为我国处在向市场经济过渡时期,市场机制不健全,而产权拍卖类政策工具高度依赖于市场经济,在市场经济体制成熟程度不够的情形下难以发挥作用。为了推行碳交易制度,我国应在完善市场机制的前提下,通过碳交易政策进一步规范碳交易的市场运行规则,并发挥政策的导向作用,促进高技术含量的清洁发展机制项目的份额提高,促进减排潜力大的新项目的发展。在此基础上,还应建立系统的碳交易市场监管机制,实施严格的排放量测量、报告和核查制度。考虑到我国碳交易市场终将由清洁发展机制的初级市场向二级市场延伸,由排放权的现货交易向衍生品交易发展,碳交易市场监管机制的设计应对清洁发展机制的一级市场交易、二级市场交易和衍生品交易进行全方位全流程的监管。

(5)在进行低碳政策结构分析时,发现"节能减排宣传教育"和"节能减排信息公开"这两个政策工具与其他政策工具的距离较远,共现现象不明显,因而删掉了这两个政策工具。但这并不表示"节能减排宣传教育"和"节能减排信息公开"这两个政策工具不属于低碳政策的范畴。节能减排宣传教育和节能减排信息公开这两个政策工具,属于社会型政策工具中的信息与劝诫类政策工具。之所以在政策结构分析时，这两个政策工具与其他政策工具的共现现象不明显，是因为这两个政策工具属于新制度经济学中所指的非正式规则，虽然在一定范围内可以发挥作用，但由于缺乏激励和强制，只能作为一种辅助手段。也就是说，节能减排宣传教育和节能减排信息公开属于广义的低碳政策的范畴。政府需通过合理的制度设计，引导相关主体充分发挥作用，提高节能减排宣传教育和节能减排信息公开这两个政策工具的执行力：①政府要加强节能减排信息的公开化，尤其是要督促相关主体公布企业的耗能排污状况，以便公民监督。②要完善对非政府组织的管理机制，如简化低碳非政府组织的建立及其运作过程中的审批程序，为相关非政府组织的国际交流与合作提供更便捷的服务等，以促进非政府组织在低碳数据调查、立法建议、政策监督和节能减排宣传教育方面的作用。

二、专利政策的完善

考虑到专利政策是低碳政策互动的枢纽，从专利政策优化的角度来促进低碳政策体系的协调与融合，能有效提升低碳政策对技术创新与推广的促进作用。如可通过在低碳产业技术发展趋势预测中加强专利信息分析，在低碳产业评价指标体系中引入专利指标来促进低碳产业政策与专利政策的融合；通过财税激励的专利导向化来促进低碳财税政策与专利政策的融合；通过建立专利投融资机制来促进低碳投融资政策与专利政策的融合；通过设置清洁发展机制项目的专利评估来促进碳交易政策与专利政策的融合，最终实现整个低碳政策体系内部的协调与融合。本书就如何从专利政策优化的角度促进低碳政策的协调与融合提出如下具体建议。

（一）健全专利信息支持政策

为了促进产业政策、财税政策、碳交易政策的有效实施，首先应健全低碳技术的专利支持政策。为拓宽信息发布渠道、加大主动公开力度、确保公众的知情权等，应建设尽量涵盖各主要低碳技术国家和国际低碳组织❶的专利技术信息的专项专利数据库。以低碳专利数据库为依托，采用最新的研究数据信息的系统，通过对数据的分类整理和二次开发，提供信息共享。

（1）建立国家级的低碳技术专利信息服务平台。低碳技术专利信息服务平台应采用界面友好的通用检索系统，向公众、企业、行业组织、研究机构等不同服务对象提供以用户需求为导向的主动式低碳专利信息服务，如技术查新、专利检索等服务，尤其是对相关低碳企业与行业组织，应依照行业或企业的自身发展需要，提供专利情报分析、重大技术领域的专利地图和专利战略分析等高层次的专利信息服务。

（2）开展针对基础性低碳技术和关键性低碳产业的专利情报分析。对于国家重点发展的基础性低碳技术以及重点扶持的关键性低碳产业，定期或不定期向相关企业发布专利技术发展动态及趋势的综合分析报告及相应的专利地图，使关键性低碳产业能及时调整低碳产品与相应技术策略，同时帮助产业运用专利情报促进成果交易。

（3）完善重大低碳项目的专利审议机制。以提高专利审议综合能力为前提，通过制定政策规范专利审议的程序与内容，对于尚未上马的重大低碳项目，实施专利风险可行性审议；对于已经上马的重大经济科技项目，注重针对项目潜在专利风险及相应的预防、消减和规避等举措进行安全性审议。

---

❶ 与低碳相关的国际组织有：国际贸易和可持续发展中心（ICTSD）、政府间气候变化专业委员会（IPCC）、全球环境基金（GEF）、世界能源理事会（WEC）、国际能源机构（IEA）、国际可持续发展研究所（IISD）等。

(二) 优化专利的取得与运用政策

从技术研发到产品推广，推行税收政策、政府资助政策和专利政策于一体的低碳政策支持，具体而言，包括以下五个方面。

(1) 设立低碳技术创新资金。为保障政府资金的长期稳定投入，首先应在公共财政预算中增设低碳经济发展预算项目，并指明一定投资比例作为低碳技术创新资金，用于基础性低碳技术的研发、专利化与产业化。以地方或相关行业的专利获取及相应经济效益增长幅度为依据，逐步加大对低碳技术创新资金投入力度。

(2) 进行税制的低碳化改革。为了扭转低碳企业面临的市场竞争劣势，应对现行税制进行调整，一是彻底消除面向高碳产业的各种形式的财政补贴及变相补贴，并逐步将高能耗、高污染产品尽数纳入消费税征收范围；二是扩大资源税的征收范围，提高资源税税率；三是在增值税、消费税、关税、所得税等方面，应通过财政补贴、税收返还等各种减免税方式，给予低碳企业税收优惠，激励企业的低碳化发展。

(3) 试行税赋互换政策。考虑将与低碳有关的税收收入的一定比例用于基础性低碳技术的研发，以及进一步的专利申请及市场推广。在支持低碳技术研发方面，可以由国家、省部设立低碳专项研究课题，甚至是设立科技重大专项，用税收收入进行科研资助；在支持低碳专利申请方面，实施低碳技术专利申请的专项资助；在支持低碳产品的市场推广方面，可以将税收的一定比例以财政补贴或价格补助等方式回馈给推广和使用低碳产品的单位及个人，鼓励低碳产品的使用和消费。

(4) 实行政府采购低碳化。实行以低碳为导向的政府采购政策，从生产工艺节能标准、产品类型指定、产品生态标志等方面完善采购标准，从消费端拉动低碳技术的研发与产业化。

(5) 争取国际技术转让补贴。我国企业还应积极争取发达国家政府的技术转让资金补贴，以降低专利转让成本，并通过"引进、消化、吸收、再创新"的技术模式逐步提高技术创新能力。

（三）健全专利中介服务政策

通过财税补贴、税收优惠等政策，促进面向低碳领域的专利中介服务体系的建立与健全，这具体体现在以下四个方面。

（1）实现低碳领域专利中介服务体系的优化配置。在机构分布上，引导高端与低端专利中介服务机构的力量配比和区域分布与社会技术创新力量的分布相匹配；在机构设置上，应设置能够提供高水平高质量专业化服务的高端专利中介服务机构；在服务内容方面，应涵盖专利代理、专利诉讼、专利分析咨询、专利评估、专利转移转化等全领域、多环节；在服务对象方面，主要是面向具备一定技术创新能力和专利运用能力的创新型企业。

（2）完善不同低碳行业的企业之间的专利共享模式。可以借鉴由世界可持续发展商业委员会启动的环境专利共享项目，在不同低碳行业的企业之间建立专利联盟，通过财政购买、财政补贴或税收优惠政策，让联盟内的企业能免费或优惠共享基础性低碳技术。

（3）促进具有中试功能的低碳中介服务机构的建立。通过产业政策、财税补贴，引导低碳中介服务机构建设中试基地，对已有的低碳专利进行二次开发，通过低碳技术集成，促进低碳专利商业化。

（4）加强对专利中介服务机构的管理。通过制定和实施相关制度政策，加强对专利中介服务机构的规范和管理，建立健全由诚信信息管理平台、信用评价制度和失信惩戒制度构建的诚信机制，有效规范专利中介服务行业的执业行为。

（四）完善专利风险应对政策

低碳技术的高风险性、高投入性与不确定性，导致低碳技术研发与扩散存在风险，因而需要从以下三个方面完善专利风险应对制度。

（1）建立政府主导、行业组织和企业参与的多层次的专利预警机制。在低碳专利预警分析方面，可以在采集、监测和分析专利申请、授权、纠纷信息以及相关科技、贸易、投资、法规和政策变化等信息的基础上，对可能通过专利手段制约我国重点低碳行业发展的领域、地域、当事主体和可能产生的危害程度，向有关低碳行业发布重大专利预警信息或警示预报，并提出相应的对策。

（2）建立企业低碳技术专利风险自测体系。从技术风险、法律风险、经济风险三个角度分析测评企业进行低碳技术开发与产业化的风险，以此为基础建立专利风险评估模型和评价指标体系，企业可根据该模型和指标体系，自测对外贸易中面临的专利风险指数；在技术允许的情况下，利用互联网优势，设立企业专利风险在线自测系统。

（3）CDM项目引进的专利技术评估。为了防止国外的落后生产产能、技术和设备转移到国内，可以考虑建立国际专利技术信息查询平台。对于重大的CDM项目，由国家提供部分补贴和便利，聘请项目专家，进行专项评估，以提高国际低碳专利技术引进的质量。

第四节　不足与展望

本书对我国低碳政策的宏观结构进行整体分析，对低碳政策现状进行全面把握，在分别探讨专利政策、低碳经济政策对低碳技术创新的作用机理的基础上，重点分析低碳技术创新导向的专利政策与低碳经济政策的互动机制，进一步提出促进低碳技术创新的政策优化建议。然而，需要指出的是，本书仍存在许多不足之处，有待笔者加以完善，也有一些重要问题有待进一步探讨。

（1）低碳经济政策的量化研究有待进一步完善。本书选择政府干预程度高低的角度，结合政策工具发挥作用的基础，将低碳经济政策工具分为规制型政策工具、经济激励型政策工具和社会型政策工具三大类进行量化研究。这种分类标准未能涵盖所有的低碳经济政策工具，而且只从一个维度进行分析，不能全面揭示低碳经济政策工具的特点与存在的问题。未来的研究可以按照多个角度分别进行分类，对低碳经济政策工具进行二维，甚至多维的量化分析。

（2）加强对单个政策的作用机理和实效的深入分析。本书侧重于对我国低碳政策的宏观结构进行整体分析，尽管按照我国的政策规定，对低碳领域的政策工具内涵进行阐释，但缺少对单个政策的作用机理和实效的深入分析。在以后的研究中，需要结合政策解释学和政策实效的测量等方法对低碳政策的作用机理和互动机制进行进一步研究。

（3）低碳政策的结构分析有待进一步深入。本书以1992~2013年我国低碳领域的代表性政策为研究对象，运用共词分析法，通过多维尺度分析可视化地展示了我国低碳政策的政策结构。受数据收集的局限，本书仅运用多维尺度分析方法进行共词分析，略显单一。除了多维尺度分析之外，因子分析、聚类分析等多元统计方法也可用于实现共词分析。随着低碳经济的发展，低碳政策文件的后续发布与完善，政策数据将更完善更精确，可以运用更多的统计方法和测量指标对低碳政策的结构进行更深入的分析。

参考文献

[1] Abbott F M. Innovation and Technology Transfer to Address Climate Change: Lessons from the Global Debate on Intellectual Property and Public Health [R]. Issue Paper 24. ICTSD Publishing, 2009.

[2] Ahman M. Government Policy and the Development of Electric Vehicles in Japan [J]. Energy Policy, 2006, 34 (4): 433–443.

[3] Alic J A, Mowery D C, Rubin E S. U. S. Technology and Innovation Policies: Lessons for Climate Change [F/OL]. http://repository.cmu.edu/epp/95/, 2011-05-11.

[4] Barker T, Ekins P, Foxon T. Macroeconomic Effects of Efficiency Policies for Energy-intensive Industries: The Case of the UK Climate Change Agreements [J]. Energy Economics, 2007, 29 (4): 760–778.

[5] Berkhout F. Technology Regimes, Path Dependency and the Environment [J]. Global Environment Change, 2001: 1–4.

[6] Bodansky D. The Copenhagen Climate Change Conference: a Post-Mortem [J]. American Journal of International Law, 2010, 104.

[7] Böhringer C, Mennel T P, Rutherford T F. Technological Change and Uncertainty in Environmental Economics [J]. Energy Economics, 2009 (31): S1–S3.

[8] Bollyky T J. Intellectual Property Rights and Climate Change: Principles for Innovation and Access to Low – Carbon Technology [F/OL].

http：//indiaenvironmentportal. org. in/files/IP_ Climate_ Change_ FINAL. pdf，2011-06-07.

［9］ Bonadio E. Climate Change and Intellectual Property［J］. European Journal of Risk Regulation，2010：72-76.

［10］ Boonekamp P G M.Price Elasticities, Policy Measures and Actual Developments in Household Energy Consumption：A Bottom up Analysis for the Netherlands［J］. Energy Economics，2007，29（2）：133-157.

［11］ Bor Y J. Consistent Multi-level Energy Efficiency Indicators and Their Policy Implications［J］. Energy Economics，2008，30（5）：2401-2419.

［12］ Bozeman B.Technology Transfer and Public Policy：A Review of Research and Theory［J］. Research Policy，2000（29）：627-655.

［13］ Brunnermeier S B，Cohen M A.Determinants of Environmental Innovation in US Manufacturing Industries［J］. Journal of Environmental Economics and Management，2003（45）：278-293.

［14］ Burleson E. The Bali Climate Change Conference［J］. American Society of International Law Insights，2008，12（4）.

［15］ Burleson E. Innovation Cooperation：Energy Biosciences and Law［J］. University of Illinois Law Review，2011，24（1）：101-114.

［16］ Cai W，Wang C，Liu W，et al. Sectoral Analysis for International Technology Development and Transfer：Cases of Coal-fired Power Generation，Cement and Aluminium in China［J］. Energy Policy，2009（37）：2283-2291.

［17］ Chen Y. The Positive Effect of Green Intellectual Capital on Competitive Advantages of Firms［J］. Journal of Business Ethics，2008（77）：271-286.

［18］ Coase R H. The Problem of Social Cost［J］. The Journal of Law and

Economics, 1960 (3), 1-44.

[19] Contreras J L. Standards and Related Intellectual Property Issues for Climate Change Technology [J]. Research Handbook on Intellectual Property and Climate Change, Joshua Sarnoff, Ed., 2011.

[20] Dalton M, O'Neill B, Prskawetz A, et al. Population Aging and Future Carbon Emissions in the United States [J]. Energy Economics, 2008, 30 (2): 642-675.

[21] Dernbach J C, Kakade S. Climate Change Law: an Introduction [J]. Energy Law Journal, 2008, 29.

[22] Dosi G. Technological Paradigms and Technological Trajectories: a Suggested Interpretation of the Determinants and Directions of Technical Change [J]. Research Policy, 1982, 2 (3): 147-162.

[23] Fisher-Vanden K A, Shukla P R, Edmonds J A, et al. Carbon Taxes and India [J]. Energy Economics, 1997, 19 (3): 289-325.

[24] Freeman C. Innovation and Growth [M] //Dodgson M and Roythwell R. The Handbook of Industrial Innovation. Aldershot: Edward Elgar Publishing Company Limited, 1994: 76-87.

[25] Freeman C. The Economics of Industrial Innovation [M]. Cambridge: Cambridge University Press, 1982.

[26] Galinato G I, Yoder J K. An Integrated Tax-subsidy Policy for Carbon Emission Reduction [J]. Resource and Energy Economics, 2010, 32 (3): 310-326.

[27] Garnaut R. Policy Framework for Transition to a Low-Carbon World Economy [J]. Asian Economic Policy Review, 2010, 5 (1): 19-33.

[28] Gerlagh R. A Climate-change Policy Induced Shift from Innovations in Carbon-energy Production to Carbon-energy Savings [J]. Energy Economics, 2008, 30 (2): 425-448.

[29] Graff G D, Cullen S E, Bradford K J, et al.The Public-private Structure of Intellectual Property Ownership in Agricultural Biotechnology [J]. Nature Biotechnology, 2003, 21 (9): 989-995.

[30] Grossman G M, Krueger A B.Environmental Impacts of a North American Free Trade Agreement [R]. NBER Working Paper, 1991.

[31] Groves T, Ledyard J.Optimal Allocation of Public Goods: A Solution to the "Free Rider" Problem [J]. Econometrica: Journal of the Econometric Society, 1977: 783-809.

[32] Gurney A, Ahammad H, Ford M.The Economics of Greenhouse Gas Mitigation: Insights from Illustrative Global Abatement Scenarios Modelling [J]. Energy Economics, 2009 (31): S174-S186.

[33] Hall B H, Helmers C.The Role of Patent Protection in (Clean/Green) Technology Transfer [R]. NBER Working Paper 16323. NBER Publishing, 2010.

[34] Hanson D, Laitner J A S.An Integrated Analysis of Policies that Increase Investments in Advanced Energy-efficient/Low-carbon Technologies [J]. Energy Economics, 2004, 26 (4): 739-755.

[35] Hargreaves C, Johnstone N, Laroui F, et al.Comparative Energy and Environmental Policy for the Residential Sector: Applying Dutch Standards to the UK Housing Stock [J]. Energy Economics, 1998, 20 (2): 173-202.

[36] Harris C C, Mcconnell V D, Cumberland J H.A Model for Forecasting the Economic and Environmental Impact of Energy Policy [J]. Energy Economics, 1984, 6 (3): 167-176.

[37] Harwood T G, Garry T.An Overview of Content Analysis [J]. The Marketing Review, 2003, 3 (4): 479-498.

[38] Haslam G E, Jupesta J, Parayil G.Assessing Fuel Cell Vehicle Innovation and the Role of Policy in Japan, Korea, and China [J]. In-

ternational Journal of Hydrogen Energy, 2012 (37): 14612-14623.

[39] Helm D, Hepburn C, Mash R.Credible Carbon Policy [J]. Oxford Review of Economic Policy, 2003, 19 (3): 438-450.

[40] Hepburn C.Environmental Policy, Government, and the Market [J]. Oxford Review of Economic Policy, 2010, 26 (2): 117-136.

[41] Herzog H J.Scaling up Carbon Dioxide Capture and Storage: from Megatons to Gigatons [J]. Energy Economics, 2011, 33 (4): 597-604.

[42] Hicks D.Limitations of Co-citation Analysis as a Tool for Science Policy [J]. Social Studies of Science, 1987, 17 (2): 295-316.

[43] Hoffert M I.Advanced Technology Paths to Global Climate Stability: Energy for a Greenhouse Planet [J]. Science, 2002, 298 (5595): 981-987.

[44] Hood C.The Tools of Government [M]. London: Macmillan, 1983.

[45] Hutchison C.Does Trips Facilitate or Impede Climate Change Technology Transfer into Developing Countries? [J]. University of Ottawa Law & Technology Journal, 2006 (3): 517-537.

[46] IPCC.Climate Change 2007: mitigation.Contribution of Working Group Ⅲ.To The Fourth Assessment Report of the Intergovernmental Panel on Climate Change [M]. Cambridge: Cambridge University Press, 2007.

[47] Jamasb T, Nuttall W J, Pollitt M.The Case for a New Energy Research, Development and Promotion Policy for the UK [J]. Energy Policy, 2008 (36): 4610-4614.

[48] Johnson D K N, Lybecker K M.Challenges to Technology Transfer: A Literature Review of the Constraints on Environmental Technology Dissemination [R]. Colorado College Working Paper 2009-07.Colorado College Publishing, 2009.

[49] Karakosta C, Askounis D.Developing Countries' Energy Needs and Pri-

orities under a Sustainable Development Perspective: A Linguistic Decision Support Approach [J]. Energy for Sustainable Development, 2010 (14): 330-338.

[50] Kaya Y. Impact of Carbon Dioxide Emission on GNP Growth: Interpretation of Proposed Scenarios [R]. Presentation to the Energy and Industry Subgroup, Response Strategies Working Group, IPCC, Paris, 1989.

[51] Kypreos S, Turton H. Climate Change Scenarios and Technology Transfer Protocols [J]. Energy Policy, 2011 (39): 844-853.

[52] Lanjouw J, Mody A. Innovation and the International Diffusion of Environmentally Responsive Technology [J]. Research Policy, 1996 (4): 549-571.

[53] Law J, Bauin S, Courtial J P, et al. Policy and the Mapping of Scientific Change: a Co-word Analysis of Research into Environmental Acidification [J]. Scientometrics, 1988, 14 (3): 251-264.

[54] Lee S, Shih L. Renewable Energy Policy Evaluation Using Real Option Model: The Case of Taiwan [J]. Energy Economics, 2010 (32): S67-S78.

[55] Li J, Colombier M. Managing Carbon Emissions in China through Building Energy Efficiency [J]. Journal of Environmental Management, 2009 (90): 2436-2447.

[56] Li Q, Shi M, Jiang K. New Power Generation Technology Options Under the Greenhouse Gases Mitigation Scenario in China [J]. Energy Policy, 2009 (37): 2440-2449.

[57] Lin S J, Lu I J, Lewis C. Identifying Key Factors and Strategies for Reducing Industrial CO_2 Emissions from a Non-Kyoto Protocol Member's (Taiwan) Perspective [J]. Energy Policy, 2006 (34): 1499-1507.

[58] Margolis R M, Kammen D M.Underinvestment: The Energy Technology and R&D Policy Challenge [J]. Science, 1999, 285: 690-692.

[59] Marshall A.The Principles of Economics [M]. 8th ed.London: Macmillan, 1949.

[60] Maskus K.Differentiated Intellectual Property Regimes for Environmental and Climate Technologies [R]. OECD Environment Working Papers No.17. OECD Publishing, 2010.

[61] Mathews J A.How Carbon Credits Could Drive the Emergence of Renewable Energies [J]. Energy Policy, 2008 (36): 3633-3639.

[62] Mcfarland J R, Herzog H J.Incorporating Carbon Capture and Storage Technologies in Integrated Assessment Models [J]. Energy Economics, 2006, 28 (5): 632-652.

[63] McJeon H C, Clarke L, Kyle P, et al.Technology Interactions among Low-carbon Energy Technologies: What Can We Learn from a Large Number of Scenarios? [J]. Energy Economics, 2011, 33 (4): 619-631.

[64] Montalvo C.General Wisdom Concerning the Factors Affecting the Adoption of Cleaner Technologies: Survey 1990-2007 [J]. Journal of Cleaner Production, 2008 (16): 7-13.

[65] Mumma A, Hodas D.Designing a Global Post-Kyoto Climate Change Protocol that Advances Human Development [J]. Georgetown International Environmental Law Review, 2008, 20 (4): 619-643.

[66] Nakada M.Deregulation in an Energy Market and Its Impact on R&D for Low-carbon Energy Technology [J]. Resource and Energy Economics, 2005, 27 (4): 306-320.

[67] Nekrasov A S.Conceptual Energy and Environmental Problems of Economic Policy in the Former USSR [J]. Energy Economics, 1993,

15 (4): 273-284.

[68] Nemet G F. Policy and Innovation in Low-Carbon Energy Technologies [D]. Berkeley: University of California- Berkeley, 2007.

[69] Newell R G.The Role of Markets and Policies in Delivering Innovation for Climate Change Mitigation [J]. Oxford Review of Economic Policy, 2010, 26 (2): 253-269.

[70] Nordhaus W D. Invention, Growth and Welfare: A Theoretical Treatment of Technological Change [M]. Cambridge: MIT Press, 1969.

[71] Ockwell D G, Watson J, Mackerron G, et al. Key Policy Considerations for Facilitating Low Carbon Technology Transfer to Developing Countries [J]. Energy Policy, 2008, 36 (11): 4104-4115.

[72] Ockwell D G, Watson J, Mackerron G, et al. UK-India Collaboration to Identify the Barriers to the Transfer of Low Carbon Energy Technology [R]. The Sussex Energy Group (SPRU, University of Sussex), TERI and IDS for the UK Department for Environment, Food and Rural Affairs. London, 2007.

[73] Ockwell D G, Haum R, Mallett A, et al. Intellectual Property Rights and Low Carbon Technology Transfer: Conflicting Discourses of Diffusion and Development [J]. Global Environmental Change, 2010 (20): 729-738.

[74] Oltra V, Saint Jean M. Variety of Technological Trajectories in Low Emission Vehicles: a Patent Data Analysis [J]. Journal of Cleaner Production, 2009, 17 (2): 201-213.

[75] Orellana M.Climate Change and the Millennium Development Goals: the Right to Development, International Cooperation and the Clean Development Mechanism [J]. Sur - International Journal on Human Rights, 2010, 7 (1): 144-231.

[76] Othman M R, Martunus J, Zakaria R, et al.Strategic Planning on

Carbon Capture from Coal Fired Plants in Malaysia and Indonesia: A Review [J]. Energy Policy, 2009 (37): 1718-1735.

[77] Ouellette L L. Addressing the Green Patent Global Deadlock through Bayh - Dole Reform [J]. Yale Law Journal, 2010 (119): 1727-1738.

[78] Owen A D. Renewable energy: Externality costs as market barriers [J]. Energy Policy, 2006, 34 (5): 632-642.

[79] Pacala S, Socolow R. Stabilization Wedges: Solving the Climate Problem for the Next 50 Years with Current Technologies [J]. Science, 2004 (305): 968-972.

[80] Palmer K, Burtraw D. Cost-effectiveness of Renewable Electricity Policies [J]. Energy Economics, 2005, 27 (6): 873-894.

[81] Peterson S. Greenhouse Gas Mitigation in Developing Countries through Technology Transfer?: A Survey of Empirical Evidence [J]. Mitig Adapt Strategy Global Change, 2008 (13): 283-305.

[82] Pigou A C. The Economics of Welfare [M]. London: Macmillan, 1920.

[83] Popp D C. the Effect of New Technology on Energy Consumption [J]. Resource and Energy Economics, 2001, 23 (3): 215-239.

[84] Popp D. Innovation in Climate Policy Models: Implementing Lessons from the Economics of R&D [J]. Energy Economics, 2006, 28 (5-6): 596-609.

[85] Popp D. Lessons from Patents: Using Patents to Measure Technological Change in Environmental Models [J]. Ecological Economics, 2005 (54): 209-226.

[86] Price D S. A General Theory of Bibliometric and other Cumulative Advantage Processes [J]. Journal of the American Society for Information Science, 1976, 27 (5): 292-306.

[87] Riahi K, Rubin E S, Taylor M R, et al. Technological Learning for

Carbon Capture and Sequestration Technologies [J]. Energy Economics, 2004, 26 (4): 539-564.

[88] Rivers N, Jaccard M. Choice of Environmental Policy in the Presence of Learning by Doing [J]. Energy Economics, 2006, 28 (2): 223-242.

[89] Rosenberg N. Inside the Black Box [M]. Cambridge: Cambridge University Press, 1982.

[90] Rothwell R, Zegveld W. Reindustrialization and Technology [M]. Logman Group Limited, 1985: 83-104.

[91] Sarnoff J D. The Patent System and Climate Change [F/OL]. http://papers.ssrn.com/sol3/papers.cfm? abstract_id = 1780499, 2011-06-23.

[92] Schlör H, Fischer W, Hake J F. Measuring Social Welfare, Energy and Inequality in Germany [J]. Applied Energy, 2012, 97: 135-142.

[93] Schmookler J. Invention and Economic Growth [M]. Cambridge: Harvard University Press, 1966.

[94] Schneider M, Holzer A, Hoffmann V H. Understanding the CDM's Contribution to Technology Transfer [J]. Energy Policy, 2008 (36): 2930-2938.

[95] Scotchmer S. Standing on the Shoulders of Giants: Cumulative Research and the Patent Law [J]. Journal of Economic Perspectives, 1991, 5 (1): 29-41.

[96] Srinivas K R. Climate Change, Technology Transfer and Intellectual Property Rights [R]. RIS Discussion Papers. RIS-DP # 153. RIS Publishing, 2009.

[97] Stern N. Stern Review on the Economics of Climate Change [M]. Cambridge: Cambridge University Press, 2006.

[98] Strachan N. Business-as-Unusual: Existing Policies in Energy Model Baselines [J]. Energy Economics, 2011, 33 (2): 153-160.

[99] Strachan N, Kannan R. Hybrid Modelling of Long-term Carbon Reduction Scenarios for the UK [J]. Energy Economics, 2008, 30 (6): 2947-2963.

[100] Tambunan T. Transfer of Technology to and Technology Diffusion among Non-farm Small and Medium Enterprises in Indonesia [J]. Know Techn Pol, 2007 (20): 243-258.

[101] Tietenberg T H. Emissions Trading: An Exercise in Reforming Pollution Policy [M]. Washington, DC: Resources for the Future Press, 1985.

[102] UK Department of Trade and Industry. Our Energy Future: Creating a Low Carbon Economy [R]. UK Energy White Paper. London: The Stationery Office, 2003.

[103] Unruh G C. Escaping Carbon Lock-in [J]. Energy Policy, 2002, 30 (4): 317-325.

[104] Unruh G C, Carrillo H J. Globalizing Carbon Lock-in [J]. Energy Policy, 2006, 34 (10): 1185-1197.

[105] Unruh G C. Understanding Carbon Lock-in [J]. Energy Policy, 2000, 28 (12): 817-830.

[106] Verhoef E T, Nijkamp P. Second-best Energy Policies for Heterogeneous Firms [J]. Energy Economics, 1999, 21 (2): 111-134.

[107] Welsch H. Armington Elasticities for Energy Policy Modeling: Evidence from Four European Countries [J]. Energy Economics, 2008, 30 (5): 2252-2264.

[108] White H D, Griffith B C. Author Co-citation: A Literature Measure of Intellectual Structure [J]. Journal of the American Society for Information Science, 1981, 32 (3): 163-172.

[109] Yamaguchi K. Estimating Energy Elasticity with Structural Changes in Japan [J]. Energy Economics, 2007, 29 (6): 1254-1259.

[110] [澳] 艾德里安·J. 布拉德布鲁克, [美] 理查德·L. 奥汀格主编. 能源法与可持续发展 [M]. 曹明德, 邵方, 王圣礼译. 北京: 法律出版社, 2005.

[111] 白朝阳. 节能产品惠民工程3年拉动消费6800亿元 [N]. 中国经济周刊, 2012-11-26 (59).

[112] 陈文剑, 黄栋. 我国低碳技术创新的动力和障碍分析 [J]. 科技管理研究, 2011, 31 (20): 21-24.

[113] 初昌雄, 周丕娟. 碳金融: 低碳经济时代的金融创新 [J]. 金融与经济, 2010, 31 (2): 18-21.

[114] 崔玉清. 知识产权保护对低碳技术转让的影响 [J]. 开放导报, 2011, 20 (1): 48-51.

[115] 范旭, 曲用心. 略论可持续发展的技术创新思想 [J]. 科学管理研究, 2001, 19 (3): 4-6.

[116] 傅家骥. 技术创新学 [M]. 北京: 清华大学出版社, 1998.

[117] 付允, 马永欢, 刘怡君, 等. 低碳经济的发展模式研究 [J]. 中国人口、资源与环境, 2008, 18 (3): 14-19.

[118] 顾建光. 公共政策工具研究的意义、基础与层面 [J]. 公共管理学报, 2006, 3 (4): 58-61.

[119] 顾建光, 吴明华. 公共政策工具论视角述论 [J]. 科学学研究, 2007, 25 (1): 47-51.

[120] 国家发展和改革委员会能源研究所课题组. 中国2050年低碳发展之路 [M]. 北京: 科学出版社, 2009.

[121] 何继军. 英国低碳产业支持策略及对我国的启示 [J]. 金融发展研究, 2010, 29 (3): 58-60.

[122] 何隽. 从绿色技术到绿色专利——是否需要一套因应气候变化的特殊专利制度? [J]. 知识产权, 2010, 20 (1): 37-41.

[123] 胡大立,丁帅.低碳经济评价指标体系研究 [J].科技进步与对策,2010,27 (22):160-164.

[124] 胡振宇.低碳经济的全球博弈和中国的政策演化 [J].开放导报,2009,18 (5):15-19.

[125] 胡宗义,刘亦文.低碳经济的动态CGE研究 [J].科学学研究,2010,28 (10):1470-1475.

[126] 华锦阳.制造业低碳技术创新的动力源探究及其政策涵义 [J].科研管理,2011,32 (6):42-48.

[127] 黄萃,苏竣,施丽萍,等.中国高新技术产业税收优惠政策文本量化研究 [J].科研管理,2011,32 (10):46-54.

[128] 黄栋.低碳技术创新与政策支持 [J].中国科技论坛,2010,26 (2):37-40.

[129] 黄颖,罗敏.促进低碳技术创新的财税政策与专利政策对接的建议 [J].中国财政,2014,34 (8):46-47.

[130] 蒋佳妮,王灿.应对全球气候变化技术的国际转让与知识产权:基于中国电动汽车技术领域的分析 [J].科技创新导报,2011,8 (26):127-128.

[131] 金乐琴.中国如何理智应对低碳经济的潮流 [J].经济学家,2009,21 (3):100-101.

[132] 蓝虹,孙阳昭,吴昌,等.欧盟实现低碳经济转型战略的政策手段和技术创新措施 [J].生态经济,2013,29 (6):62-66.

[133] 兰天.环境污染外部性的内部化研究:兼论我国农业污染的内部化策略 [J].北方经贸,2004,24 (2):82-84.

[134] 李胜,陈晓春.低碳经济:内涵体系与政策创新 [J].科技管理研究,2009,29 (10):41-44.

[135] 李薇薇.新能源汽车产业的专利标准化战略制定与实施 [J].中国科技论坛,2012,28 (6):62-66.

[136] 李武军,黄炳南.中国低碳经济政策链范式研究 [J].中国人

口、资源与环境, 2010, 20 (10): 19-22.

[137] 李艳丽, 李利军. 节能减排社会经济制度研究 [M]. 北京: 冶金工业出版社, 2010.

[138] 李玉洁. 我国城市公众低碳意识和行动分析 [J]. 调研世界, 2015, 28 (3): 22-25.

[139] 联合国开发计划署, 人民大学. 2010 年中国人类发展报告: 迈向低碳经济和社会的可持续未来 [R]. 纽约: 联合国开发计划署, 2010.

[140] 刘华, 周莹. 我国技术转移政策体系及其协同运行机制研究 [J]. 科研管理, 2012, 33 (3): 105-112.

[141] 刘兰剑, 宋发苗. 国内外新能源汽车技术创新政策梳理与评价 [J]. 科学管理研究, 2013, 31 (1): 66-70.

[142] 刘丽. 推广低碳产品, 政府补贴不能"缺位" [N]. 中华建筑报, 2013-3-29 (2).

[143] 刘友芝. 论负的外部性内在化的一般途径 [J]. 经济评论, 2001, 22 (3): 7-10.

[144] 柳福东, 朱雪忠, 文家春. 基于低碳发展导向的专利制度研究 [J]. 中国软科学, 2011, 26 (7): 24-30.

[145] 柳卸林. 新时期我国促进自主创新的政策解读——以财政政策为例 [J]. 山西大学学报 (哲学社会科学版), 2007, 30 (3): 177-182.

[146] 卢现祥, 罗小芳. 论发展低碳经济的制度安排 [J]. 江汉论坛, 2011, 54 (11): 5-10.

[147] 罗敏, 朱雪忠. 基于共词分析的我国低碳政策构成研究 [J]. 管理学报, 2014, 11 (11): 1680-1685.

[148] 罗敏, 朱雪忠. 基于政策工具的中国低碳政策量化研究 [J]. 情报杂志, 2014, 33 (4): 12-16.

[149] 罗小芳, 卢现祥. 环境治理中的三大制度经济学学派: 理论与

实践［J］.国外社会科学，2011，34（6）：56-66.

[150] 吕一博，程露，苏敬勤.基于共词网络的我国中小企业管理研究现状与趋势分析［J］.科学学与科学技术管理，2011，32（2）：110-116.

[151] 马衍伟，危然.深化资源性产品价格改革的几个问题［J］.财政研究，2010，31（9）：21-24.

[152] ［加］迈克尔·豪利特，M.拉米什.公共政策研究：政策循环与政策子系统［M］.庞诗等译.北京：生活·读书·新知三联书店，2006.

[153] ［美］埃莉诺·奥斯特罗姆.公共事物的治理之道：集体行动制度的演讲［M］.余逊达，陈旭东译.上海：上海三联书店，2000.

[154] ［美］丹尼斯·米都斯.增长的极限［M］.李宝恒译.长春：吉林人民出版社，1997.

[155] ［美］萨缪尔森，诺德豪斯.经济学［M］.18版.萧琛主译.北京：人民邮电出版社，2008.

[156] ［美］威廉·鲍莫尔，华莱士·E.奥茨.环境经济理论与政策设计［M］.严旭阳译.北京：经济科学出版社，2003.

[157] 潘家华，庄贵阳.低碳技术转让面临的挑战与机遇［J］.华中科技大学学报（社会科学版），2010，24（4）：85-90.

[158] 潘开灵，白烈湖.管理协同理论及其应用［M］.北京：经济管理出版社，2006.

[159] 庞德良，刘兆国.基于专利分析的日本新能源汽车技术发展趋势研究［J］.情报杂志，2014，33（5）：60-65.

[160] 钱洁，张勤.低碳经济转型与我国低碳政策规划的系统分析［J］.中国软科学，2011，26（4）：21-28.

[161] 曲福田.资源经济学［M］.北京：中国农业出版社，2001.

[162] 施智梁，李二峰.中国实现低碳目标遭遇技术瓶颈［N］.中国

知识产权报, 2010-06-30 (4).

[163] [瑞典] 斯凡特·阿累利乌斯. 大气中的二氧化碳对地球温度的影响 [R]. 1996.

[164] 宋德勇, 卢忠宝. 我国发展低碳经济的政策工具创新 [J]. 华中科技大学学报 (社会科学版), 2009, 23 (3): 85-91.

[165] 苏敬勤, 李晓昂, 许昕傲. 基于内容分析法的国家和地方科技创新政策构成对比分析 [J]. 科学学与科学技术管理, 2012, 33 (6): 15-21.

[166] 苏茹劼. 建立淘汰落后产能长效机制的思路与对策 [J]. 宏观经济研究, 2012, 34 (5): 80-82.

[167] 万君康, 王开明. 论技术创新的动力机制与期望理论 [J]. 科研管理, 1997, 18 (2): 32-36.

[168] 王发明, 毛荐其. 基于技术进步的产业技术协同演化机制研究 [J]. 科研管理, 2010, 31 (6): 41-48.

[169] 王福波, 冯全普. 国外发展低碳经济的立法考察及对我国的启示 [J]. 中国行政管理, 2010, 26 (10): 77-80.

[170] 王福波. 我国发展低碳经济的法学思考 [J]. 现代法学, 2011, 33 (1): 90-99.

[171] 王海芹, 邹骥. 关于技术转让与发展中国家温室气体控排的研究 [J]. 环境保护, 2009, 37 (2): 74-77.

[172] 王海山. 技术创新动力机制的理论模式 [J]. 科学技术与辩证法, 1992, 9 (6): 22-27.

[173] 王静, 朱桂龙. 新能源汽车产业产学研合作专利分析 [J]. 中国科技论坛, 2012, 28 (1): 37-43.

[174] 王静宇, 刘颖琦, Ari K. 基于专利信息的中国新能源汽车产业技术创新研究 [J]. 情报杂志, 2016, 35 (1): 32-38.

[175] 王琳, 陆小成. 低碳技术创新的制度功能与路径选择 [J]. 中国科技论坛, 2012, 28 (10): 98-102.

[176] 王淑君．专利商业化激励机制研究［J］．知识产权，2016，26（9）：21-27.

[177] 王文革．我国能效标准和标识制度的现状、问题和对策［J］．中国地质大学学报（社会科学版），2007，7（2）：7-12.

[178] 王文军，赵黛青，陈勇．我国低碳技术的现状、问题与发展模式研究［J］．中国软科学，2011，26（12）：84-91.

[179] 王旭亮，李红，王异静，等．中国啤酒低碳技术领域专利发展态势分析［J］．食品科学，2014，35（17）：351-359.

[180] 魏瑞斌．社会网络分析在关键词网络分析中的实证研究［J］．情报杂志，2009，28（9）：46-49.

[181] 文佳筠．单边碳关税与知识产权：全球气候合作的两大障碍［J］．绿叶，2009，18（10）：61-68.

[182] 吴勇．建立因应气候变化技术转让的国际知识产权制度［J］．湘潭大学学报（哲学社会科学版），2013，37（3）：36-41.

[183] 向刚，汪应洛．企业持续创新动力机制研究［J］．科研管理，2004，25（6）：108-114.

[184] 肖显静，赵伟．从技术创新到环境技术创新［J］．科学技术与辩证法，2006，23（4）：80-83.

[185] 谢青，田志龙．创新政策如何推动我国新能源汽车产业的发展——基于政策工具与创新价值链的政策文本分析［J］．科学学与科学技术管理，2015，36（6）：3-14.

[186] 熊良琼，吴刚．世界典型国家可再生能源政策比较分析及对我国的启示［J］．中国能源，2009，31（6）：22-25.

[187] ［美］约瑟夫·熊彼特．资本主义、社会主义与民主［M］．吴良健译．北京：商务印书馆，1999.

[188] 徐丰果．循环经济与环境税费制度改革［J］．求索，2008，28（2）：35-37.

[189] 徐盈之，周秀丽．碳税政策下的我国低碳技术创新：基于动态

面板数据的实证研究[J]. 财经科学, 2014, 58 (9): 131-140.

[190] 杨洁. 低碳经济发展中资源性产品价格改革探讨[J]. 经济纵横, 2012, 28 (1): 61-64.

[191] 杨利锋, 陈凯华. 中国电动汽车技术水平国际比较研究[J]. 科研管理, 2013, 34 (3): 128-135.

[192] [英]安东尼·吉登斯. 气候变化的政治[M]. 曹荣湘译. 北京: 社会科学文献出版社, 2009.

[193] [美]英吉·考尔, 联合国开发计划署发展研究中心. 全球化之道: 全球公共物品的提供与管理[M]. 张春波, 高静译. 北京: 人民出版社, 2006.

[194] [英]约翰·梅纳德·凯恩斯. 就业、利息和货币通论[M]. 陆梦龙译. 北京: 中国社会科学出版社, 2009.

[195] 于永臻. 需求侧管理、电价改革与节能减排[J]. 当代经济科学, 2012, 34 (6): 26-33.

[196] 袁海臻, 高小钧, 杨春权, 等. 我国合同能源管理的现状、存在问题及对策[J]. 能源技术经济, 2011, 23 (1): 58-66.

[197] 斋藤优, 李公绰. 技术创新与世界经济[J]. 国际经济评论, 1990, 7 (3): 3-12.

[198] 张坤民, 潘家华, 崔大鹏主编. 低碳经济论[M]. 北京: 中国环境科学出版社, 2008.

[199] 张鲁秀, 张玉明. 企业低碳自主创新的金融支持体系研究[J]. 山东社会科学, 2012, 26 (2): 150-153.

[200] 张鹏. 论低碳技术创新的知识产权制度回应[J]. 科技与法律, 2010, 22 (3): 29-32.

[201] 张勤, 马费成. 国外知识管理研究范式: 以共词分析为方法[J]. 管理科学学报, 2007, 12 (6): 65-75.

[202] 张勤, 徐绪松. 共词分析法与可视化技术的结合: 揭示国外

知识管理研究结构 [J]. 管理工程学报, 2008, 22 (4): 30-35.

[203] 张伟, 张曼. 基于专利和文献的 CO_2 捕获技术态势分析 [J]. 科技管理研究, 2014, 34 (5): 110-114.

[204] 张韵君. 政策工具视角的中小企业技术创新政策分析 [J]. 中国行政管理, 2012, 28 (4): 43-47.

[205] 赵淑英, 程光辉. 煤炭企业低碳技术创新动力的博弈分析及政策取向 [J]. 学习与探索, 2011, 33 (3): 203-205.

[206] 赵卓, 肖利平. 发展低碳经济的技术创新瓶颈与对策 [J]. 中国科技论坛, 2010, 26 (6): 41-46.

[207] 邹骥. 气候变化领域技术开发与转让国际机制创新 [J]. 环境保护, 2008, 36 (6): 16-17.

[208] 邹骥, 徐燕. 技术开发和转让: 应对气候变化的重要举措 [J]. 环境保护, 2005, 33 (1): 64-67.

[209] 周冯琦. 应对气候变化的技术转让机制研究 [J]. 社会科学, 2009, 31 (6): 33-38.

[210] 周五七, 聂鸣. 促进低碳技术创新的公共政策实践与启示 [J]. 中国科技论坛, 2011, 27 (7): 18-23.

[211] 周艳菊, 黄雨晴, 陈晓红, 等. 促进低碳产品需求的供应链减排成本分担模型 [J]. 中国管理科学, 2015, 23 (7): 85-93.

[212] 周元春, 邹骥, 王克. 低碳技术如何迈过知识产权门槛？[J]. 环境保护, 2010, 38 (2): 68-70.

[213] 周志忍, 蒋敏娟. 整体政府下的政策协同: 理论与发达国家的当代实践 [J]. 国家行政学院学报, 2010, 12 (6): 28-33.

[214] 朱雪忠, 罗敏. 以专利政策为核心的低碳政策互动机制研究——从促进低碳技术创新的视角 [J]. 中国科技论坛, 2013, 29 (4): 109-115.

[215] 庄贵阳. 中国经济低碳发展的途径与潜力分析 [J]. 太平洋学报, 2005, 12 (11): 79-87.

[216] 庄卫民, 龚仰军主编. 产业技术创新 [M]. 上海: 上海东方出版中心, 2005.

附录 1 低碳政策信息表

编号	政策名称	政策目标	法规综合类别	效力级别	发布部门	实施日期
1	中国应对气候变化国家方案	应对气候变化	气象综合规定	行政法规	国务院	2007.06.03
2	国务院关于应对气候变化工作情况的报告	应对气候变化	气象综合规定	行政法规	国务院	2009.08.24
3	全国人大常委会关于积极应对气候变化的决议	应对气候变化	气象综合规定	法律	全国人大常委会	2009.08.27
4	节能减排综合性工作方案		资源综合利用	行政法规	国务院	2007.05.23
5	关于进一步加大工作力度确保实现"十一五"节能减排目标的通知	节能减排	节能管理	行政法规	国务院	2010.05.04
6	"十二五"节能减排综合性工作方案	节能减排	资源综合利用 节能管理	行政法规	国务院	2011.08.31
7	节能减排"十二五"规划		节能管理	行政法规	国务院	2012.08.06
8	"十二五"控制温室气体排放工作方案		环保综合规定	行政法规	国务院	2011.12.01
9	国家环境保护"十一五"规划	环境保护	环保综合规定	行政法规	国务院	2007.11.22
10	循环经济促进法	循环经济	发观经济体制改革	法律	全国人大常委会	2009.01.01
11	关于在国家生态工业示范园区中加强发展低碳经济的通知	低碳经济	环保综合规定	部门规章	环境保护部	2009.12.21
12	清洁生产促进法（2012修正）	清洁生产	劳动工会综合规定	法律	全国人大常委会	2012.02.29

续表

编号	政策名称	政策目标	法规类别	效力级别	发布部门	实施日期
13	清洁发展机制项目运行管理办法（2011修订）	清洁发展机制	科学研究与科技项目	部门规章	国家发展和改革委员会、科学技术部、外交部、财政部	2011.08.03
14	中国应对气候变化科技专项行动		科技综合改体与气象综合规定	部门规章	科学技术部、国家发展和改革委员会等14个部委	2007.06.13
15	"十二五"国家应对气候变化科技发展专项规划	科技专项	气象综合规定	部门规章	科学技术部、外交部等16个部委	2012.05.04
16	节能减排全民科技行动方案		科技综合改体	部门规章	科学技术部、国家发展和改革委员会等6个部委	2007.09.29
17	国家能源科技重大示范工程管理办法		能源综合规定	部门规章	国家能源局	2012.04.19
18	"十二五"国家碳捕集利用与封存科技发展专项规划		科技综合改体	部门规章	科学技术部	2013.02.16
19	可再生能源建筑应用专项资金管理暂行办法		建筑安装施工专项资金管理	部门规章	财政部、建设部（已撤销）	2006.09.04
20	国家发展改革委关于印发可再生能源中长期发展规划的通知		能源综合规定	部门规章	国家发展和改革委员会	2007.08.31
21	国家发展改革委关于印发可再生能源发展"十一五"规划的通知	可再生能源	能源综合计划规定	部门规章	国家发展和改革委员会	2008.03.03
22	可再生能源法（2009修正）		能源综合规定	法律	全国人大常委会	2010.04.01
23	可再生能源发展基金征收使用管理暂行办法		能源基金	部门规章	财政部、国家发展和改革委员会、国家能源局	2012.01.01

续表

编号	政策名称	政策目标	法规类别	效力级别	发布部门	实施日期
24	中央财政主要污染物减排专项资金管理暂行办法	专项资金	环保综合规定专项资金管理	部门规章	财政部、国家环境保护总局（已撤销）	2007.04.17
25	中国人民银行关于改进和加强节能环保领域金融服务工作的指导意见		银行综合规定	部门规章	中国人民银行	2007.06.29
26	中国清洁发展机制基金赠款项目管理办法		环保综合规定	部门规章	国家发展和改革委员会、财政部	2012.10.30
27	关于建立政府强制采购节能产品制度的通知	政府采购	政府采购行政事业财务管理	行政法规	国务院办公厅	2007.07.30
28	高效节能产品推广财政补助资金管理暂行办法	节能产品惠民工程	节能管理	部门规章	财政部、国家发展和改革委员会	2009.05.18
29	促进产业结构调整暂行规定		国家产业政策	行政法规	国务院	2005.12.02
30	公路水路交通节能中长期规划纲要		节能管理交通运输综合规定	部门规章	交通运输部	2008.09.23
31	关于进一步加大节能减排力度加快钢铁工业结构调整的若干意见		节能管理	行政法规	国务院办公厅	2010.06.04
32	工业转型升级规划（2011～2015年）	产业节能减排	计划综合规定	行政法规	国务院	2011.12.30
33	"十二五"节能环保产业发展规划		节能管理环保综合规定国家产业政策	行政法规	国务院	2012.06.16
34	节能与新能源汽车产业发展规划（2012～2020年）		节能管理国家产业政策	行政法规	国务院	2012.06.28

续表

编号	政策名称	政策目标	法规类别	效力级别	发布部门	实施日期
35	新能源汽车产业技术创新工程财政奖励资金管理暂行办法	产业节能减排	能源综合规定	部门规章	财政部、工业和信息化部、科学技术部	2012.09.20
36	关于印发半导体照明节能产业规划的通知		节能管理	部门规章	国家发展和改革委员会、科学技术部、工业和信息化部	2013.01.30
37	关于加强内燃机工业节能减排的意见		机械工业管理节能管理	行政法规	国务院办公厅	2013.02.06
38	关于有色金属工业节能减排的指导意见		节能管理	部门规章	工业和信息化部	2013.02.17
39	关于加快推行合同能源管理促进节能服务产业发展的意见	合同能源管理	节能管理	行政法规	国务院办公厅	2010.04.02
40	节能中长期专项规划		节能管理	部门规章	国家发展和改革委员会	2004.11.10
41	国务院关于加强节能工作的决定	节能	节能管理	行政法规	国务院	2006.08.06
42	国务院关于节约能源保护环境工作情况的报告		节能管理	行政法规	国务院	2007.08.26
43	节约能源法（2007 修订）		能源综合规定	法律	全国人大常委会	2008.04.01
44	关于进一步加强节油节电工作的通知		节能管理	行政法规	国务院	2008.08.01
45	公共机构节能条例		节能管理	行政法规	国务院	2008.10.01
46	民用建筑节能条例		建设综合规定节能管理	行政法规	国务院	2008.10.01
47	能源发展"十二五"规划		能源综合规定	行政法规	国务院	2013.01.01
48	2013 年工业节能与绿色发展专项行动实施方案		节能管理	部门规章	工业和信息化部	2013.03.21

资料来源：本书整理。

附录 2 低碳政策工具分布表

表 1 政策工具"目标责任评价考核制"的分布

序号	编号	政策名称	与"目标责任评价考核制"相关的条文
1	1	中国应对气候变化国家方案	建立节能目标责任和评价考核制度。实施 GDP 能耗公报制度、完善节能信息发布制度，利用现代信息传播技术，及时发布各类能耗信息，引导地方和企业加强节能工作
2	4	节能减排综合性工作方案	省级人民政府每年要向国务院报告节能减排目标的履行情况。国务院每年向全国人民代表大会报告节能减排的进展情况，在"十一五"期末报告五年两个指标的总体完成情况。地方各级人民政府每年也要向同级人民代表大会报告节能减排工作，自觉接受监督。（四十三）政府机关要先示范。建设崇尚节约、合理消费的政府机构文化。建立科学的政府机构节能目标责任和评价考核制度，实行并实施政府机构节能耗定额标准，积极推进能源计量和监测，实施能耗公布制度，实行节奖超罚。教育、科学、文化、卫生、体育等系统，制订和实施适应本系统特点的节约能源资源工作方案

165

续表

序号	编号	政策名称	与"目标责任评价考核制"相关的条文
3	5	关于进一步加大工作力度确保实现"十一五"节能减排目标的通知	二、强化节能减排目标责任。组织开展对省级政府2009年节能减排目标完成情况和措施落实奖惩措施，加大问责力度。及时向社会公告、落实奖惩措施，加大问责力度。及时向社会公告2009年全国和各地区全国单位国内生产总值能耗、主要污染物排放量指标公报，以及2010年上半年全国单位国内生产总值能耗、主要污染物排放量指标公报，组织对节能减排目标责任评价考核工作的要求，一级抓一级，层层抓落实，组织开展责任追究。对未完成地区的节能减排目标任务和政策措施落实不力的部门，都要严格责任追究，对未完成"十一五"节能减排目标的地区、企业集团和行政不作为的部门，都要严格责任追究，对主要领导责任人，要依据情节轻重给予相应处分。各地区"十一五"节能目标任务完成情况算总账，根据情节主要领导责任人，要以2005年为基数，各地区"十二五"节能目标任务完成情况算总账底前，将本地区2010年节能目标和实施方案报国务院
4	6	"十二五"节能减排综合性工作方案	（五）加强目标责任评价考核。把地区节能目标评价考核与行业目标考核相结合，把落实五年目标与年度考核相结合，把年度目标完成情况与进度跟踪相结合。省级人民政府每年向国务院报告节能减排措施落实情况。有关部门每年组织省级人民政府开展节能减排目标责任评价考核，考核结果向社会公告。国务院节能减排目标责任评价考核实施方案运用，将考核结果作为领导干部综合考核评价的重要内容，纳入政府绩效和国有企业绩效考核管理，实行同责制和"一票否决"制，并对成绩突出的地区、单位和个人给予表彰奖励
5	7	节能减排"十二五"规划	（二）强化容量及环境节能工作考核。综合考虑经济发展水平、产业结构、节能潜力、环境容量及节能减排产业布局等因素，合理确定各行业节能目标。进一步完善节能减排统计、监测、考核体系，各地区要将国家下达的节能减排目标分解落实到下一级政府，纳入领导班子和领导干部考核，并按照有关规定对切实抓好本地区节能减排的重要地区，考核结果作为对省级政府及领导班子和领导干部综合考核评价的重要内容，纳入政府绩效考核管理，实行同责制，单位和个人给予表彰奖励。地方各级人民政府要切实抓好本地区节能减排目标责任评价考核

166

附录2 低碳政策工具分布表

续表

序号	编号	政策名称	与"目标责任评价考核制"相关的条文
6	8	"十二五"控制温室气体排放工作方案	完善节能法规和标准，强化节能目标责任考核
7	9	国家环境保护"十一五"规划	要建立考核机制，每半年公布一次各地区主要污染物排放情况，重点工程项目进展情况，分别对《规划》执行情况进行中期评估和终期考核。在2008年底和2010年底，评估和考核地方各级人民政府政绩的重要内容
8	10	循环经济促进法	第八条 县级以上人民政府应当建立发展循环经济的目标责任制，采取规划、财政、投资、政府采购等措施，促进循环经济的发展
9	30	公路水路交通节能中长期规划纲要	建立健全交通节能目标责任制和绩效考核机制，将各项交通节能指标和任务逐级分解落实，由各级交通主要领导负总责，充分发挥目标责任的导向作用和激励约束作用，实行严格的评价考核责任制。各级交通部门要抓紧研究建立节能目标责任制和奖惩制度，制定具体考核实施办法，重点评价相关政策措施的制定和落实情况
10	32	工业转型升级规划（2011~2015年）	健全节能减排约束与激励机制，完善节能减排、淘汰落后、安全生产、质量安全等方面的绩效考评和责任制
11	41	国务院关于加强节能工作的决定	（二十二）建立节能目标责任制和评价考核体系。发展改革委要将"十一五"规划纲要确定的单位国内生产总值能耗降低目标分解落实到各省、自治区、直辖市，省级人民政府要将目标逐级分解落实到各市、县以及重点耗能企业，实行严格的目标责任制。统计局、发展改革委等部门要定期公布各地区能源消耗情况；省级人民政府要建立本地区能耗公报制度，每年定期公布各地区能源消耗情况。国务院每年向各省级人民政府下达节能目标责任评价考核结果。地方经济社会发展综合评价和年度考核要将能耗指标和节能目标完成情况作为重要考核内容，作为国有大中型企业负责人经营业绩考核的重要内容，实行节能工作问责制。发展改革委会同有关部门抓紧制定实施办法

167

续表

序号	编号	政策名称	与"目标责任评价考核制"相关的条文
12	42	国务院关于节能源保护环境工作情况的报告	一是强化节能减排目标责任评价考核。把节能减排作为考核地方政府领导班子政绩和中央企业负责人业绩考察的重点内容,进一步把节能减排工作作为考核评价的重要内容,切实把节能目标责任评价考核作为考核地方政府领导班子换届考察的重要内容。发布《节能目标责任评价考核实施方案》《主要污染物总量减排考核办法》,制定发布《节能目标责任评价考核实施方案》。将考核结果作为对地方各级政府领导干部考核评价的重要依据,尽快落实到统计制度上,改进统计方法,减排指标体系、监测体系和考核体系,公开节能减排信息,为实行节能减排考核和问责、加快配套件建设,为实行节能减排考核和问责、开展社会监督奠定基础
13	43	节约能源法(2007 修订)	第六条 国家实行节能目标责任制和节能考核评价制度,将节能目标完成情况作为对地方人民政府及其负责人考核评价的内容。省、自治区、直辖市人民政府每年向国务院报告节能工作。第二十五条 用能单位应当建立节能目标责任制,对节能工作取得成绩的集体、个人给予奖励
14	45	公共机构节能条例	第六条 公共机构节能工作实行目标责任制和考核评价制度。公共机构的节能工作负责人对本单位节能工作全面负责。当前对公共机构节能负责人的考核评价的内容

表 2 政策工具"节能评估审查"的分布

序号	编号	政策名称	与"节能评估审查"相关的条文
1	4	节能减排综合性工作方案	加快建立项目节能评估和审查制度,组织编制《固定资产投资项目节能评估和审查指南》,加强对地方开展"能评"工作的指导和监督

168

附录2 低碳政策工具分布表

续表

序号	编号	政策名称	与"节能评估审查"相关的条文
2	5	关于进一步加大工作力度确保实现"十一五"节能减排目标的通知	尽快出台固定资产投资项目节能评估和审查管理办法
3	6	"十二五"节能减排综合性工作方案	（三十七）严格节能评估审查和环境影响评价制度。把污染物排放总量指标作为环评审批的前置条件，对年度减排目标评估完成、按目标责任书落实的地区和企业，实行阶段性和差别化环评审批。对未落实节能评估和环评、安全生产许可证、排污许可证，批准开工建设、不得发放生产许可证、安全生产许可证、排污许可证，金融机构不得发放贷款，有关单位不得供水、供电。加强能评审和环评审查机关同级财政部门安排批行为。能评费用由节能审查处有关机关同级财政部门安排
4	7	节能减排"十二五"规划	严格节能评估和审查，环境影响评价和建设项目用地预审。把节能消费总量、污染物排放总量作为重要评估审查依据
5	8	"十二五"控制温室气体排放工作方案	加强固定资产投资项目节能评估和审查
6	30	公路水路交通节能中长期规划纲要	完善交通行业固定资产投资项目节能评估和审查制度。加快完善交通行业固定资产投资节能评估和审查的具体办法，进一步规范节能投资工作，将节能评估文件作为交通固定资产投资项目（含新、改、扩建工程）审批、核准开工建设的强制性前置条件，以及工程设计、施工及验收的必备依据。核准项目符合节能标准，提高节能评估质量，落实交通行业节能评估机构和人员资格标准。加强交通行业节能评估工作的责任制
7	32	工业转型升级规划（2011~2015年）	加强固定资产投资项目节能评估和审查
8	36	关于印发半导体照明节能产业规划的通知	将LED照明产品示范应用作为节能评估工作的重要内容

169

续表

序号	编号	政策名称	与"节能评估审查"相关的条文
9	38	关于有色金属工业节能减排的指导意见	严格执行市场准入条件,加强对新建和改扩建项目的节能评估和审查,加大基于能耗限额标准的惩罚性电价等政策措施实施力度,抑制产能盲目扩张,禁止违规建设电解铝、铅冶炼等高能耗、高污染项目。加快研究制定有色金属工业改扩建项目节能评估审查办法,从严控制有色金属企业盲目扩张
10	41	国务院关于加强节能工作的决定	(二十三)建立固定资产投资项目节能评估和审查制度。有关部门和地方人民政府要对固定资产投资项目(含新建、改建、扩建项目)进行节能评估和审查,核准。对未能通过节能审查的项目不得批准建设,已建成的要依法依规追批。从源头杜绝能源的浪费,对遏自批准项目建设的,要依法依规追究直接责任人的责任。发展改革委要会同国务院有关部门制定固定资产投资项目节能评估和审查的具体办法
11	43	节约能源法(2007修订)	第十五条 国家实行固定资产投资项目节能评估和审查制度。不符合强制性节能标准的项目,依法负责审批的机关不得批准或者核准建设;建设单位不得开工建设,已经建成的,不得投入生产、使用。具体办法由国务院管理节能工作的部门会同国务院有关部门制定
12	44	关于进一步加强节油节电工作的通知	(一)强化固定资产投资项目节能评估和审查。按照《中华人民共和国节约能源法》的要求,尽快出台固定资产投资项目节能评估和审查条例,将节能评估审查作为固定资产投资项目审批、核准或开工建设的前置条件,未通过节能评估审查的,一律不得审批、核准或开工建设

附录2 低碳政策工具分布表

续表

序号	编号	政策名称	与"节能评估审查"相关的条文
13	45	公共机构节能条例	第二十条 公共机构新建建筑和既有建筑维修改造应当严格执行国家有关建筑节能设计、施工、调试、竣工验收等方面的规定和标准，国务院和县级以上地方人民政府有关部门对执行国家有关标准的情况应当加强监督检查。国务院和县级以上地方各级人民政府管理机关事务工作的机构会同有关部门，应当严格控制公共机构建设项目建设规模和标准，统筹兼顾节能投资效益，对建设项目进行节能评估和审查，不得批准或者核准建设。第三十九条 负责审批或者核准固定资产投资项目的机关对未通过节能审查的项目的部门，对未通过节能评估和审查的建设项目，不得批准建设；对通过节能审查的建设项目，由有关机关依法责令限期整改；对直接负责的主管人员和其他直接责任人员依法给予处分。公共机构开工建设未通过节能评估和审查的固定资产投资项目节能评估与审查制度
14	47	能源发展"十二五"规划	严格执行固定资产投资项目节能评估与审查制度

表3 政策工具"节能减排自愿协议"的分布

序号	编号	政策名称	与"节能减排自愿协议"相关的条文
1	1	中国应对气候变化国家方案	推行节能自愿协议，最大限度地调动企业和行业协会的节能积极性
2	6	"十二五"节能减排综合性工作方案	建立自愿减排机制
3	8	"十二五"控制温室气体排放工作方案	（十六）建立自愿减排交易机制。制定温室气体自愿减排交易管理办法，确立自愿减排交易机制的基本管理框架，交易流程和监管办法，建立交易登记注册系统和信息发布制度，开展自愿减排交易活动

171

续表

序号	编号	政策名称	与"节能减排自愿协议"相关的条文
4	12	清洁生产促进法（2012修正）	第二十八条 本法第二十七条第二款规定以外的企业，可以自愿与清洁生产综合协调部门和环境保护部门签订进一步节约资源、削减污染物排放量的协议。该清洁生产综合协调部门和环境保护部门应当在本地区主要媒体上公布该企业名称以及节约资源、防治污染的成果
5	30	公路水路交通节能中长期规划纲要	鼓励交通企业或行业协会与政府签订节能自愿协议，充分调动企业节能的主观能动性，推进交通节能的市场化运作
6	38	关于有色金属工业节能减排的指导意见	探索建立有色金属企业节能减排自愿协议制度，研究制定对开展清洁生产审核、实施节能减排自愿协议的有色金属企业的相关激励措施
7	40	节能中长期专项规划	六是推行节能自愿协议，即耗能用户或行业协会与政府签订节能自愿协议
8	43	节约能源法（2007修订）	第六十六条 国家实行有利于节能的产业政策、价格政策、财政政策、税收政策和信贷政策，引导用能单位和个人节能。国家运用财税、价格等政策，支持推广电力需求侧管理、合同能源管理、节能自愿协议等节能办法

表 4 政策工具"电力需求侧管理"的分布

序号	编号	政策名称	与"电力需求侧管理"相关的条文
1	1	中国应对气候变化国家方案	推行综合资源规划和电力需求侧管理，将节约量作为资源纳入总体规划，引导资源合理配置，采取有效措施，提高终端用电效率，优化用电方式，节约电力
2	4	节能减排综合性工作方案	抓紧制定电力需求侧管理办法，规范有序用电，开展能效电厂试点，研究制定配套政策，建立长效机制

续表

序号	编号	政策名称	与"电力需求侧管理"相关的条文
3	5	关于进一步加大工作力度确保实现"十一五"节能减排目标的通知	大力推进节能发电调度，加强电力需求侧管理，制定和实施有序用电方案，在保证合理用电需求的同时，要压缩高耗能、高排放企业用电
4	6	"十二五"节能减排综合性工作方案	落实电力需求侧管理办法，制定配套政策，规范有序用电。以建设技术支撑平台为基础，开展城市综合试点，推广能效电厂
5	7	节能减排"十二五"规划	强化电力需求侧管理，开展城市综合试点。加快建立电能管理服务平台，充分运用电力负荷管理系统，完善鼓励电网企业积极参与电力需求侧管理的考核与奖惩机制
6	32	工业转型升级规划（2011~2015年）	健全节能市场化机制，加快推行合同能源管理
7	38	关于有色金属工业节能减排的指导意见	认定一批有色金属专业节能服务公司，组织开展能源审计、电力需求侧管理、合同能源项目融资等一系列节能减排服务
8	40	节能中长期专项规划	二是推行综合资源规划和电力需求侧管理。充分发挥电力需求侧管理的综合优势，优化城市、企业用电方案，推广应用高效节能技术，推进电厂建设，提高电能使用效率
9	41	国务院关于加强节能工作的决定	加强电力需求侧管理。将节约量作为资源纳入总体规划，引导资源合理配置。采取有效措施，提高终端用电效率，节约电力
10	43	节约能源法（2007修订）	第六十六条 国家实行有利于节能的价格政策，引导用能单位和个人节能。国家运用财税、价格等政策，支持推广合同能源管理、节能自愿协议等节能办法

173

续表

序号	编号	政策名称	与"电力需求侧管理"相关的条文
11	44	关于进一步加强节油节电工作的通知	(三)加强电力需求侧管理。切实控制高耗能、高排放企业和产能过剩行业用电,停止不符合产业政策、违规建设和淘汰类企业的用电。各地电网企业要合理安排生产用电方式,积极参与高电压等级用电企业的功率因数要达到0.95以上,其他用电企业的功率因数要达到0.9以上。致励用电企业按照以水定电、以电定产的原则,制定与发电出力相匹配的用电调控指标
12	47	能源发展"十二五"规划	加强能源需求侧管理,开展电力需求侧管理城市综合试点,加强"能效电厂"示范和推广

表5 政策工具"节能发电调度"的分布

序号	编号	政策名称	与"节能发电调度"相关的条文
1	4	节能减排综合性工作方案	(二十六)加强节能发电调度和电力需求侧管理。制定并尽快实施有利于节能减排的发电调度办法,优先安排清洁、高效机组和资源综合利用发电,限制能耗高、污染重的低效机组发电。今年上半年启动试点,取得成效后向全国推广,力争节能2000万吨标准煤。"十一五"期间形成6000万吨标准煤后的节能能力。研究按边际成本上网竞价,逐年削减电力机组发电小时数,实行按边际成本上网竞价,抓紧推行发电权交易,研究制定电力需求侧管理办法、规范有序用电,开展节能效电厂试点,研究制定配套政策,建立长效机制
2	5	关于进一步加大工作力度确保实现"十一五"节能减排目标的通知	大力推进节能发电调度,加强电力需求侧管理,制定和实施有序用电方案,在保证合理用电需求的同时,要压缩高耗能、高排放企业用电

174

附录2 低碳政策工具分布表

续表

序号	编号	政策名称	与"节能发电调度"相关的条文
3	6	"十二五"节能减排综合性工作方案	改革发电调度方式，电网企业要按照节能、经济的原则，优先调度水电、风电、太阳能发电，核电以及余热余压、煤矸石和垃圾等发电上网，优先安排节能、环保、高效火电机组发电上网。电网企业要及时、真实、准确、完整地公布节能发电调度信息，电力监管部门要加强对节能发电调度工作的监督
4	7	节能减排"十二五"规划	推进节能发电调度
5	40	节能中长期专项规划	加强电力需求侧和电力调度管理
6	41	国务院关于加强节能工作的决定	改进发电调度规则，优先安排清洁能源发电，对燃煤火电机组进行优化调度，限制能耗高、污染严重的低效机组发电，实现电力节能、环保和经济调度
7	42	国务院关于节能减排能源保护环境工作情况的报告	四是各地因地制宜采取了节能发电调度措施，煤耗高、排放高的燃煤机组发电小时数有不同程度下降
8	43	节约能源法（2007修订）	第三十二条 电网企业应当按照国务院有关部门制定的节能发电调度管理的规定，安排清洁、高效和符合资源综合利用规定的热电联产、利用余热余压发电的机组以及其他符合资源综合利用规定的发电机组与电网并网运行，上网电价执行国家有关规定
9	44	关于进一步加强节油节电工作的通知	在电网调度中，燃油机组不得作为基础负荷机组，只能作为系统备用调峰负荷机组
10	47	能源发展"十二五"规划	鼓励发展智能电网和分布式能源，推进节能发电调度，鼓励余热余压综合利用

表 6 政策工具"'领跑者'标准制度"的分布

序号	编号	政策名称	与"'领跑者'标准制度"相关的条文
1	6	"十二五"节能减排综合性工作方案	(四十一)建立"领跑者"标准制度。研究确定高耗能产品和终端用能产品的能效先进水平、能效标准,制定"领跑者"能效标准与新上项目能评审查、节能产品推广应用相结合,推动"领跑者"企业技术进步,加快标准的更新换代,促进产品能效水平快速提升
2	7	节能减排"十二五"规划	建立高耗能产品(工序)和主要终端用能产品能效"领跑者"制度,明确实施时限
3	32	工业转型升级规划(2011~2015年)	组织开展工业企业能效对标活动和企业能效"领跑者"行动
4	33	"十二五"节能环保产业发展规划	逐步提高重点用能产品能效标准,修订提高行业能耗限额强制性标准,建立"领跑者"能效、完善污染物排放标准体系
5	36	关于印发半导体照明节能产业规划的通知	建立LED照明产品能效"领跑者"制度,鼓励产品能效水平不断提升
6	47	能源发展"十二五"规划	加强工业节能,以世界先进能效水平为目标,制定"领跑者"标准和政策

表 7 政策工具"节能产品认证"的分布

序号	编号	政策名称	与"节能产品认证"相关的条文
1	1	中国应对气候变化国家方案	大力推动节能产品认证和能效标识管理制度的实施,运用市场机制,鼓励和引导用户和消费者购买节能型产品

续表

序号	编号	政策名称	与"节能产品认证"相关的条文
2	4	节能减排综合性工作方案	(二十九)加大实施能效标识和节能产品水认证管理力度。加快实施强制性能效标识制度,扩大能效标识应用范围,今年发布《实行能效标识产品目录(第三批)》。加强对能效标识的监督管理,强化社会监督,举报和投诉处理机制,开展专项市场监督检查和抽查,严厉查处违法违规行为。推动节能、节水和环境标志产品认证,规范认证行为,扩展认证范围,在家用电器、照明等产品领域建立有效的国际协调互认制度
3	5	关于进一步加大工作力度确保实现"十一五"节能减排目标的通知	研究制定重点用能单位节能管理办法、能源计量监督管理办法、主要污染物排放许可证管理办法等
4	6	"十二五"节能减排综合性工作方案	(四十)加大能效标识实施范围、节能产品认证实施力度,扩大终端用能产品能效标识实施范围。继续推进节能产品、环境标志产品认证,加强宣传和政策激励,引导消费者购买高效节能产品,环保装备认证、规范认证行为,扩展认证范围,建立有效的国际协调互认机制。加强标识、认证质量的监管
5	7	节能减排"十二五"规划	加大能效标识和节能产品认证实施范围
6	8	"十二五"控制温室气体排放工作方案	健全节能市场化机制,完善能效标识、节能产品认证和节能政府强制采购制度,加快节能服务业发展
7	27	关于建立政府强制采购节能产品制度的通知	节能产品政府采购清单由财政部、发展改革委负责订。列入节能产品采购清单中的产品由财政部、发展改革委从国家能效标识认证机构认证的产品中,根据节能性能、技术水平和市场成熟程度等因素择优确定,并在中国政府采购网、发展改革委门户网、中国节能水认证网等媒体上定期向社会公布
8	30	公路水路交通节能中长期规划纲要	大力推动交通节能产品认证,规范认证行为,扩展认证范围

续表

序号	编号	政策名称	与"节能产品认证"相关的条文
9	32	工业转型升级规划（2011~2015年）	建立工业产品能效标识、节能产品认证、能源管理体系认证制度，制定行业清洁生产评价指标体系
10	36	关于印发半导体照明节能产业规划的通知	启动了射灯、筒灯、隧道灯、路灯、球泡灯等LED照明产品的节能认证工作。LED照明节能认证结合已制定的标准或技术规范，制定相应认证技术规范和实施规则，开展LED照明产品的节能认证。根据产品成熟分重点，有步骤地开展LED照明产品的节能认证工作，逐步扩大产品的节能认证范围，建全产品认证体系
11	40	节能中长期专项规划	三是大力推动节能产品认证和能效标识管理制度的实施，运用市场机制，引导用户和消费者购买节能型产品
12	41	国务院关于加强节能工作的决定	推动自愿性节能产品认证，规范认证行为，扩展认证范围，推动建立国际协调互认
13	43	节约能源法（2007修订）	第二十条 用能产品认证的机构，销售者，可以根据自愿原则，按照国家有关节能产品认证的规定，向经国务院认证认可监督管理部门认可的从事节能产品认证的机构提出节能产品认证申请；经认证合格后，取得节能产品认证证书，可以在用能产品或其包装物上使用节能产品认证标志。禁止使用伪造的节能产品认证标志或者冒用节能产品认证标志
14	44	关于进一步加强节油节电工作的通知	一是扩大能效标识和节能产品认证实施范围
15	47	能源发展"十二五"规划	加大高效节能技术产品推广力度，强化能效标识和节能产品认证制度，扩大节能产品政府采购，实施节能产品惠民工程

附录2 低碳政策工具分布表

表8 政策工具"能效标识"的分布

序号	编号	政策名称	与"能效标识"相关的条文
1	1	中国应对气候变化国家方案	大力推动节能产品认证和能效标识管理制度的实施，鼓励和引导用户和消费者购买节能型产品
2	4	节能减排综合性工作方案	（二十九）加大实施能效标识和节能产品认证管理力度。加快实施强制性能效标识制度，扩大能效标识应用范围，今年发布《实行能效标识产品目录（第三批）》。加强对市场监督管理，严厉查处违法违规行为，开展专项监督检查和抽查，强化社会监督。推动节能、节水和环境标志产品认证，规范认证行为，扩展认证范围，在家用电器、照明等产品领域建立有效的国际协调互认制度
3	5	关于进一步加大工作力度确保实现"十一五"节能减排目标的通知	扩大能效标识实施范围，发布第七批能效标识产品目录
4	6	"十二五"节能减排综合性工作方案	（四十）加大能效标识和节能环保产品认证实施力度。扩大终端用能产品能效标识实施范围，加强宣传和政策激励，引导消费者购买高效节能产品。继续推进节能产品、环境标志产品，环保装备认证，规范认证行为，扩展认证范围，建立有效的国际协调互认机制，加强标识、认证和质量的监管
5	7	"十二五"规划	加大能效标识和节能环保产品认证实施范围
6	8	"十二五"控制温室气体排放工作方案	健全节能市场化机制，完善能效标识、节能产品认证和节能政府强制采购制度，加快节能服务业发展
7	10	循环经济促进法	第十七条 国家建立健全能源效率标识等产品资源消耗标识制度
8	19	可再生能源建筑应用专项资金管理暂行办法	第十条 财政部和建设部根据推进可再生能源建筑应用的需要，对可再生能源建筑应用共性关键技术集成及示范推广、能效检测、标识、规范能源标准验证及完善示范等项目，组织相关单位编写项目建议书，通过专家评审确定项目和项目承担单位
9	28	高效节能产品推广财政补助资金管理暂行办法	第十条 补助资金主要用于高效节能产品推广补助和监督检查、标准标识、信息管理、宣传培训等推广工作经费

179

续表

序号	编号	政策名称	与"能效标识"相关的条文
10	30	公路水路交通节能中长期规划纲要	建立并推广交通节能标识能效行业管理制度，扩大能效标识在营运车辆、船舶、港口机械、施工机械等上的应用，不断提高能效标识的社会认知度
11	32	工业转型升级规划（2011~2015年）	建立工业产品能效标识、节能产品认证，能源管理体系认证制度，制定行业清洁生产评价指标体系
12	40	节能中长期专项规划	三是大力推动节能产品认证和能效标识管理制度的实施，运用市场机制，引导用户和消费者购买节能型产品
13	41	国务院关于加强节能工作的决定	加快实施强制性能效标识制度，扩大能效标识在家用电器、电动机、汽车和建筑上的应用，不断提高能效标识的社会认知度，引导社会消费行为，促进企业加快高效节能产品的研发
14	42	国务院关于节约能源保护环境工作情况的报告	启动实施单元式空调机组和洗衣机能效标识制度。扩大强制性能效标识实施范围
15	43	节约能源法（2007修订）	第十八条 第十九条 第七十三条
16	44	关于进一步加强节油节电工作的通知	2008年年底前将计算机显示器、复印机等办公产品纳入能效标识实施范围，2009年年底前将打印机、打印复印一体机等产品纳入能效标识实施范围，引导用户购买节能型产品
17	47	能源发展"十二五"规划	加大高效节能技术产品推广力度，强化能效标识和节能产品认证制度，扩大节能产品政府采购，实施节能惠民工程

表 9 政策工具"环境影响评价"的分布

序号	编号	政策名称	与"环境影响评价"相关的条文
1	4	节能减排综合性工作方案	把总量指标作为环评审批的前置性条件。上收环评审批权限。对超过总量目标、上收能耗高、污染严重行业环评审批权限。对超过总量目标、重点项目未达到总量控制要求的地区，暂停环评审批新增污染物排放的建设项目。强化环评审批向上级备案制度和向社会公布制度。加强"三同时"管理。严把项目验收关。对建设项目未经验收擅自投运、超期试生产违法行为，严格依法进行处罚
2	5	关于进一步加大工作力度确保实现"十一五"节能减排目标的通知	未通过环评、节能审查和土地预审的项目，一律不准开工建设
3	6	"十一五"节能减排综合性工作方案	（三十七）严格环评审批节能评估审查和环境影响评价制度。把污染物排放总量指标作为环评审批的前置条件，对年度减排目标未完成、重点减排项目未按目标责任书落实的地区和企业，实行阶段性限批。对未通过能评、环评审查的投资项目，有关部门不得审批、核准、批准开工建设，金融机构不得发放贷款，有关单位不得供水、供电。加强能评审查和环评审查机关同级财政部门安排批不行为。能评费用由节能审查的同级财政部门安排
4	7	节能减排"十二五"规划	严格固定资产投资项目节能评估审查和环境影响评价，环境影响评价和能评审批节能评估审查污染物排放总量为能评和环评审批的重要依据审。把能源消费总量、污染物排放总量作为能评和环评审批的重要依据
5	9	国家环境保护"十一五"规划	强化环境影响评价和"三同时"（建设项目环保设施同时计划、同时施工、同时投产使用）制度。在加快试点基础上推进各类发展规划和建设项目环境影响评价和"三同时"管理。从源头上防止环境污染和生态破坏。严格建设项目环评资格管理，加强环评资质管理，提高环评审批轻监管，落实环评后评估和环评"三同时"验收，尽快扭转审批轻投就事事责任制，后评估和环评"三同时"验收，尽快扭转审批轻投就事事后评价的局面
6	10	循环经济促进法	第十九条 新建、改造和扩建项目应当依法进行环境影响评价，并采取生态保护和污染控制措施，确保本区域的环境质量达到规定的标准
7	12	清洁生产促进法（2012修正）	第十八条 新建、改建和扩建项目应当对原料使用、资源消耗、资源综合利用以及污染物产生与处置等进行分析论证，优先采用资源利用率高以及污染物产生量少的清洁生产技术、工艺和设备

续表

序号	编号	政策名称	与"环境影响评价"相关的条文
8	13	清洁发展机制项目运行管理办法（2011修订）	第十五条 项目实施机构向国家发展改革委或项目所在地省级发展改革委提出清洁发展机制项目申请时必须提交以下材料：（四）环境影响评价报告（或登记表）批复复印件
9	31	关于进一步加大节能减排力度加快钢铁工业结构调整的若干意见	环境保护部牵头组织对未经环评审批或污染超标的项目进行查处。要进一步健全项目审批问责制，认真查处越权审批、未批先建、边批边建等行为，依法严肃追究相关负责人的责任。环境保护、国土资源部门及金融机构要依法严格项目环境影响评价，建设用地和贷款的审批
10	42	国务院关于节约能源保护环境工作情况的报告	进一步严格了建设项目环境准入标准，有关部门对12个行政区域和4个电力集团所有建设项目实行了环境影响评价"区域限批"和"行业限批"

表10 政策工具"碳排放交易"的分布

序号	编号	政策名称	与"碳排放交易"相关的条文
1	2	国务院关于应对气候变化工作情况的报告	研究制订《关于发展低碳经济的指导意见》，从我国国情和实际出发，开展低碳经济试点示范，试行碳排放强度考核制度，探索控制温室气体排放的体制机制，在特定区域或行业内探索性开展碳排放交易
2	6	"十二五"节能减排综合性工作方案	（四十四）推进排污权和碳排放权交易试点。完善主要污染物排污权有偿使用和交易试点的指导意见，建立健全排污权交易市场，研究制定碳排污权有偿使用和交易试点指导意见，开展碳排放交易试点，建立自愿减排机制，推进碳排放交易市场建设
3	7	节能减排"十二五"规划	开展碳排放交易试点

续表

序号	编号	政策名称	与"碳排放交易"相关的条文
4	8	"十二五"控制温室气体排放工作方案	五、探索建立碳排放交易市场 （十六）建立自愿减排交易机制。 （十七）开展碳排放权交易试点。 （十八）加强碳排放交易支撑体系建设
5	13	清洁发展机制项目运行管理办法（2011修订）	第三十一条 项目实施机构在减排量交易完成后，未按照相关规定向国家发改委依法对项目实施机构家缴纳减排量交易额分成的，国家发展改革委依法对项目实施机构给予行政处罚
6	14	中国应对气候变化科技专项行动	清洁发展机制与碳交易制度。研究气候变化国际制度对全球碳市场的影响，研究以清洁发展机制相适应的国内政策与机制，核心的中国政策发展方向及其内容
7	15	"十二五"国家应对气候变化科技发展专项规划	研究建立和完善及应对气候变化的相关制度、法律、政策、行动措施和考核体系，研究我国与碳排放权交易市场相适应对气候变化的国际贸易战略与政策，建立我国碳排放交易市场的技术支撑体系
8	32	工业转型升级规划（2011~2015年）	研究编制重点行业低碳技术推广应用目录，研究建立低碳产品评价标准、标识和认证制度，探索基于行业碳排放的经济政策和碳交易措施

表 11 政策工具 "高耗能、高排放行业抑制机制" 的分布

序号	编号	政策名称	与"高耗能、高排放行业抑制机制"相关的条文
1	1	中国应对气候变化国家方案	严格执行《产业结构调整指导目录》。控制高耗能、高污染产业规模，降低高耗能、高污染比重，优先发展对经济增长有重大带动作用的低能耗高新技术产业。制定并实施钢铁、有色、水泥等高耗能行业发展规划和产业政策，提高行业准入标准，制定并完善国内紧缺资源及高耗能产品出口的政策
2	4	节能减排综合性工作方案	（三）控制高耗能、高污染行业过快增长。严格控制新建高耗能、高污染项目，提高两个闸门，信贷两个闸门，严格环保市场准入门槛，抓紧建立新开工项目管理的部门联动机制和项目审批行项目开工建设"六项必要条件"（必须符合产业政策和市场准入标准，项目审批核准或备案程序、项目审批、环境影响评价审批、节能评估审查以及信贷、安全和城市规划等规定和要求）。节能减排指标完成进度将与项目与地方节能减排指标完成情况挂钩，与海汰落后产能政策、继续运用调整高污染行业项目新上项目的各项政策，将部分产品列入加工贸易禁止类出口目录。落实限制高耗能、高污染产品出口的各项政策，加大对高耗能、高污染产品差别配额、组织对高耗能、高污染产品差别电价出口关税、加征出口关税、出口退税等措施，控制高耗能、高污染产品出口。加大高耗能、高污染产品差别电价实施力度，提高差别电价标准。清理和纠正各地在电价、地价、税费等方面对高耗能、高污染行业的优惠政策
3	5	关于进一步加大工作力度确保实现"十一五"节能减排目标的通知	四、严格控制高耗能、高排放行业过快增长。严格控制"两高"和产能过剩行业管理，进一步加强项目审核管理。各级投资主管部门要加强对大产能过剩行业扩大产能建设。对违规在建项目，未通过环评、审批、核准、备案和用地预审等开工建设的项目，一律不准开工建设。对违规在建项目，有关部门要责令停止建设。金融机构一律不得发放贷款。对违规建成的项目，有关部门要责令停止生产，金融机构一律不得发放流动资金贷款，控制"两高"产品出口的各项政策，严控"两高"产品出口

184

附录2 低碳政策工具分布表

续表

序号	编号	政策名称	与"高耗能、高排放行业抑制机制"相关的条文
4	6	"十二五"节能减排综合性工作方案	（六）抑制高耗能、高排放行业过快增长。严格控制高耗能、高排放行业新上项目，进一步提高行业准入门槛，强化节能、环保、土地、安全等指标约束，依法严格节能评估审查、环境影响评价、建设用地审查，严格贷款审批。建立健全项目审批、核准、备案责任制，环境影响评价、分拆审批，未批先建、边批边建违规行为，依法追究有关人员责任。严格控制高耗能、高排放产品出口。中西部地区承接产业转移必须坚持高标准，严禁污染产业产能力转入。抑制高耗能、高排放行业过快增长。对违规在建的高耗能、高排放项目，有关部门要令停止供电供水。严格控制固定资产投资项目节能审查，提高新建项目节能评估和环
5	7	节能减排"十二五"规划	保、水泥、钢铁、土地、安全等准入门槛。严格固定资产投资项目用地预审、环评审批。对违规在建的高耗能、高排放项目一律不得发放贷款。对违建成的项目，有关部门要令停止生产。严格控制高耗能、高排放和资源性产品出口。把能源消费总量作为能评价的重要依据，对新建、扩建重点行业实施重量置换或减量置换。优化电力、钢铁、水泥、玻璃、陶瓷、造纸等高污染行业空间布局。中西部地区承接产业生产不能力转入
6	11	关于在国家生态工业示范园区中加强发展低碳经济的通知	按照增加碳汇减少碳源的原则，限制落后产业发展，高污染产业发展
7	25	中国人民银行关于改进和加强节能环保领域金融服务工作的指导意见	严格限制对高耗能、高污染及发生产能力过剩行业中落后产能和工艺的信贷投入，防止盲目投资和低水平重复建设；严格控制产能过剩、高污染行业的信贷投入，加大对落后产能和工艺的信贷退出步伐
8	31	关于进一步加大节能减排力度加快钢铁工业结构调整的若干意见	二、坚决抑制钢铁产能过快增长。 （二）切实制止钢铁行业盲目投资和重复建设。 （三）严格履行钢铁项目审批和核准程序

续表

序号	编号	政策名称	与"高耗能、高排放行业抑制机制"相关的条文
9	40	节能中长期专项规划	对国家淘汰和限制类项目及高耗能企业按国家产业政策实行差别电价，抑制高耗能行业盲目发展，引导用户合理用电，节约用电
10	42	国务院关于节约能源保护环境工作情况的报告	二是坚决遏制高耗能、高排放行业过快增长。严格经济增长由偏快转为过热作为当前宏观调控的首要任务。严格高耗能、高排放行业市场准入门槛。建立资本目管理，严把土地、信贷两个闸门，提高节能环保市场准入门槛。建立新开工项目管理的部门联动机制和项目审批环评审查、严格执行项目开工建设"六项必要条件"，重点加大项目节能评和环评审查。修订《产业结构调整指导目录》对重点地区和重点行业严加严格准人标准。对违法违规进行纠正一些地方在建项目、发现一起、查处一起，坚决停缓建。继续清理和纠正一些地方在电价、地价、税费方面对高耗能、高排放行业的优惠政策。调整《外商投资产业指导目录》严格控制高耗能、高排放、低水平产业进入。落实限制高耗能、高排放产品出口的各项政策。在遏制"两高"扩张的同时，要加快推进服务业和高技术产业的发展。贯彻落实《国务院关于加快发展服务业的若干意见》，用好服务业引导资金，支持服务业重大科技专项，组织实施高技术产业化专项，加强公共技术支撑平台建设。加快推进高技术产业和重大科技产业化专项，对合转变增长方式和节能减排要求的高技术产业、新兴产业，在电价、利率、税收等方面给予优惠
11	43	节约能源法（2007修订）	第七条 国家实行有利于节能和环境保护的产业政策，限制发展高耗能、高污染行业，发展节能环型产业

表12 政策工具"企业环保信息纳人人民银行企业征信系统"的分布

序号	编号	政策名称	与"企业环保信息纳人人民银行企业征信系统"相关的条文
1	4	节能减排综合性工作方案	环保部门与金融部门建立环境信息通报制度，将企业环境违法信息纳入人民银行企业征信系统

续表

序号	编号	政策名称	与"企业环保信息纳入人民银行企业征信系统"相关的条文
2	6	"十二五"节能减排综合性工作方案	将企业环保违法信息纳入人民银行企业征信系统和银监会信息披露系统，与企业信用等级评定、贷款及证券融资联动
3	7	节能减排"十二五"规划	推进金融产品和服务方式创新，积极改进和完善节能环保领域的金融服务，建立企业节能环保水平与证券融资等级评定、贷款联动机制
4	25	中国人民银行关于改进和加强节能环保领域金融服务工作的指导意见	（三）加快完善企业征信系统等金融基础设施建设。人民银行各分支机构要加强与环保部门的沟通和合作，进一步推动将企业环保信息纳入人民银行企业征信系统的有关工作，并按照"整体规划、分步实施"的原则，从企业环保征信系统建设起步，逐步将企业环保审批、环保认证、清洁生产审计、环保先进投资奖励等信息纳入企业征信系统。督促和引导金融机构在为企业提供投融资金融服务时把查企业信用报告中的环保信息、企业环保守法情况作为提供金融服务的重要依据

表 13　政策工具"淘汰落后产能机制"的分布

序号	编号	政策名称	与"淘汰落后产能机制"相关的条文
1	2	国务院关于应对气候变化工作情况的报告	加大淘汰电力、钢铁、建材、电解铝、铁合金、电石、焦炭、煤炭和平板玻璃等行业落后产能
2	3	全国人大常委会关于积极应对气候变化的决议	大力发展循环经济，淘汰落后产能和产品，不断提高资综合利用效率
3	4	节能减排综合性工作方案	（四）加快淘汰落后生产能力
4	5	关于进一步加大工作力度确保实现"十二五"节能减排目标的通知	三、加大淘汰落后产能力度

续表

序号	编号	政策名称	与"淘汰落后产能机制"相关的条文
5	6	"十二五"节能减排综合性工作方案	(七)加快淘汰落后产能。抓紧制定重点行业"十二五"淘汰落后产能实施方案,将任务按年度分解落实到各地区。完善落后产能退出机制,督促淘汰落后产能企业做好职工安置工作。地方各级人民政府要积极做好排查金,对经济欠发达地区淘汰落后产能工作给予支持。中央财政统筹支持加大对落后产能淘汰的奖励支持资金,对经济欠发达地区淘汰落后产能工作给予支持。支持淘汰落后产能集中地区通过增加转移支付加大对淘汰落后产能投资项目。对未按期完成淘汰落后产能任务的地区,严格控制国家安排的投资项目,暂停对该地区新建项目办理核准、审批和备案手续;对未按期淘汰的企业,依法吊销排污许可证、生产许可证和安全生产许可证;对虚假淘汰的行为,依法追究企业负责人和地方政府有关人员的责任
6	7	节能减排"十二五"规划	淘汰落后产能。严格落实《部分工业行业淘汰落后生产工艺装备和产品指导目录(2010年本)》和《产业结构调整指导目录(2011年本)》,重点淘汰小火电2000万千瓦,焦炭产能4200万吨,铁合金产能4800万吨,电解铝产能90万吨,水泥产能3.7亿吨,造纸产能1500万吨等,制定年度淘汰计划,并跨级分解落实。对稀土行业实施更严格的节能环保准入标准,加快淘汰落后生产工艺和生产线,推进形成合理开发、有序生产、高效利用技术先进、集约高效的稀土行业发展格局。完善落后产能退出机制,对未严格执行淘汰落后的地区和企业,依法落实惩罚措施,鼓励各地区制定更严格的能耗和排放标准,加大淘汰落后产能力度
7	8	"十二五"控制温室气体排放工作方案	加快淘汰落后产能。完善落后产能退出机制,制定并落实重点行业"十二五"淘汰落后产能实施方案和年度实施计划,加大淘汰落后产能工作力度
8	9	国家环境保护"十一五"规划	各地区、各有关部门不断加大环境保护工作力度,淘汰了一批高消耗、高污染的落后生产能力,加快了污染治理和城市环境基础设施建设
9	29	促进产业结构调整暂行规定	鼓励和支持发展先进生产能力,限制和淘汰落后生产能力,防止盲目投资和低水平重复建设,切实推进产业结构优化升级

附录2 低碳政策工具分布表

续表

序号	编号	政策名称	与"淘汰落后产能机制"相关的条文
10	31	关于进一步加大节能减排力度加快钢铁工业结构调整的若干意见	三、加大淘汰落后产能力度 （四）完善落后产能退出机制。 （五）强化淘汰落后产能工作的组织实施。
11	32	工业转型升级规划（2011~2015年）	充分发挥市场机制作用，综合运用法律、经济及必要的行政手段，加快形成有利于落后产能退出的市场环境和长效机制。强化安全、环保、能耗、质量、土地等指标约束作用，完善落后产能界定标准，严格市场准入条件，防止新增落后产能。
12	38	关于有色金属工业节能减排的指导意见	按照国家政策要求的时间进度，坚决淘汰高能耗、高污染的落后生产能力，确保"十二五"期间淘汰电解铝落后产能90万吨，铜（含再生铜）冶炼80万吨，铅（含再生铅）冶炼130万吨，锌（含再生锌）冶炼65万吨，定期公告淘汰落后产能涉及企业名单，进一步完善落后产能退出的政策措施和长效机制。
13	42	国务院关于节约能源保护环境工作情况的报告	三是加大淘汰落后产能力度
14	43	节约能源法（2007修订）	第七条 国务院和省、自治区、直辖市人民政府应当加强节能工作，合理调整产业结构、企业结构、产品结构和能源消费结构，淘汰落后的生产能力，推动企业降低单位产值能耗和单位产品能耗，提高能源利用效率。
15	47	能源发展"十二五"规划	深入推进煤炭资源整合和煤矿企业兼并重组，加强节能、节水、脱硫、脱硝等技术的推广应用，淘汰落后生产能力。 继续推进"上大压小"，加强节能工程，到"十二五"末，淘汰落后煤电机组2000万千瓦，火电每千瓦时供电标准煤耗下降到323克，加大淘汰落后产能力度，实施工业节能重点工程。

189

续表

序号	编号	政策名称	与"淘汰落后产能机制"相关的条文
16	48	2013年工业节能与绿色发展专项行动实施方案	抓紧淘汰落后铅酸蓄电池生产能力，重点淘汰开口式、干式荷电、镉及砷含量超标以及整改环保不达标的落后铅酸蓄电池生产能力

表14 政策工具"重点领域节能"的分布

序号	编号	政策名称	与"重点领域节能"相关的条文
1	1	中国应对气候变化国家方案	4. 强化重点行业的节能技术开发和推广。（钢铁工业、有色金属工业、石油化工业、建材工业、交通运输、建筑节能、商业和民用节能）
2	2	国务院关于应对气候变化工作情况的报告	实施十大重点节能工程，开展千家企业节能行动，推行循环经济试点，推进重点领域节能
3	4	节能减排综合性工作方案	（八）加快实施十大重点节能工程
4	5	关于进一步加大工作力度确保实现"十一五"节能减排目标的通知	八、推动重点领域节能减排。加强电力、钢铁、有色、石油石化、化工、建材等重点行业节能减排管理，加大用先进适用技术改造传统产业的力度。加强新建建筑节能监管，到2010年底，全国城镇新建建筑执行节能强制性标准的比例达到95%以上，完成北方采暖地区居住建筑供热计量及节能改造5000万平方米，确保完成"十一五"期间1.5亿平方米的改造任务。夏季空调温度设置不低于26摄氏度，对客车辆用油定额考核，严格执行车辆燃料消耗量限值标准，加快铁路电气化建设和运营装备改造升级，2010年客车实载率不得低于70%的线路不得新建，优化民航航线，推行公路甩挂运输。开展节约型公共机构示范单位建设活动。加强交通运输节能减排，抓好"三河三湖"、松花江等重点流域水污染治理，做好农村环境综合整治。支持军队重点污染治理工作，抓好农村金属污染治理工作，实施节能减排技术改造
5	6	"十二五"节能减排综合性工作方案	（十六）到（二十二）

190

附录2 低碳政策工具分布表

续表

序号	编号	政策名称	与"重点领域节能"相关的条文
6	7	节能减排"十二五"规划	突出抓好工业、建筑、交通、公共机构等重点用能单位节能，大幅提高能源利用效率。(二) 推动提高能效水平提高。(工业节能、建筑节能、交通运输节能、商用和民用节能、农业和农村节能、公共机构节能)
7	8	"十二五"控制温室气体排放工作方案	突出抓好工业、建筑、交通、公共机构等领域节能
8	15	"十二五"国家应对气候变化科技发展专项规划	加强工业、建筑、交通重点领域节能和提高能效新技术开发
9	40	节能中长期专项规划	5. 坚持突出重点、分类指导，全面推进。对年耗能万吨标准煤以上重点用能单位要严格依法实施管理，明确目标措施，公布能耗状况，强化监督检查；对中小企业在严格依法管理的同时，要注重政策引导和提供服务。交通节能的重点是新增机动车，要建立和实施机动车燃油经济性标准及配套政策和制度。建筑节能的重点是严格执行节能设计标准，加强政策导向，运用市场机制、民用节能的重点是提高用能设备能效标准，严格市场准入，运用市场和利引导和鼓励用户和消费者购买节能型产品
10	41	国务院关于加强节能工作的决定	四、着力抓好重点领域节能。 (十) 强化工业节能。 (十一) 推进建筑节能。 (十三) 引导商业和民用节能。 (十四) 抓好农村节能。 (十五) 推动政府机构节能

续表

序号	编号	政策名称	与"重点领域节能"相关的条文
11	42	国务院关于节约能源保护环境工作情况的报告	六是推动重点领域节能。推动千家高耗能企业开展能源审计，编制节能规划。颁布实施了《建筑节能工程施工质量验收规范》，强化新建建筑执行节能强制性标准监管力度。发布了《关于推进 1.5 亿平方米供热计量和节能改造任务分解到各地。发布了《关于推进太阳能应用的通知》。将今年 1.5 亿平方米供热计量和节能改造任务分解到各地。发布了《关于推进太阳能热水系统应用的通知》。将今年 1.5 亿平方米供热计量和节能改造任务分解到各地。发布了《关于推进太阳能热水系统应用的通知》。在建筑领域开展了空调、照明、锅炉系统节能改造，推进了能耗分项计量和能效标识制度，推进可再生能源在建筑领域的应用。启动实施太阳能单元式空调热水系统节能改造，推进了能耗分项计量和能效标识制度，推进可再生能源产品节能管理的统计工作。《"十一五"第一批全国重点节能产品（技术）目录》以及《"十一五"规划》《关于加强用水船用车船节能管理的通知》《节水型社会建设"十一五"规划》《全国农村沼气建设规划》
12	43	节约能源法（2007 修订）	第二节 工业节能 第三节 建筑节能 第四节 交通运输节能 第五节 公共机构节能 第六节 重点用能单位节能
13	47	能源发展"十二五"规划	实施工业节能重点工程

表 15 政策工具"节能改造"的分布

序号	编号	政策名称	与"节能改造"相关的条文
1	1	中国应对气候变化国家方案	水泥行业发展新型干法窑外分解技术，积极推广节能粉磨设备和水泥窑余热发电装备，对现有大中型回转窑、磨机、烘干机进行节能改造，逐步淘汰机立窑、湿法窑、干法中空窑及其他落后的水泥生产工艺

附录2 低碳政策工具分布表

续表

序号	编号	政策名称	与"节能改造"相关的条文
2	5	关于进一步加大工作力度确保实现"十一五"节能减排目标的通知	加强新建建筑节能监管，到2010年年底，全国城镇新建建筑执行节能强制性标准的比例达到95%以上，完成北方采暖地区居住建筑供热计量及节能改造5000万平方米，确保完成"十一五"期间1.5亿平方米的改造任务
3	6	"十二五"节能减排综合性工作方案	实施锅炉窑炉改造、电机系统节能、余热余压利用、节约替代石油、建筑节能、绿色照明等节能改造工程，推动信息数据中心、通信机房和基站节能改造
4	7	节能减排"十二五"规划	（一）节能改造工程
5	11	关于在国家生态工业示范园区中加强发展低碳经济的通知	加强清洁能源基础设施的使用，加强对原有建筑的节能改造，提高建筑节能率
6	25	中国人民银行关于改进和加强节能环保领域金融服务工作的指导意见	各银行类金融机构要研究有关节能环保产业经济发展特点，开展金融产品和信贷管理制度创新，充分利用财政资金的杠杆作用，建立信贷支持节能减排技术创新和节能环保技术改造的长效机制
7	30	公路水路交通节能中长期规划纲要	推广绿色照明工程，加强照明和空调系统等辅助用能节能改造
8	32	工业转型升级规划（2011～2015年）	组织开展工业企业能效对标达标活动和企业能效"领跑者"行动，加强钢铁、有色、石化、建材等重点用能行业节能改造
9	40	节能中长期专项规划	对现有大中型回转窑、磨机、烘干机进行节能改造，逐步淘汰机立窑、湿法窑、干法中空窑及其他落后的水泥生产工艺
10	41	国务院关于加强节能工作的决定	重点抓好政府机构建筑物和采暖、空调、照明系统节能改造
11	42	国务院关于节约能源保护环境工作情况的报告	中央国家机关开展了空调、照明、锅炉等系统节能改造，推进了能耗分项计量和统计工作

193

续表

序号	编号	政策名称	与"节能改造"相关的条文
12	44	关于进一步加强节油节电工作的通知	三是加强现有空调系统的改造和维护。积极采用变频、变风量、流量可调系统、太阳能采暖制冷、地源热泵、余热源热泵、高效冷却塔和高效换热器等节能新技术、新设备,提高空调运行效率。对中央空调实施节能改造,鼓励并扶持专业节能服务机构采用合同能源管理方式,每年夏季或冬季空调使用前,应按规定及时进行清洗和系统的维护保养
13	45	公共机构节能条例	第十三条 公共机构应当结合本单位用能特点和上一年度用能状况,制定年度节能目标和实施方案,有针对性地采取节能管理或者节能改造措施,保证节能目标和任务的完成。公共机构应当将年度节能实施方案报本级人民政府管理机关事务工作的机构备案。 第二十一条 国务院和县级以上地方各级人民政府管理机关事务工作的机构会同有关部门制定本级公共机构既有建筑节能改造计划,并组织实施。 第二十八条 公共机构实施节能改造,应当进行能源审计和投资收益分析,明确节能指标,并在节能改造后采用计量方式对节能指标进行考核和综合评价
14	47	能源发展"十二五"规划	实施工业节能重点工程

表 16 政策工具"税收优惠"的分布

序号	编号	政策名称	与"税收优惠"相关的条文
1	1	中国应对气候变化国家方案	继续执行对掺渣水泥产品实行减免税优惠等政策,对煤矿瓦斯抽采利用及其他综合利用项目实行税收优惠政策

附录2 低碳政策工具分布表

续表

序号	编号	政策名称	与"税收优惠"相关的条文
2	4	节能减排综合性工作方案	（三十八）制定和完善鼓励节能减排的税收政策。抓紧制定节能、节水、资源综合利用和环保产品（设备、技术）目录及相应税收优惠政策，实行节能环保项目减免企业所得税及节能环保专用设备投资抵免企业所得税政策。对节能减排设备投资给予增值税进项税抵扣。完善对废旧物资、资源综合利用产品增值税优惠政策；对企业所得税既有建筑节能改造实施税收优惠政策规定的产品取得的收入，在计征企业所得税时实行减计收入的政策。实时出台鼓励节能环保型车船、节能与资源综合利用的税收政策，适时出台燃油税。抓紧出台资源税改革方案，改进计征方式，提高税负水平。研究开征环境税。研究节能环保技术设备进口的税收优惠政策
3	5	关于进一步加大工作力度确保实现"十一五"节能减排目标的通知	积极落实国家支持节能减排的所得税、增值税等优惠政策，适时推进资源税改革
4	6	"十二五"节能减排综合性工作方案	落实国家支持节能减排和资源综合利用和可再生能源发展的税收优惠政策
5	7	节能减排"十二五"规划	落实国家支持节能减排的税收优惠政策
6	10	循环经济促进法	企业使用或者生产列入国家鼓励名录的技术、工艺、设备或者产品的，按照国家有关规定享受税收优惠
7	12	清洁生产促进法（2012修正）	第三十三条 依法利用废物和从废物中回收原料生产产品的，按照国家有关规定享受税收优惠
8	17	国家能源科技重大示范工程管理办法	示范工程能源技术装备关键零部件及材料进口可按《关于调整重大技术装备进口税收政策的通知》（财关税〔2009〕55号）等文件要求，优先办理减免税手续
9	22	可再生能源法（2009修正）	第二十六条 国家对列入可再生能源产业发展指导目录的项目给予税收优惠。具体办法由国务院规定

续表

序号	编号	政策名称	与"税收优惠"相关的条文
10	29	促进产业结构调整暂行规定	除财政部发布的《国内投资项目不予免税的进口商品目录（2000年修订）》所列商品外，继续免征关税和进口环节增值税。在全国家出台不予免税的投资项目目录等新规定，按新规定执行。对鼓励类产业项目的其他优惠政策，按照国家有关规定执行
11	30	公路水路交通节能中长期规划纲要	积极争取有关部门的节能财税优惠政策。深入研究分析资源税、环境税、消费税，进出口税等税制改革对交通节能的影响，并制定应对措施。加强与中央财政人民政府和省级地方财政安排的节能专项基金等取得相关的支持，争取相关税收优惠扶持和财政补贴政策
12	31	关于进一步加大节能减排力度加快钢铁工业结构调整的若干意见	充分发挥市场配置资源的基础性作用，严格税收征管，清理和纠正地方擅自出台的对钢铁企业的税收优惠政策，努力营造企业公平竞争和落后利用项目研究完善有关税收优惠政策
13	33	"十二五"节能环保产业发展规划	严格落实并不断完善现有节能、节水、环境保护、资源综合利用税收优惠政策。落实节能服务公司实施合同能源管理项目税收优惠政策
14	34	节能与新能源汽车产业发展规划（2012~2020年）	研究完善新能源汽车税收政策体系。节能与新能源汽车及其关键零部件企业，经认定取得高新技术企业资格的，可以依法享受相关税收优惠政策。转让及相关咨询、服务业务所取得收入，可按规定享受营业税免税政策
15	36	关于印发半导体照明节能产业规划的通知	实施半导体照明生产设备关键零部件及原材料的进口税收优惠政策
16	37	关于加强内燃机工业节能减排的意见	研究完善节能环保型内燃机产品有关税收减免政策

附录2 低碳政策工具分布表

续表

序号	编号	政策名称	与"税收优惠"相关的条文
17	39	关于加快推行合同能源管理促进节能服务产业发展的意见	(二)实行税收扶持政策。在加强税收征管的前提下,对节能服务产业采取适当税收扶持政策。一是对节能服务公司实施合同能源管理项目,取得的营业税应税收入,暂免征收营业税。对其无偿转让给用能单位的因实施合同能源管理项目形成的资产,免征增值税。二是节能服务公司实施合同能源管理项目,符合税收法有关规定,自项目取得第一笔生产经营收入所属纳税年度起,第一年至第三年免征企业所得税,第四年至第六年减半征收企业所得税。三是用能企业按照合同能源管理服务公司实际支付给节能服务公司的合理价款,均可以在计算当期应纳税所得额时扣除,不再区分服务费用和资产价款进行税务处理。四是用能企业与节能服务公司签订的节能服务合同期满后,节能服务公司转让给用能企业的因实施合同能源管理项目形成的资产,按折旧或摊销期满的资产进行税务处理。节能服务公司与用能企业办理上述资产的权属转移时,也不再另行计缴税款。上述税收政策的具体办法由财政部、税务总局会同发展改革委等有关部门另行制定
18	41	国务院关于加强节能工作的决定	实行节能税收优惠政策。发展改革委会同有关部门抓紧制定《节能产品目录》,对生产和使用列入《节能产品目录》的产品,财政部、税务总局会同有关部门抓紧研究提出具体的税收优惠政策,报国务院审批。严格实施控制高耗能、高污染、资源性产品出口的政策措施。抓紧研究建立促进能源紧缺燃油替代品生产、以及控制不合理贸易加工贸易和抑制不合理资源消费的有关税收政策。抓紧研究适时实施不同种类能源矿产资源税费改革方案。根据资源条件和市场变化情况,适当提高有关资源税征收标准
19	42	国务院关于节约能源保护环境工作情况的报告	抓紧出台资源税改革方案,改进计征方式,提高税负水平。实行鼓励先进节能环保技术设备进口的税收优惠政策
20	43	节约能源法(2007修订)	第六十一条 国家对生产、使用列入本法第五十八条规定的推广目录的需要支持的节能技术、节能产品,实行税收优惠等扶持政策
21	44	关于进一步加强节油节电工作的通知	二是推广高效节能电机及相关设备。企业购置使用高效节能中小型三相异步电动机、高压电动机、交直流永磁电动机、通风机、水泵、空气压缩机等产品,符合《节能节水专用设备企业所得税优惠目录》规定的,其投资额按税法法规定享受抵免企业所得税优惠

197

续表

序号	编号	政策名称	与"税收优惠"相关的条文
22	46	民用建筑节能条例	民用建筑节能项目依法享受税收优惠

表17 政策工具"环境税费改革"的分布

序号	编号	政策名称	与"环境税费改革"相关的条文
1	1	中国应对气候变化国家方案	提高征收处置费的标准,对填埋气体收集利用项目实行优惠的增值税政策,并在一定时间内减免所得税。研究鼓励发展节能环保型小排量汽车和加快淘汰高油耗车辆的财政税收政策,择机实施燃油税改革方案。对地面抽采项目实行探矿权、采矿权使用费减免政策,对煤矿瓦斯抽采利用及其他综合利用项目实行税收优惠政策
2	2	国务院关于应对气候变化工作情况的报告	严格控制新建高耗能、高排放项目,取消"两高一资"产品的出口退税。出台成品油价格和税费改革方案,全面实行增值税转型改革
3	4	节能减排综合性工作方案	抓紧出台资源税改革方案,改进计征方式,提高税负水平
4	5	关于进一步加大工作力度确保实现"十一五"节能减排目标的通知	积极落实国家支持节能减排的所得税、增值税等优惠政策,适时推进资源税改革
5	6	"十二五"节能减排综合性工作方案	积极推进资源税费改革,将原油、天然气和煤炭资源税计征办法由从量征收改为从价征收并适当提高税负水平。积极推进环境税费改革,依法清理涉及矿产资源的不合理收费基金项目。开征环境保护税,逐步扩大征收范围
6	7	节能减排"十二五"规划	改革资源税,加快推进环境保护税立法工作,调整进出口税收政策,合理调整消费税范围和税率结构

续表

序号	编号	政策名称	与"环境税费改革"相关的条文
7	9	国家环境保护"十一五"规划	在资源税、消费税、进出口税改革中充分考虑环境保护要求，探索建立环境税收制度，运用税收杠杆促进资源节约型、环境友好型社会的建设。全面征收城市污水、生活垃圾、危险废物和医疗废物处置费及放射性废物收储费，保证治理设施和收储设施正常运行。加大排污费征收和稽查力度，进一步完善排污收费制度
8	10	循环经济促进法	第二十八条 对列入前款规定名录中的一次性消费品的生产和销售，由国务院财政、税务和对外贸易等主管部门制定限制性的税收和出口等措施。第四十四条 国家措施鼓励进口先进的产品、设备和原材料，限制在生产过程中耗能高、污染重的产品的出口。具体办法由国务院财政、税收主管部门制定。企业使用或者生产列入国家清洁生产、资源综合利用等鼓励名录的技术、工艺、设备或者产品的，按照国家有关规定享受税收优惠。省、自治区、直辖市人民政府可以根据本行政区域经济社会发展状况，实行垃圾排放收费制度。收取的费用专项用于垃圾分类、收集、运输、贮存、利用和处置，不得挪作他用
9	30	公路水路交通节能中长期规划纲要	积极争取有关节能财税优惠政策。深入研究分析资源税、环境税、消费税，进出口税等税制改革对交通节能的影响，财政部门与有关部门协调，并制定应对措施。加强与各级人民政府和省级地方财政安排的节能专项资金对交通节能的支持，争取中央财政对交通节能的技术研发、科研和科技推广等的支持和节能补贴政策
10	31	关于进一步加大节能减排力度加快钢铁工业结构调整的若干意见	完善和落实土地使用、差别电价政策，加大实施力度，大幅提高差别电价的加价标准，进一步提高落后产能的生产成本。加强对共伴生矿、难选冶矿的技术和科研开发力度，对尾矿利用项目研究完善有关税收优惠政策
11	33	"十二五"节能环保产业发展规划	全面改革资源税费。积极推进环境税费改革

续表

序号	编号	政策名称	与"环境税费改革"相关的条文
12	38	关于有色金属工业节能减排的指导意见	围绕钨、锡、锑、钼、铟、稀土等优势战略金属资源，加快研究制定能充分反映资源价值的税费政策
13	41	国务院关于加强节能工作的决定	严格实施控制高耗能、高污染、资源性产品出口的政策措施。研究建立促进能源节约的燃油税收政策，以及控制高耗能加工贸易和抑制不合理能源消费的有关政策。抓紧研究并适时实施不同种类能源矿产资源税计税收标准改革方案。根据资源节约和市场变化情况，适当提高有关资源税征收标准
14	42	国务院关于节约能源保护环境工作情况的报告	抓紧出台《关于完善污水处理收费制度的意见》《垃圾焚烧发电价格和运行管理暂行办法》《燃煤电厂二氧化硫排污费征收暂行办法》《关于全面推行生活垃圾处理收费制度的意见》等。研究完善能源节约、资源综合利用和环境保护等方面的税收支持政策，建立健全促进节能减排的税收政策体系。抓紧出台资源税改革方案。研究制定重点领域的税收支持政策。改进计征方式，提高税负水平。实行鼓励先进节能环保技术设备进口的税收优惠政策
15	44	关于进一步加强节油节电工作的通知	二是数励使用低油耗节能环保型汽车和清洁能源汽车。降低小排量汽车消费税税率，提高大排量乘用车消费税税率。利用中央预算内投资和财政资金支持高效光源、灯具等生产企业实施技术改造，研究采取税收政策抑制白炽灯等低效照明产品的生产和消费
16	47	能源发展"十二五"规划	一、完善税收政策。加快推进能源资源税改革。推进煤炭资源税从价计征。清理各类违法违规收费，逐步理顺国家与开发主体、中央与地方资源税费综合改革。强化能源消费环节税收调节，完善化石能源的消费税，逐步推行资源税改革，加快推进环境保护税立法工作

附录2 低碳政策工具分布表

表18 政策工具"知识产权"的分布

序号	编号	政策名称	与"知识产权"相关的条文
1	1	中国应对气候变化国家方案	应消除技术合作中存在的政策、体制、程序、资金以及知识产权保护方面的障碍，为技术合作和技术转让在实践中得以顺利进行实施提供激励措施，使技术合作和技术转让在实践中得以顺利进行
2	4	节能减排综合性工作方案	坚持企业培育与应用推广相结合。培育具有自主知识产权和较强竞争力的龙头企业
3	7	节能减排"十二五"规划	"十二五"时期产业化推广30项以上重大节能技术，培育一批拥有自主知识产权和自主品牌，具有核心竞争力，世界领先的节能产品制造企业，形成1500万吨标准煤的节能能力
4	8	"十二五"控制温室气体排放工作方案	研究具有自主知识产权的碳捕集、利用和封存等新技术
5	14	中国应对气候变化科技专项行动	立足自主创新，瞄准未来科学技术发展方向，集中力量进行重点突破，开发具有自主知识产权的关键技术，努力实现气候变化领域的技术跨越
6	15	"十二五"国家应对气候变化科技发展专项规划	研究气候友好技术转移及知识产权保护战略，研究开发气候、经济、社会发展综合分析模型
7	16	节能减排全民科技行动方案	2. 以高能耗、重污染企业的节能减排为重点，研发一批具有自主知识产权、节能减排潜力大、应用面广的关键技术，建设一批知识产权管理等内容企业和产业化示范基地
8	17	国家能源科技重大示范工程管理办法	第六条 示范方案 示范方案具体内容包括：示范工程概况、工程技术方案、内容目标、示范工程基础、实施方案以及知识产权管理等内容。第十六条 示范工程取得的科技成果的知识产权归属按照相关法律法规的规定执行

续表

序号	编号	政策名称	与"知识产权"相关的条文
9	18	"十二五"国家碳捕集利用与封存科技专项规划	CCUS基础设施规划与行业协作机制：研究CCUS源汇匹配、运输管网等基础设施规划与知识产权分享机制，责任分担和知识产权分享机制
10	26	中国清洁发展机制基金赠款项目管理办法	第二十六条 赠款项目取得的成果及产生的相关权益归国家所有，的知识产权按有关知识产权的法律、法规、规章和规范性文件执行
11	29	促进产业结构调整暂行规定	坚持以信息化带动工业化，鼓励运用高技术和先进适用技术改造提升制造业，提高自主知识产权、自主品牌和高端产品比重
12	30	公路水路交通节能中长期规划纲要	加强节能新技术、新产品、新工艺和新材料的研发，优先支持拥有自主知识产权的节能交通共性和关键技术和装备共性和关键技术和装备提升产业共性和关键技术和装备提升
13	31	关于进一步加大节能减排力度加快钢铁工业结构调整的若干意见	依托相关科技计划，引导和鼓励钢铁企业和科研机构围绕重大工程和战略需求进一步加大投入，加强新工艺、新技术、新产品研究，加强引进消化吸收再创新，加强前瞻性储备技术研究，尽快形成具有自主知识产权、适应未来国际竞争需要，支撑钢铁工业转型升级的核心关键技术和高附加值产品
14	33	"十二五"节能环保产业发展规划	完善以企业为主体的技术创新体系，立足原始创新、集成创新和引进消化吸收再创新，形成更多拥有自主知识产权的核心技术和具有国际品牌的产品，提升装备制造能力和水平，促进产业升级，形成节能环保产业发展新优势
15	34	节能与新能源汽车产业发展规划（2012~2020年）	推动企业实施商标品牌战略，加强知识产权的创造、运用、保护和管理，构建全产业链专利体系，提升产业竞争能力
16	35	新能源汽车产业技术创新工程财政奖励资金管理暂行办法	动力电池企业应掌握核心技术，并具有较强的知识产权，生产和售后服务保障能力，拥有电池单体的知识产权
17	36	关于印发半导体照明节能产业规划的通知	开展知识产权战略研究，探索建立知识产权预警机制和专利共享机制，建立和完善节能专利池

续表

序号	编号	政策名称	与"知识产权"相关的条文
18	41	国务院关于加强节能工作的决定	各级人民政府要把节能作为政府科技投入、推进高技术产业化的重点领域,支持科研单位和企业开发高效节能工艺、技术和产品,优先支持拥有自主知识产权的节能共性和关键技术示范,增强自主创新能力,解决技术瓶颈
19	47	能源发展"十二五"规划	研发具有自主知识产权的高容量储能系统,实现多能互补分布式供能系统关键装备的国产化。实现核心部件制造和系统集成

表19 政策工具"清洁发展机制项目"的分布

序号	编号	政策名称	与"清洁发展机制项目"相关的条文
1	1	中国应对气候变化国家方案	鼓励在煤矿瓦斯利用领域开展清洁发展机制项目合作等,进一步推动己二酸生产氧化亚氮及氢氟碳化物(HFCS)、全氟化碳(PFCS)和六氟化硫(SF6)等温室气体排放所需的资金和技术援助,提高排放控制水平,以减少各种温室气体的排放。有效利用中国清洁发展机制基金。根据《清洁发展机制项目运行管理办法》中的有关规定,中国政府对清洁发展机制项目收取一定比例的"温室气体减排量转让额",用于建立中国清洁发展机制基金,并通过基金的建立、管理中心支持气候变化领域的相关活动,提高适应中国清洁发展应对气候变化的能力,保障加强气候变化基础研究工作,缓解气候变化领域的资金领域的资金需求压力,都将起到积极的作用《国家方案》的有效实施
2	2	国务院关于应对气候变化工作情况的报告	制定并实施《中国应对气候变化国家方案》,积极开展清洁发展机制项目合作

续表

序号	编号	政策名称	与"清洁发展机制项目"相关的条文
3	8	"十二五"控制温室气体排放工作方案	按照《联合国气候变化框架公约》及其《京都议定书》的要求,及时编制和提交国家履约信息通报,继续推动清洁发展机制项目实施
4	13	清洁发展机制项目运行管理办法(2011修订)	全文
5	14	中国应对气候变化科技专项行动	清洁发展机制与碳交易制度。研究气候变化国际制度对全球碳市场的影响,研究与清洁发展机制相适应的国内政策与机制,研究以清洁发展机制为核心的中国清洁发展交易制度的发展方向及其内容
6	26	中国清洁发展机制基金赠款项目管理办法	全文
7	30	公路水路交通节能中长期规划纲要	探索清洁发展机制(CDM)等在交通领域的应用

表20 政策工具"奖励"的分布

序号	编号	政策名称	与"奖励"相关的条文
1	4	节能减排综合性工作方案	各级人民政府在财政预算中安排一定资金,采用补助、奖励等方式,支持节能减排重点工程、高效节能产品和节能新机制推广、节能管理能力建设及污染减排监管体系建设等
2	6	"十二五"节能减排综合性工作方案	中央财政统筹支持各地区淘汰落后产能工作,对经济欠发达地区通过增加转移支付加大支持和奖励力度
3	7	节能减排"十二五"规划	完善"以奖代补""以奖促淘""以奖促洽"以及采用财政补贴方式推广高效节能产品和合同能源管理支持机制,强化财政资金的引导作用
4	8	"十二五"控制温室气体排放工作方案	对控制温室气体排放工作实行同责奖惩。对作出突出贡献的单位和个人按国家有关规定给予表彰奖励

附录2 低碳政策工具分布表

续表

序号	编号	政策名称	与"奖励"相关的条文
5	10	循环经济促进法	第四十八条 县级以上人民政府及其有关部门应当对在循环经济管理、科学技术研究、产品开发、示范和推广工作中做出显著成绩的单位和个人，给予表彰和奖励。企事业单位应当对在循环经济发展中做出突出贡献的集体和个人给予表彰和奖励
6	12	清洁生产促进法（2012修正）	第三十条 国家建立清洁生产表彰奖励制度。对在清洁生产工作中做出显著成绩的单位和个人，由人民政府给予表彰和奖励
7	17	国家能源科技重大示范工程管理办法	第十九条 对在示范工程建设中有突出贡献的企业，国家投资、能源及相关部门在项目核准、考核评价、成果推广、表彰奖励以及标准化建设等方面给予优先支持
8	24	中央财政主要污染物减排专项资金管理暂行办法	第五条 建立主要污染物减排奖励机制。 （一）对超额完成国家确定的主要污染物减排指标的企业和地区予以奖励； （二）对积极开展排污权交易试点的企业和地区予以奖励。具体奖励办法由财政部会同环保总局另行制定
9	25	中国人民银行关于改进和加强节能环保领域金融服务工作的指导意见	按照"整体规划、分步实施"的原则，从企业环境违法信息起步，逐步将企业环保审批、环保认证、清洁生产审计、环保先进奖励等信息纳入企业征信系统
10	30	公路水路交通节能中长期规划纲要	各级交通部门要抓紧研究建立节能同责制和奖惩制度，制定具体的评价考核实施办法，重点评价相关政策措施的制定和落实情况
11	31	关于进一步加大节能减排力度加快钢铁工业结构调整的若干意见	中央财政要加大对钢铁工业淘汰落后产能的支持力度，将淘汰落后产能奖励资金与淘汰落后产能挂钩

续表

序号	编号	政策名称	与"奖励"相关的条文
12	33	"十二五"节能环保产业发展规划	安排中央财政节能减排和循环经济发展专项资金,采取补助、贴息、奖励等方式,支持节能减排重点工程和节能环保产业发展重点工程
13	34	节能与新能源汽车产业发展规划(2012~2020年)	研究基于汽车燃料消耗水平的奖惩政策,完善相关法律法规
14	35	新能源汽车产业技术创新工程财政奖励资金管理暂行办法	全文
15	37	关于加强内燃机工业节能减排的意见	对内燃机产品提前达到节能减排相关标准的企业、在企业技术改造、国家节能企业技术中心能力建设和科研开发等方面研究按照规定给予奖励
16	39	关于加快推行合同能源管理促进节能服务产业发展的意见	将合同能源管理项目纳入中央预算内投资和中央财政节能减排专项资金支持范围,对节能服务公司采用合同能源管理方式实施的节能改造项目,符合相关规定的,给予资金补助或奖励
17	40	节能中长期专项规划	目前在财税政策上对节能改造、节能设备研制和应用以及节能奖励等方面,支持的力度不够,没有建立有效的节能激励机制
18	41	国务院关于加强节能工作的决定	实行节能奖励制度。各地区、各部门对在节能管理、节能科学技术研究和推广工作中做出显著成绩的单位及个人要给予表彰和奖励。能源生产经营单位和用能单位要制定科学合理的节能奖励办法,结合本单位的实际情况,对节能工作中作出贡献的集体、个人给予表彰和奖励,节能奖励计入工资总额

续表

序号	编号	政策名称	与"奖励"相关的条文
19	42	国务院关于节约能源保护环境工作情况的报告	有关部门研究提出了对企业实施节能技术改造项目按节能量给予财政奖励的办法，发布了《中央财政主要污染物减排专项资金管理暂行办法》《关于改进和加强节能环保领域奖励资金管理办法》《关于加强节能环保金融服务工作的指导意见》。近期出台《财政节能技术改造奖励资金管理办法》，对企业节能技术改造项目按改造后实际形成的节能量给予奖励
20	43	节约能源法（2007修订）	第六十七条　各级人民政府对在节能管理、节能科学技术研究和推广应用中有显著成绩以及检举严重浪费能源行为的单位和个人，给予表彰和奖励
21	44	关于进一步加强节油节电工作的通知	对实施电机系统节能改造的项目，依据有关规定按取得的节能量予以奖励
22	45	公共机构节能条例	第九条　对在公共机构节能工作中做出显著成绩的单位和个人，按照国家有关规定给予表彰和奖励
23	46	民用建筑节能条例	第十条　对在民用建筑节能工作中做出显著成绩的单位和个人，按照国家有关规定给予表彰和奖励

表 21　政策工具"政府采购"的分布

序号	编号	政策名称	与"政府采购"相关的条文
1	1	中国应对气候变化国家方案	对生产或使用目录所列节能产品实行鼓励政策，并将节能产品纳入政府采购目录

续表

序号	编号	政策名称	与"政府采购"相关的条文
2	4	节能减排综合性工作方案	(四十五)加强政府机构节能和绿色采购。认真落实《节能产品政府采购实施意见》和《环境标志产品政府采购实施意见》,进一步完善政府采购节能和环境标志产品清单制度,不断扩大节能和环境标志产品采购范围。对空调机、计算机、打印机、显示器、复印机等办公设备和照明产品、用水器具,由同等优先采购改为强制采购高效节能、节水、环境标志产品,建立节能和环境标志产品政府采购评审体系和监督制度,保证节能和绿色采购工作落到实处
3	5	关于进一步加大工作力度确保实现"十一五"节能减排目标的通知	落实政府优先和强制采购节能产品制度,完善节能产品政府采购清单动态管理
4	6	"十一五"节能减排综合工作方案	推行政府绿色采购,完善强制采购和优先采购制度,研究实行节能环保服务政府采购
5	7	节能减排"十二五"规划	完善节能产品政府采购制度,扩大环境标志产品政府采购范围,完善促进节能环保服务的政府采购政策
6	8	"十二五"控制温室气体排放工作方案	(十九)发挥公共机构示范作用。各级国家机关、事业单位、团体组织等公共机构要垂范,加快设施低碳化改造,推进低碳理念进机关、校园、场馆和军营。逐步建立低碳产品政府采购认证制度,将低碳产品列入政府采购和优先采购清单。完善强制采购和优先采购制度,逐步提高低碳产品比重
7	10	循环经济促进法	第四十七条 国家实行有利于循环经济发展的政府采购政策。使用财政性资金进行采购的,应当优先采购有利于节能、节水、节材和保护环境的产品及再生产品
8	12	清洁生产促进法(2012修正)	第十六条 各级人民政府应当优先采购节能、节水、废物再生利用等有利于环境与资源保护的产品
9	22	可再生能源法(2009修正)	第十四条 国家实行可再生能源发电全额保障性收购制度

附录2 低碳政策工具分布表

续表

序号	编号	政策名称	与"政府采购"相关的条文
10	23	可再生能源发展基金征收使用管理暂行办法	第十六条 电网企业应按照《中华人民共和国可再生能源法》相关规定，全额收购其电网覆盖范围内符合技术标准的可再生能源并网发电项目的上网电量
11	27	关于建立政府强制采购节能产品制度的通知	全文
12	30	公路水路交通节能中长期规划纲要	推行政府节能采购，加大节能产品政府采购实施力度，带头使用节能产品、设备
13	34	节能与新能源汽车产业发展规划（2012~2020年）	发挥政府采购的导向作用，逐步扩大公共机构采购节能与新能源汽车的规模
14	36	关于印发半导体照明节能产业规划的通知	落实节能产品政府采购政策，政府机关和公共机构带头采用LED照明产品
15	40	节能中长期专项规划	制定《节能设备（产品）目录》，重点是终端用能设备，包括高效电动机、风机、水泵、变压器、家用电器、照明产品等，对生产或使用《目录》所列节能产品实行鼓励政策；将节能产品纳入政府采购目录
16	41	国务院关于加强节能工作的决定	采取措施大力推动政府节能采购，稳步推进公务车改革
17	42	国务院关于节约能源保护环境工作情况的报告	国务院办公厅发布了《关于建立政府强制采购节能产品制度的通知》，对部分节能产品由优先采购改为强制采购

209

续表

序号	编号	政策名称	与"政府采购"相关的条文
18	43	节约能源法（2007修订）	第六十四条 政府采购监督管理部门会同有关部门制定节能产品、设备政府采购名录，应当优先采购名录中的产品、设备
19	44	关于进一步加强节油节电工作的通知	把节能环保型汽车和清洁能源汽车列入政府采购清单，新购公务车应优先购买节能环保型汽车和清洁能源汽车
20	45	公共机构节能条例	第十八条 公共机构应当按照国家有关强制采购或者优先采购的规定，采购列入节能产品、设备政府采购名录和环境标志产品政府采购名录中的产品、设备，不得采购国家明令淘汰的用能产品、设备。第十九条 国务院和省级人民政府的政府采购监督管理部门应当会同同级有关部门将节能产品、设备列入政府采购名录，优先将取得节能产品认证证书的产品、设备列入政府采购名录。国务院和省级人民政府采购应当将节能产品、设备政府采购名录纳入政府集中采购目录。第三十八条 公共机构不执行节能采购和优先采购的规定，采购国家明令淘汰的用能产品、设备的，由政府采购监督管理部门责令改正；拒不改正的，予以通报，对直接负责的主管人员和其他直接责任人员依法给予处分，并予通报
21	47	能源发展"十二五"规划	加大高效节能技术产品推广力度，强化能效标识和节能产品认证制度，扩大节能产品政府采购，实施节能产品惠民工程

附录2 低碳政策工具分布表

表22 政策工具"重点用能单位节能管理"的分布

序号	编号	政策名称	与"重点用能单位节能管理"相关的条文
1	4	节能减排综合性工作方案	（二十五）强化重点用能单位节能减排管理。今年实现节能减排重点耗能企业节能1亿吨标准煤，"十一五"期间全国千家重点耗能企业节能1亿吨标准煤。加强对重点耗能企业节能减排工作的检查和指导，进一步落实节能减排目标责任，完善重点耗能企业计量和统计，组织开展节能减排设备和技术检测。编制节能与能源利用状况报告及公告制度，对未完成节能目标责任的企业，实行节能目标和能源利用状况报告及公告制度。今年要启动调整重点企业能耗与同行业能耗先进水平的差距，提高节能能源管理水平。中央企业要带头推进创建资源节约型企业活动，推广典型经验和做法
2	5	关于进一步加大工作力度确保实现"十一五"节能减排目标的通知	七、强化重点用能单位节能管理。加强用能管理，提高用能水平。"十一五"考核结果，强化目标责任，强化重点用能单位节能管理。省级节能主管部门要加强对年耗能5000吨标准煤以上重点用能单位的节能监管，落实节能目标和能源管理体系落实，推进完成"十一五"水平对标活动，开展节能管理师和能源管理师节能不放松，为完成本地区节能任务多节能活动，推进完成"十一五"节能任务的用能单位，要继续抓好节能投入，加强完成"十一五"节能贡献；尚未完成节能目标的国有重点用能单位和存在严重浪费能源资源的，任经营业绩考核管理，对完不成节能任务的中央企业都要采取有力措施，要发挥表率作用，任与企业负责人绩效薪酬紧密挂钩
3	6	"十二五"节能减排综合性工作方案	（十六）强化重点用能单位节能管理。依法加强年耗能万吨标准煤以上用能单位节能管理。开展万家企业节能低碳行动，实现节能2.5亿吨标准煤。落实企业节能责任，实行能效水平对标行动，建立健全企业能源管理体系，扩大能源管理师试点，开展能源审计，实行能源利用状况报告制度，加快万家企业节能改造，提高能源管理水平。地方节能主管部门每年组织对进入万家企业节能低碳行动的企业节能目标完成情况进行考核，强制进行能源审计，限期整改，公告考核结果。对未完成年度节能目标的企业，实行能耗等量或减量置换。中央企业要接受所在地区节能主管部门的监督，争当行业节能减排的排头兵

211

续表

序号	编号	政策名称	与"重点用能单位节能管理"相关的条文
4	7	节能减排"十二五"规划	依法加强重点用能单位节能管理
5	8	"十二五"控制温室气体排放工作方案	实施节能重点工程，加强重点用能单位节能管理，突出抓好工业、建筑、交通、公共机构等领域节能，加快节能技术开发推广应用
6	10	循环经济促进法	第十六条 国家对钢铁、有色金属、煤炭、电力、石油加工、化工、建材、建筑、造纸、印染等行业年综合能源消费量、用水量超过国家规定总量的重点企业，实行能耗、水耗的重点监督管理制度。重点能源消费单位的节能监督管理，依照《中华人民共和国节约能源法》的规定执行；重点用水单位的监督管理办法，由国务院循环经济发展综合管理部门会同国务院有关部门规定
7	32	工业转型升级规划（2011~2015年）	鼓励大型重点用能单位组建专业化节能服务公司，为本行业其他用能单位提供节能服务
8	40	节能中长期专项规划	（八）加强重点用电管理和监督。落实《重点用能单位节能管理办法》和《节约能源管理办法》，加强对年耗能一万吨标准煤以上重点耗能单位的节能管理和监督。组织对年耗能一万吨标准煤以上重点用能单位的监督检查和主要耗能设备、工艺系统的检测。定期公布重点能源利用状况监察检查和单位能源利用状况及对同类企业国内外同类产品单耗先进水平的比较情况，做好对重点用能单位能源管理人员的培训。重点用能单位应设立能源管理岗位，聘用符合条件的能源管理负责人，加强对本单位能源利用状况的监督检查，建立节能工作责任制，健全计量管理，能源统计和能源消耗分析制度，促进企业节能降耗上水平

212

续表

序号	编号	政策名称	与"重点用能单位节能管理"相关的条文
9	41	国务院关于加强节能工作的决定	强化重点耗能企业节能管理。重点耗能企业要建立严格的节能管理制度和有效的激励机制，进一步调动广大职工节能降耗的积极性。要强化基础工作，并加强监督检查，配备专职人员，将节能降耗的目标落实到车间、班组和个人，节能情况的跟踪，指导和监督。有关部门和地方各级人民政府要加强对重点能企业节能情况的跟踪，指导和监督。定期公布和监督重点耗能企业能源利用状况。其中，对实施千家企业节能行动的高耗能企业，发展改革委要与各相关省级人民政府和有关中央企业签订节能目标责任书，强化节能目标责任和考核
10	43	节约能源法（2007 修订）	第六节　重点用能单位节能 五十二条 五十三条 五十四条 五十五条
11	44	关于进一步加强节油节电工作的通知	（二）加强重点用油用电单位管理。各地区节能主管部门要加强年耗油1000吨以上、年用电500万千瓦时以上重点用油用电单位的管理。重点用油用电单位必须按要求配备相应的计量测试装置，监控用能情况，严格能源计量数据管理。组织开展对主要耗电单位电平衡测试，实施用电实时在线监测，对高耗能单位要及时采取改进措施。石油、发电企业和输配电企业要努力降低石油、电力自用率，减少石油、电力损耗

213

表 23 政策工具"财政补贴"的分布

序号	编号	政策名称	与"财政补贴"相关的条文
1	2	国务院关于应对气候变化工作情况的报告	实施了"节能产品惠民工程",对高效节能空调、电视机、冰箱等10大类产品给予财政补贴,安排财政资金鼓励汽车、家电"以旧换新",采用财政补贴方式推广高效照明产品
2	4	节能减排综合性工作方案	今年着力抓好新建建筑施工阶段执行能耗限额标准的监管工作,北方地区地级以上城市完成采暖费补贴"暗补"变"明补",能源审计、能效公示、能耗定额制度,范围扩大到大型公共建筑能耗统计。严格实施国家第三阶段机动车污染物排放标准,继续实行财实现节能1250万吨标准煤,加快老旧汽车报废更新和船舶污染物排放标准,有条件的地方要适当提高排放标准,政补贴政策,加快老旧汽车报废更新
3	6	"十二五"节能减排综合性工作方案	深化"以奖代补""以奖促治",以及采用财政补贴方式推广高效节能家用电器、照明产品、节能汽车、高效电机产品等支持机制
4	7	节能减排"十二五"规划	完善"以奖代补""以奖促治",以及采用财政补贴方式推广节能产品和合同能源管理等支持机制,强化财政资金的引导作用
5	22	可再生能源法(2009修正)	第二十二条 国家投资或者补贴建设的公共可再生能源独立电力系统的销售电价,执行同一地区分类销售电价,其合理的运行和管理费用超出销售电价的部分,依照本法第二十条的规定补偿
6	23	可再生能源发展基金征收使用管理暂行办法	执行当地分类销售电价,且由国家投资或者补贴建设的公共可再生能源独立电力系统,其合理的运行和管理费用超出销售电价的部分
7	28	高效节能产品推广财政补助资金管理暂行办法	采取财政补贴方式,加快高效节能产品的推广
8	30	公路水路交通节能中长期规划纲要	争取相关税收优惠支持和财政补贴政策
9	34	节能与新能源汽车产业发展规划(2012~2020年)	在大中型城市扩大公共服务领域新能源汽车示范推广范围,开展私人购买新能源汽车补贴试点,重点在国家确定的试点城市集中开展新能源汽车产品性能验证及生产使用,售后服务、电池回收利用的综合评价。对公共服务领域节能与新能源汽车示范、私人购买新能源汽车试点给予补贴,鼓励消费者购买和使用节能汽车

附录2 低碳政策工具分布表

续表

序号	编号	政策名称	与"财政补贴"相关的条文
10	36	关于印发半导体照明节能产业规划的通知	逐步扩大财政补贴推广力度，适时将球泡灯等量大面广、技术成熟的LED照明产品纳入补贴范围
11	37	关于加强内燃机工业节能减排的意见	在乘用车节能惠民补贴、农机工业财政补贴等政策的基础上
12	41	国务院关于加强节能工作的决定	加快城镇供热商品化、货币化，将采暖补贴由"暗补"变"明补"
13	43	节约能源法（2007修订）	第六十一条 国家对生产、使用列入本法第五十八条规定的推广目录的需要支持的节能技术、节能产品，实行税收优惠等扶持政策
14	44	关于进一步加强节油节电工作的通知	城市人民政府要加大对公共交通的投入和补贴力度，降低公共交通运行费用，吸引、鼓励更多群众选乘公共交通工具出行。加大利用财政补贴推广高效照明产品的力度，2008年要推广高效照明产品5000万支以上，在确保"十一五"推广高效照明产品1.5亿支的基础上，进一步扩大高效照明产品规模
15	48	2013年工业节能与绿色发展专项行动实施方案	充分利用中央财政节能产品惠民工程高效电机（风机、泵、压缩机等）高效电机（风机、泵、压缩机）3000万千瓦财政补贴政策，力争全年推广高效电机等

表24 政策工具"高能耗淘汰制"的分布

序号	编号	政策名称	与"高能耗淘汰制"相关的条文
1	1	中国应对气候变化国家方案	健全强制淘汰高耗能、落后工艺、技术和设备的制度，依法淘汰落后的耗能过高的用能产品、设备

215

续表

序号	编号	政策名称	与"高能耗淘汰制"相关的条文
2	9	国家环境保护"十一五"规划	依据国家产业政策和环保法规，加大淘汰污染严重的落后工艺、设备和企业的力度
3	10	循环经济促进法	第十八条 国务院循环经济发展综合管理部门会同国务院环境保护等有关主管部门，定期发布鼓励、限制和淘汰名录的技术、工艺、设备、材料和产品名录。禁止生产、进口、销售列入淘汰名录的技术、工艺、设备、材料和产品，禁止使用列入淘汰名录的技术、工艺、设备和材料
4	29	促进产业结构调整暂行规定	对消耗高，污染重，危及安全生产，技术落后的工艺和产品实施强制淘汰制度
5	37	关于加强内燃机工业节能减排的意见	严格执行淘汰落后产品制度，制定落后内燃机产品评价规范和淘汰产品目录，加快淘汰高耗能、高排放内燃机产品
6	40	节能中长期专项规划	电力工业。采用先进的输、变、配电技术和设备，逐步淘汰能耗高的老旧设备，降低输、变、配电损耗。钢铁工业。加快淘汰落后工艺和设备，提高新建、改扩建工程的能耗准入标准。国家对落后的耗能过高的用能产品、设备实行淘汰制度，节能主管部门定期公布淘汰的用能产品、设备目录，不能出厂销售或不准开工建设，对生产、销售淘汰的国家明令淘汰使用的耗能过高的用能产品、设备的，加大惩罚力度
7	41	国务院关于加强节能工作的决定	严格控制新开工高耗能行业过快增长，把能耗标准作为项目核准和备案的强制性门槛，遏制高耗能落后生产能力盲目扩张。对企业搬迁改造严格准入管理。加快淘汰落后生产能力、工艺、技术和设备，不按期淘汰予以关闭。地方各级人民政府有关部门要依法责令其停产或予以关闭，依法吊销许可证和停止供电，属实行生产许可证管理的，依法吊销生产许可证

续表

序号	编号	政策名称	与"高能耗淘汰制"相关的条文
8	43	节约能源法（2007修订）	第七十一条 使用国家明令淘汰的用能设备或者生产工艺的，由管理节能工作的部门责令停止使用；没收国家明令淘汰的用能设备，情节严重的，可以由管理节能工作的部门提出意见，报请本级人民政府按照国务院规定的权限责令停业整顿或者关闭
9	44	关于进一步加强节油节电工作的通知	一是严格执行车辆淘汰制度。加大支持力度，加快淘汰老旧汽车。直辖市，计划单列市和有条件的省会城市老旧公交客车报废期要在额定标准基础上提前2~3年。加快高油耗省、货车退出道路营运市场步伐，力争到2013年年底前实现全部营运车辆达到燃料消耗量限值标准

表25 政策工具"产学研结合"的分布

序号	编号	政策名称	与"产学研结合"相关的条文
1	4	节能减排综合性工作方案	优化节能减排技术创新与转化的政策环境，加强资源环境高技术领域创新团队和研发基地建设，推动建立以企业为主体、市场为导向、产学研相结合的节能减排技术成果转化体系
2	7	节能减排"十二五"规划	加强政府指导，推动建立以企业为主体、市场为导向、多种形式的产学研战略联盟，鼓励企业加大研发投入
3	16	节能减排全民科技行动方案	推动建立以企业为主体、产学研相结合的节能减排技术服务体系
4	18	"十二五"国家碳捕集利用与封存科技专项规划	以企业为技术创新主体，建立产学研合和产业联合创新机制，集成和融合创新领域中的引领作用，注重发挥高等院校和科研院所在创新跨行业优势力量，培养CCUS技术人才，全面提升CCUS技术创新能力

217

续表

序号	编号	政策名称	与"产学研结合"相关的条文
5	29	促进产业结构调整暂行规定	把增强自主创新能力作为调整产业结构的中心环节，市场为导向，产学研相结合的技术创新体系，大力提高原始创新能力，集成创新能力和引进消化吸收再创新能力，提升产业整体技术水平
6	34	节能与新能源汽车产业发展规划（2012~2020年）	增强化企业技术创新能力是培育和发展节能与新能源汽车产业的中心环节，要强化企业在技术创新中的主体地位，引导创新要素向优势企业集聚，通过国家科技计划、专项等渠道加大支持力度，突破关键核心技术，完善以企业为主体、市场为导向、产学研用相结合的技术创新体系，提升产业竞争力
7	35	新能源汽车产业技术创新工程财政奖励资金管理暂行办法	鼓励开展产学研联合技术攻关
8	36	关于印发半导体照明节能产业规划的通知	加强公共研发平台建设，建立以企业为主体、产学研紧密结合的技术创新体系
9	37	关于加强内燃机工业节能减排的意见	通过国家科技计划（专项）等渠道加大对内燃机工业技术改造投入力度，加快实施内燃机工业节能减排重点工程，企业技术研究中心能力建设，推动建设一批内燃机工业国家工程研究中心，强化跨部门、跨行业产学研合作的结合，提高节能减排技术研发平台建设，加快节能减排关键核心技术
10	42	国务院关于节约能源保护环境工作情况的报告	组建一批国家工程技术研究中心和国家重点实验室，推动产学研相结合的节能减排技术开发平台建设，加快节能减排技术产业化示范和推广

表 26 政策工具"节能产品惠民工程"的分布

序号	编号	政策名称	与"节能产品惠民工程"相关的条文
1	2	国务院关于应对气候变化工作情况的报告	实施了"节能产品惠民工程"，对高效节能汽车、电视机、空调、冰箱等10大类产品给予财政补贴，安排财政资金鼓励推广"以旧换新"、采用财政补贴方式推广高效照明产品

附录2 低碳政策工具分布表

续表

序号	编号	政策名称	与"节能产品惠民工程"相关的条文
2	5	关于进一步加大工作力度确保实现"十一五"节能减排目标的通知	继续实施"节能产品惠民工程",在加大高效节能空调推广的基础上,全面推广节能汽车、节能电机等产品,继续做好新能源汽车示范推广
3	6	"十二五"节能减排综合性工作方案	实施节能技术产业化示范工程、节能产品惠民工程、合同能源管理推广工程和节能能力建设工程
4	7	节能减排"十二五"规划	(二)节能产品惠民工程。加大高效节能产品推广力度。民用领域重点推广高效照明产品、节能家用电器、节能与新能源汽车等,商用领域重点推广单元式空调器等,工业领域重点推广高效电动机等,产品能效水平提高10%以上,市场占有率提高到50%以上。完善节能产品惠民工程实施机制,扩大实施范围,健全组织管理体系,强化监督检查。"十二五"时期形成1000亿千瓦时的节电能力
5	28	高效节能产品推广财政补助资金管理暂行办法	全文
6	34	节能与新能源汽车产业发展规划(2012~2020年)	研究实行新能源汽车停车费减免、充电费优惠等扶持政策
7	36	关于印发半导体照明节能产业规划的通知	完善节能产品惠民工程实施机制,扩大实施范围
8	37	关于加强内燃机工业节能减排的意见	在乘用车节能惠民补贴、农机工业财政补贴等政策的基础上,研究制定推广节能环保型商用车的财政扶持政策,带动高效内燃机的发展

219

续表

序号	编号	政策名称	与"节能产品惠民工程"相关的条文
9	47	能源发展"十二五"规划	加大高效节能技术产品推广力度，强化能效标识和节能产品认证制度，扩大节能产品政府采购，实施节能产品惠民工程
10	48	2013年工业节能与绿色发展专项行动实施方案	利用节能产品惠民工程政策支持，推广高效电机及电机系统

表 27　政策工具"技术标准"的分布

序号	编号	政策名称	与"技术标准"相关的条文
1	1	中国应对气候变化国家方案	通过制定研究开发绿色船舶技术标准，加速淘汰老旧船舶；采用新船型和先进动力系统。重点研究开发绿色建筑设计技术，建筑节能技术与设备，可再生能源技术与装置，节能建材与绿色建材，建筑节能一体化应用技术，建筑节能技术标准，建造和绿色建筑施工技术和标准，既有建筑节能改造技术和标准
2	18	"十二五"国家碳捕集利用与封存科技专项规划	严格把握CCUS示范项目的安全性指标，探索建立适合我国国情的CCUS技术标准与规范体系
3	19	可再生能源建筑应用专项资金管理暂行办法	财政部和建设部根据推进可再生能源建筑应用的需要，对可再生能源建筑应用共性关键技术集成及示范推广，能效检测、标识、技术规范标准验证及完善等项目，组织相关单位编写项目建议书，通过专家评审确定项目和项目承担单位

续表

序号	编号	政策名称	与"技术标准"相关的条文
4	22	可再生能源法（2009修订）	第十一条 国务院标准化行政主管部门应当制定、公布国家可再生能源电力的并网技术标准和其他需要在全国范围内统一技术要求的国家标准。对前款规定的国家标准中未作规定的技术要求，国务院有关部门可以制定相关的行业标准，并报国务院标准化行政主管部门备案
5	23	可再生能源发展基金征收使用管理暂行办法	第十六条 电网企业应按照《中华人民共和国可再生能源法》相关规定，全额收购其电网覆盖范围内符合并网技术标准的可再生能源并网发电项目的上网电量
6	29	促进产业结构调整暂行规定	增强自主创新能力，努力掌握核心技术和关键技术，大力开发对经济社会发展具有重大带动作用的高新技术，支持开发重大产业技术，制定重要技术标准，构建自主创新的技术基础，加快高技术产业从加工装配为主向自主研发制造延伸
7	30	公路水路交通节能中长期规划纲要	制定汽车节能驾驶技术标准规范，编制培训教材和操作指南，积极推广模拟驾驶，强化公路运输企业节能驾驶的培训力度，全面提升汽车驾驶员的节能意识与素质
8	34	节能与新能源汽车产业发展规划（2012~2020年）	建立起有效的节能与新能源汽车企业和产品相关管理制度，构建市场营销、售后服务及动力电池回收利用体系，完善扶持政策，形成比较完备的技术标准和管理规范体系
9	37	关于加强内燃机工业节能减排的意见	制定节能环保型内燃机产品技术标准，明确燃油消耗率及污染物排放技术标准、规范节能型产品分类，研究制定替代燃料内燃机产品技术标准和内燃机再制造工艺技术、产品质量、生产管理等标准，对替代燃料内燃机和再制造产品发展进行规范
10	47	能源发展"十二五"规划	制定智能电网技术标准

表28 政策工具"共性关键技术研发与示范推广"的分布

序号	编号	政策名称	与"共性关键技术研发与示范推广"相关的条文
1	1	中国应对气候变化国家方案	加大对气候变化相关科技工作的组织协调和投入力度,加快减缓和适应气候变化领域重大技术的研发、示范和推广
2	2	国务院关于应对气候变化工作情况的报告	实施了一批节能减排重点行业共性和关键及重大技术装备示范项目,重点在钢铁、有色等高耗能行业推广了一批节能、应用面广的重大节能减排技术
3	3	全国人大常委会关于积极应对气候变化的决议	加快应对气候变化领域重大技术特别是节能和提高能效、洁净煤、可再生能源、核能及相关低碳等技术的研发和推广,探索发展碳捕获及其封存、利用技术,注重相关领域先进技术的引进、消化、吸收和再创新
4	4	节能减排综合性工作方案	实施一批共性和行业重大技术产业化重大专项范项目和循环经济高技术产业化示范项目,关键技术及重大技术产业化示
5	5	"十二五"节能减排综合性工作方案	七、加快节能减排技术开发和关键技术应用 (二十九)加大节能减排共性和关键技术研发。 (三十)加快节能减排技术产业化示范。 (三十一)加快节能技术推广应用
6	7	节能减排"十二五"规划	(四)节能技术产业化示范工程。示范推广低品位余能利用、高效环保煤粉工业锅炉、稀土永磁电机、新能源汽车、半导体照明、太阳能光伏发电、零排放和产业链接等一批重大、关键节能技术。建立节能技术评价认定体系,形成和应用节能技术分类遴选、示范推广的动态管理机制。对节能效果好、应用前景广阔的关键产品或核心部件组织规模化生产,提高其节能制造、系统集成和自主知识产权能力。"十二五"时期以上重大节能技术、系统技术,培育一批拥有自主知识产权和关键核心部件自主品牌,具有核心竞争力,世界领先的节能产品制造企业,形成1500万吨标准煤的节能能力

续表

序号	编号	政策名称	相关的条文
7	8	"十二五"控制温室气体排放工作方案	（二十四）强化科技支撑。加强控制温室气体排放基础研究。统筹技术研发和项目建设，在重点行业和重点领域实施低碳技术创新及产业化示范工程。重点发展适用的低碳建材、低碳交通、绿色照明、煤炭清洁高效利用等低碳技术；开发高性价比太阳能光伏电池发电、太阳能建筑一体化及绿色大功率风能发电，新能源汽车和储电技术，天然气分布式能源，地热发电、海洋能发电，智能电网、碳捕集、利用和封存等新技术，推进低碳关键技术产业化；具有自主知识产权的低碳工程中心建设。完善低碳技术成果转化机制，编制低碳技术推广目录，实施低碳技术推广示范项目。依托科研院所、高校和企业建立低碳技术孵化器、中介服务机构
8	10	循环经济促进法	第四十二条 国务院和省、自治区、直辖市人民政府、循环经济经济的有关专项资金，支持循环经济科技研究开发、循环经济技术和产品的示范与推广、重大循环经济项目的实施，发展循环经济的信息服务等。具体办法由国务院财政部门会同国务院循环经济发展综合管理部门等有关主管部门制定
9	11	关于在国家生态工业示范园区中加强发展低碳经济的通知	在低碳技术研究开发中，充分利用生态工业园区中大中型企业和科研院所的技术研发能力，开展再生能源技术、节能技术等有利于促进低碳经济发展实现碳减排技术，清洁煤利用技术、低碳管理技术等有利于促进低碳经济发展实现碳减排企业孵化器，推动低碳技术的产业化开发。在园区层面建立低碳示范
10	12	清洁生产促进法（2012修订）	第十四条 县级以上人民政府科学技术部门和其他有关部门，应当指导和支持清洁生产技术和有利于环境保护的产品的研究、开发以及清洁生产技术的示范和推广工作

续表

序号	编号	政策名称	与"共性关键技术研发与示范推广"相关的条文
11	15	"十二五"国家应对气候变化科技发展专项规划	以发展循环经济利用和提高能源利用率为原则，以工业、建筑、交通等主要耗能领域的单项技术，系统集成技术以及共性关键技术为重点，研究开发高耗能行业的能源梯级综合利用技术，工业余能余热高效利用技术，建筑与基础设施节能技术，交通运输工具的节能新能源利用技术
12	16	节能减排全民科技行动方案	以高能耗、重污染企业的节能减排为重点，应用面广、节能减排潜力大，应用的关键技术，建设一批具有自主知识产权、企业和产业化示范基地，研发一批面向广的关键技术，建设一批节能减排科技试点
13	17	国家能源科技重大示范工程管理办法	全文
14	18	"十二五"国家碳捕集利用与封存科技专项规划	加强跨行业、跨领域合作，推动关键共性技术的联合攻关和大规模全流程的CCUS技术示范工程建设
15	19	可再生能源建筑应用专项资金管理暂行办法	第十条 财政部和建设部根据推进可再生能源建筑应用的需要，对可再生能源建筑应用共性关键技术集成及示范推广，能效检测、标识，技术规范标准验证及完善项目，组织相关单位编写项目建议书，通过专家评审确定项目和项目承担单位
16	22	可再生能源法（2009修订）	第二十四条 国家财政设立可再生能源发展基金，资金来源包括国家财政年度安排的专项资金和依法征收的可再生能源电价附加收入等。第二十条、第二十二条规定的差额费用，并用于支持以下事项： （一）可再生能源开发利用的科学技术研究、标准制定和示范工程

224

附录2 低碳政策工具分布表

续表

序号	编号	政策名称	与"共性关键技术研发与示范推广"相关的条文
17	23	可再生能源发展基金征收使用管理暂行办法	第十四条 可再生能源发展基金用于支持可再生能源发电和可再生能源开发利用活动：（一）可再生能源发展专项资金主要用于支持以下可再生能源开发利用活动：1. 可再生能源开发利用的科学技术研究、标准制定和示范工程
18	30	公路水路交通节能中长期规划纲要	将重大交通节能技术列入交通行业中长期科技发展规划及相关科技发展计划，安排一批节能重大技术项目，改攻一批节能共性、关键和前沿技术
19	32	工业转型升级规划（2011~2015年）	加强共性关键技术研发及推广，关键技术开展共性、关键清洁生产技术应用示范，推进大宗工业固体废物规模化增值利用。在重点行业开展共性、关键清洁生产技术应用示范，推动实施一批重大清洁生产技术改造项目
20	35	新能源汽车产业技术创新工程财政奖励资金管理暂行办法	第二条 奖励资金安排和使用将坚持"集中投入、重点突破"的原则，重点支持全新设计开发的新能源汽车车型及关键零部件。全新设计开发的新能源汽车车型由整车企业牵头，电控零部件企业和有关研发单位，形成产学研创新团队，进行联合设计攻关；关键零部件主要指动力电池、电池管理系统、电机、电控及其关键材料、生产工艺、制造装备的研究开发等
21	36	关于印发半导体照明节能产业规划的通知	推进LED照明技术创新，突破核心关键技术，解决共性技术问题，促进企业转型和产业升级，带动相关产业协调发展
22	37	关于加强内燃机工业节能减排的意见	重点开展电控燃油喷射系统关键技术的研发和产业化应用，加强和改善喷油器总成、电控执行器、机压传感器、电控单元生产的质量控制，提高增压器制造水平及其自主研发能力，掌握可变几何截面涡轮、可调多级增压、汽油机增压器、增压器轻量化等关键技术

225

续表

序号	编号	政策名称	与"共性关键技术研发与示范推广"相关的条文
23	38	关于有色金属工业节能减排的指导意见	（二）加强节能减排与资源综合利用关键技术研发。（三）推动节能减排先进适用技术应用示范。大力支持赤泥生产新型建筑材料技术、赤泥制备路基固结材料技术、低成本赤泥脱碱综合利用技术等综合利用共性关键技术研发攻关和产业化示范
24	40	节能中长期专项规划	组织对共性、关键和前沿节能技术的科研开发，实施重大节能示范工程，促进节能技术产业化
25	41	国务院关于加强节能工作的决定	（十六）加快推进节能技术、产品研发和推广应用。各级人民政府要把节能作为政府科技投入、推进高技术产业化的重点领域，优先支持拥有自主知识产权的节能共性和关键节能工艺、技术和产品。采取多种方式加快节能关键技术示范，增强自主创新能力，解决技术瓶颈。有条件的地方可对达到超前能效标准，经过认证的节能产品给予适当的财政支持，引导消费者使用。落实产品质量国家免检制度，鼓励高效节能产品生产企业做大做强。有关部门要制定和发布节能技术政策，组织行业共性技术的推广
26	42	国务院关于节约能源保护环境工作情况的报告	通过"863"计划、"973"计划、科技支撑计划、国家科技计划和基金、国家自然科学基金等国家科技计划相关科研工作对支持作为支持重点，支持一批节能减排关键技术和共性技术
27	43	节约能源法（2007修订）	第八条 国家鼓励、支持节能科学技术的研究、开发、示范和推广，促进节能技术创新与进步
28	48	2013年工业节能与绿色发展专项行动实施方案	开展重大应用技术成果鉴定，组织开展应用示范

附录2 低碳政策工具分布表

表29 政策工具"国际科技合作"的分布

序号	编号	政策名称	与"国际科技合作"相关的条文
1	1	中国应对气候变化国家方案	中国将积极参与《气候公约》谈判和政府间气候变化专门委员会的相关活动,进一步加强气候变化领域的国际合作,积极推进在清洁发展机制、技术转让等方面的合作,与国际社会一道共同应对气候变化带来的挑战
2	4	节能减排综合性工作方案	(二十一)加强国际交流合作。广泛开展节能减排国际合作,与有关国际组织和国家建立节能环保国际合作机制,不断拓宽节能环保领域合作范围
3	9	国家环境保护"十一五"规划	引进国外资金、技术和管理经验,提高我国环保技术和管理水平。推动我国环保设备和技术走向国际市场,加强引进国外先进节能环保技术,积极推进节能环保自主创新能力,积极推进温室气体排放的领域和技术转让
4	14	中国应对气候变化科技专项行动	(六)充分利用全球资源,加强国际科技合作,促进国际技术转让
5	15	"十二五"国家应对气候变化科技发展专项规划	(四)国际科技合作 1. 参与主要国际组织及国际研究计划。 2. 开展具有中国特色的区域性气候变化国际合作研究。 3. 基础科学及观测领域的合作。 4. 减缓和适应关键技术的引进消化吸收再创新及联合研发。 5. 国际科技援助及南南科技合作。
6	16	节能减排全民科技行动方案	(五)积极开展节能减排国际交流合作。建立多边、双边等形式的节能减排国际合作机制,积极引进国外先进的技术、成熟的做法和经验,积极组织实施相关国际合作项目,不断拓宽节能环保国际合作的领域和范围

续表

序号	编号	政策名称	与"国际科技合作"相关的条文
7	18	"十二五"国家碳捕集利用与封存科技专项规划	（三）强化国际科技合作 把握国际CCUS技术发展趋势，积极开展CCUS国际科技合作，将CCUS技术纳入多边、双边国际科技合作，推动建立国际前沿水平的国际合作平台；基于国际视野推动我国CCUS技术研发和国际国际先进技术的引进、消化和再创新，统筹推动我国CCUS技术创新体系跨越发展
8	30	公路水路交通节能中长期规划纲要	加强交通技术国际交流与合作。开展多层次、多领域、多种方式的交通节能技术国际交流与合作，拓展合作领域，广泛利用国际资源。积极举办国际交通节能新技术与产品博览会，推动国际合作项目的组织实施，吸收借鉴国际领域先进经验，加大国外交通领域节能技术、产品的引进，消化吸收和再创新，加快发展具有自主知识产权的交通节能技术和产品
9	34	节能与新能源汽车产业发展规划（2012~2020年）	充分利用全球创新资源，深层次开展国际科技合作与交流，探索合作新模式
10	36	关于印发半导体照明节能产业规划的通知	（五）深化国际与区域合作。大力实施绿色照明工程，充分利用政府间在节能环保领域的多边、双边合作，并不断拓展合作的领域和范围。开展技术交流与产业合作，应用示范、标准检测、产业化等方面的实质性合作
11	42	国务院关于节约能源保护环境工作情况的报告	广泛开展节能减排国际科技合作，积极引进国外先进节能技术和管理经验

228

附录2　低碳政策工具分布表

表30　政策工具"节能环保标准体系建设"的分布

序号	编号	政策名称	与"节能环保标准体系建设"相关的条文
1	1	中国应对气候变化国家方案	制定和完善主要工业耗能设备、家用电器、照明器具、机动车等能效标准，修订和完善主要耗能行业节能设计规范，建筑节能标准，加快制定建筑物制冷、采暖温度控制标准等
2	4	节能减排综合性工作方案	（三十二）完善节能和环保标准。研究制订高耗能产品能耗限额强制性国家标准，各地区要抓紧研究制订本地区主要耗能产品和大型公共建筑能耗限额标准。今年要组织制订粗钢、水泥、火电、烧碱、铝等22项高耗能产品能耗限额等5项交通工具燃料消耗量限值标准。制（修）订36项节能认证产品目录认证和再利用等标准。组织制（修）订电力变压器、静电复印机、变频空调、商用电冰箱等终端用能产品（设备）能效标准。制订重点耗能企业节能标准体系编制通则，指导和规范企业节能工作
3	5	关于进一步加大工作力度确保实现"十一五"节能减排目标的通知	完善单位产品能耗限额标准、用能产品能效标准、建筑能耗标准等
4	6	"十二五"节能减排综合性工作方案	（四十六）加快节能环保标准体系建设。加快制（修）订重点行业单位产品能耗限额、产品能效和污染物排放等强制性国家标准，以及建筑节能和设计规范、提高准入门槛，制定汽车及装备标准。制（修）订轻型汽车燃油消耗量标准，低速汽车排放标准，颁布实施第四、第五阶段车用燃油车排放标准。建立满足氢氨、氨氧化物控制目标要求的排放标准。鼓励地方依法制定更加严格的节能环保地方标准

229

续表

序号	编号	政策名称	与"节能环保标准体系建设"相关的条文
5	7	节能减排"十二五"规划	加快节能环保标准体系建设，扩大标准覆盖面，提高准入门槛。组织制修订粗钢、铁合金、焦炭、多晶硅、纯碱等50余项高耗能产品强制性能耗限额标准，高压三相异步电动机、平板电视机等40余项终端用能产品能效标准，制定钢铁、水泥等行业质量标准。加快节能和环保产品及装备标准。完善环境管理体系标准。加快重点行业污染物排放标准，加强标准实施的后评估工作，根据环境目标要求制定实施污染物控制目标的制修订工作，根据氮氧化物控制目标
6	9	国家环境保护"十一五"规划	以占工业二氧化硫排放量65%以上的国控重点污染源为重点，严格执行大气污染物排放标准和总量控制制度，加快推行排污许可证制度。环境监督标准化：省级全部达到一级标准，市（地）级达到二级标准的比例不低于90%，区县级达到三级标准的比例不低于70%
7	12	清洁生产促进法（2012修订）	第十三条 国务院有关部门可以根据需要批准设立节能、节水、废物再生利用等环境与资源保护方面的产品标志，并按照国家规定制定相应标准
8	17	国家能源科技重大示范工程管理办法	第十九条 对在示范工程建设中有突出贡献的企业、国家投资、国家相关部门在项目核准、考核评价、成果推广、表彰奖励以及标准化建设等方面给予优先支持
9	32	工业转型升级规划（2011~2015年）	完善重点行业技术标准和技术规范，加快健全能源资源消耗、污染物排放、质量安全、生产安全、职业危害等方面的强制性标准
10	33	"十二五"节能环保产业发展规划	健全有效的激励和约束机制，完善价格、财税、金融、土地等政策，形成本投向节能环保产业节能环保法规和标准，引导和鼓励社会资本投向节能环保产业市场的有效需求

续表

序号	编号	政策名称	与"节能环保标准体系建设"相关的条文
11	40	节能中长期专项规划	二是制定和实施强制性、超前性能效标准。包括主要工业耗能设备、家用电器、照明器具、机动车等能效标准。组织修订和完善主要耗能行业节能设计规范、建筑节能标准，加快制定建筑物限值标准，采暖温度控制标准等。当前阶段实施，起草重点是加快制定机动车燃油经济性标准，同时建立和实施机动车燃油经济性申报、标识、公布三项制度
12	41	国务院关于加强节能工作的决定	加快组织制定和完善主要耗能行业能耗准入标准、节能设计规范，照明电器、建筑、家用电器、机动车、各地区要研究制定本地区主要耗能产品和大型公共建筑能耗限额标准以及公共建筑能耗运行能耗单位建筑公共建筑物的标准。
13	42	国务院关于节约能源保护环境工作情况的报告	国务院办公厅下发文件，要求严格执行夏、冬季公用建筑空调温度控制标准。有关部门提出了"十一五"和今年制（修）订能耗和有机污染物排放新的标准工作方案，起草了有色、钢铁、衣药、造纸等行业污染物排放新的标准
14	43	节约能源法（2007修订）	第十三条 国务院标准化主管部门和国务院有关部门依法组织制定并适时修订有关节能的国家标准、行业标准，建立健全节能标准体系。国务院标准化主管部门会同国务院管理节能工作的部门和国务院有关部门制定强制性的用能产品、设备能源效率标准和生产过程中能耗高的产品的单位产品能耗限额标准。国家鼓励企业制定严于国家标准、行业标准的企业节能标准。行业标准严于国家标准的地方节能标准，由省、自治区、直辖市制定严于国家标准、行业标准的地方节能标准，由省、自治区、直辖市人民政府报经国务院批准，本法另有规定的除外

231

续表

序号	编号	政策名称	与"节能环保标准体系建设"相关的条文
15	44	关于进一步加强节油节电工作的通知	第九条 财政补助的高效节能产品必须符合以下条件：（一）符合能源效率国家标准规定，质量性能符合相关国家标准要求，能源效率等级为1级或2级，其他高效节能产品推广补助标准主要根据节能产品与同类普通产品成本差异的一定比例确定。具体标准在相应实施细则中明确。第十一条 加强能源行业技术、装备、能效等标准体系建设，建立健全可再生能源和分布式能源发电并网标准
16	47	能源发展"十二五"规划	

表31 政策工具"环境污染责任保险"的分布

序号	编号	政策名称	与"环境污染责任保险"相关的条文
1	4	节能减排综合性工作方案	研究建立环境污染责任保险制度
2	5	关于进一步加大工作力度确保实现"十一五"节能减排目标的通知	开展环境污染责任保险
3	6	"十二五"节能减排综合性工作方案	推行环境污染责任保险，重点区域涉重金属企业应当购买环境污染责任保险
4	7	节能减排"十二五"规划	推行重点区域涉重金属企业环境污染责任保险
5	9	国家环境保护"十一五"规划	探索建立环境责任保险和环境污染风险投资
6	42	国务院关于节约能源保护环境工作情况的报告	研究建立环境污染责任保险制度

附录2 低碳政策工具分布表

表 32 政策工具"节能服务体系建设"的分布

序号	编号	政策名称	与"节能服务体系建设"相关的条文
1	4	节能减排综合性工作方案	（十九）加快建立节能技术服务体系。制订出台《关于加快发展节能服务产业的指导意见》，促进节能服务产业发展。培育节能服务市场，加快推行合同能源管理，重点支持专业化节能服务公司为企业实施节能改造等支持办公楼、公共设施和学校实施节能改造提供节能诊断、设计、融资、改造、运行管理一条龙服务
2	5	关于进一步加大工作力度确保实现"十一五"节能减排目标的通知	有关部门要在6月中旬前出台加快推行合同能源管理、促进节能服务产业发展的相关配套政策，对节能服务公司为企业实施节能改造等给予支持
3	7	节能减排"十二五"规划	引导节能服务公司加强技术研发，服务创新，人才培养和品牌建设，提高融资能力，不断探索和完善商业模式，鼓励大型重点用能单位利用自身技术优势和管理经验，组建专业化节能服务公司
4	30	公路水路交通节能中长期规划纲要	建立交通节能服务体系。加快节能技术推广服务体系建设，发展交通节能服务业，培育节能服务市场，促进交通节能技术服务机构转换机制，创新模式拓宽领域，充分发挥其在行业节能规划、设计、融资、改造、运行，管理节能等一条龙服务。建立交通节能投资担保机制，推进节能技术标准规范的制定和实施，以及能源统计、节能技术推广、宣传培训和信息咨询等方面的积极作用。建立交通运输节能效检测替代技术研发和节能先进技术创新平台建设，促进形成交通行业节能新机制，示范与节能中心。探索以市场机制为基础的节能改造提供诊断，设计、融资，签订节能自愿协议，充分调动交通企业实施节能的主观能动性，大力推行节能市场化运行，充分发挥行业协会、学会、节能技术推广机构等的市场化协作，鼓励交通技术服务机构或行业协会协助节能服务，推进交通行业节能技术推广，建立交通节能企业或行业投资担保机制，充分发挥交通科研机构等单位在各自专业领域内节能管理、技术推广等方面的作用

233

续表

序号	编号	政策名称	与"节能服务体系建设"相关的条文
5	32	工业转型升级规划（2011~2015年）	节能环保和安全生产服务。加快发展认证节能产品（包括节能服务）、环保装备等绿色产品，推动节能服务公司为用能单位提供节能诊断、设计、融资、改造、运营等"一条龙"服务，鼓励大型重点用能单位组建专业化节能服务公司，加大污染治理特许经营实施推广力度，为本行业其他用能单位提供节能环保服务产业。引导民间投资节能服务模式，创新合同能源管理模式，加快推广市场化节能服务模式，积极培育企业安全生产服务产业。积极推广产品推广和安全风险评估，合同安全管理、工程建设、产品推广和安全风险评估、装备租赁、人才培训等专业服务
6	33	"十二五"节能环保产业发展规划	服务模式创新。大力推行合同能源管理、特许经营等节能环保服务新机制，推动节能环保服务设施建设和运营社会化、市场化、专业化服务体系建设
7	38	关于有色金属工业节能减排的指导意见	（五）推动建设节能减排创新机制。认定一批有合同能源管理、节能服务公司，组织开展能审计、电力需求侧管理、节能减排服务。探索建立有色金属企业节能减排自愿协议制度，研究制定对开展清洁生产审核、实施节能领域减进一步的有色金属企业的相关激励措施
8	39	关于加快推行合同能源管理促进节能服务产业发展的意见	到2012年，扶持培育一批专业化节能服务公司，发展壮大一批综合性大型节能服务公司，建立充满活力、特色鲜明、规范有序的节能服务市场。到2015年，建立比较完善的节能管理体系，服务能力进一步增强，服务领域进一步拓宽，合同能源管理成为用能单位实施节能改造的主要方式之一
9	40	节能中长期专项规划	节能监测和技术培训。推行合同能源管理等市场化建设，"十一五"期间通过更新监测设备，加强人员培训，推行合同能源管理等市场化机制等措施，强化省级和主要耗能行业节能监测中心能力建设，依法开展节能执法和监测（监察）；省级主要耗能行业节能技术服务中心具备为企业、机关和学校等提供节能诊断、设计、融资、改造、运行、管理"一条龙"服务的能力

234

续表

序号	编号	政策名称	与"节能服务体系建设"相关的条文
10	41	国务院关于加强节能工作的决定	（十八）培育节能服务体系。有关部门要抓紧研究制定加快节能服务体系建设的指导意见，促进各级各类节能技术服务机构转换机制，创新模式，拓宽领域，增强服务能力，提高服务水平。加快推行合同能源管理，推进企业节能技术改造
11	42	国务院关于节约能源保护环境工作情况的报告	加快建立节能技术服务体系，出台《关于加快发展节能服务业的指导意见》，推行合同能源管理，培育节能和环保服务市场
12	46	民用建筑节能条例	第三条 各级人民政府应当加强对民用建筑节能工作的领导，积极培育民用建筑节能服务市场，健全民用建筑节能服务体系，推动民用建筑节能技术的开发应用，做好民用建筑节能知识的宣传教育工作

表33 政策工具"技术创新"的分布

序号	编号	政策名称	与"技术创新"相关的条文
1	1	中国应对气候变化国家方案	推进中国气候变化重点领域的科学研究与技术开发工作。加强气候变化的科学事实与不确定性、气候变化对经济社会的影响、应对气候变化的经济社会成本效益分析和应对技术选择等评价方法与效果评估等重大问题的研究。加强中国气候变化观测系统建设，开发全球气候变化监测技术，温室气体减排技术和气候适应技术等，提高中国应对气候变化准确监测、提高能效和履行国际公约的能力。重点研究开发大尺度可再生能源技术、先进核能技术、二氧化碳捕获及埋存技术、主要行业二氧化碳、甲烷等温室气体的排放控制与处置技术、生物固碳技术及固碳工程技术等
2	3	全国人大常委会关于积极应对气候变化的决议	坚持依靠科技进步和技术创新，增强控制温室气体排放和适应气候变化能力

235

续表

序号	编号	政策名称	与"技术创新"相关的条文
3	4	节能减排综合性工作方案	优化节能减排技术创新与转化的政策环境，加强资源环境高技术领域创新团队和研发基地建设，推动建立以企业为主体、产学研相结合的节能减排技术创新与成果转化体系
4	7	节能减排"十二五"规划	（八）推动节能减排技术创新和推广应用。深入实施（专项）等对节能减排相关科研工作给予支持。完善国家科技计划、国家科技重大专项和国家科技计划等基础性、前沿性和共性技术研发，通过国家科技计划取得新突破。加强政府战略联盟，推动建立以企业为主体、多种形式的产学研战略联盟。加强政府指导，鼓励企业加大研发投入。重点产业化导向，市场支持与成果转化的建设。发布节能环保技术与装备目录，加快推广先进、成熟的新设备、新工艺、新材料。加快节能环保领域国际交流合作，加快引进国外先进适用节能减排技术的引进吸收和推广应用
5	8	"十二五"控制温室气体排放工作方案	统筹技术研发和项目建设，在重点行业和重点领域实施低碳技术创新及产业化示范工程，重点发展经济适用的低碳建材、低碳交通、绿色照明，煤炭清洁高效利用等低碳技术
6	9	国家环境保护"十二五"规划	依靠科技，创新机制。大力发展环境科学技术，以技术创新促进环境问题的解决；建立政府、企业、社会多元化投入机制和部分污染治理设施市场化运营机制，完善环保机制，健全统一、协调、高效的环境监管体制
7	11	关于在国家生态工业示范园区中加强发展低碳经济的通知	国家生态工业示范园区建设单位在申报、建设、验收等各阶段，应贯彻循环经济、低碳经济理念和生态工业原理，以低能耗、低排放、低污染为基础，通过产业优化、技术创新、管理升级等措施，不断提高能源利用效率和改善能源结构

附录2 低碳政策工具分布表

续表

序号	编号	政策名称	与"技术创新"相关的条文
8	14	中国应对气候变化科技专项行动	以科学发展观为指导，充分发挥科学技术在应对气候变化中的基础和先导作用，依靠科技进步与创新的自主创新能力，为促进经济社会可持续发展、增强我国适应气候变化的能力，为促进经济社会可持续发展、维护国家权益和履行国际义务提供强有力的科技支撑
9	15	"十二五"国家应对气候变化科技发展专项规划	应对气候变化归根到底要依靠科学技术进步与创新。认识气候变化规律，识别气候变化的影响，开发适应气候变化的技术，制定妥善应对气候变化和减缓气候变化的政策措施，参加应对气候变化国际规则的制定等，无不需要气候变化科技工作的有力支撑
10	16	节能减排全民科技行动方案	建设节能减排科技创新平台，建设一批国家工程实验室、国家重点实验室，技术创新研究开发基地；建立节能减排公共技术服务体系和以企业为主体、产学研相结合的节能减排技术服务与成果转化体系
11	17	国家能源科技重大示范工程管理办法	第一条 为充分发挥科技创新在推动能源生产和利用方式变革，构建安全、稳定、经济、清洁的现代能源体系中的关键性作用，加快能源领域先进技术的研发与产业化，切实做好国家能源科技重大示范工程（以下简称"示范工程"）的管理工作，特制定本办法
12	18	"十二五"国家碳捕集利用与封存科技发展专项规划	以企业为技术创新主体和源头，注重发挥高等院校和科研院所在创新中的引领作用，建立产学研结合和产业联合创新机制，集成和融合跨领域、跨行业优势力量，培养CCUS技术人才，全面提升CCUS技术创新能力
13	25	中国人民银行关于改进和加强节能环保领域金融服务工作的指导意见	（二）着重支持技术创新和改造

237

续表

序号	编号	政策名称	与"技术创新"相关的条文
14	29	促进产业结构调整暂行规定	以自主创新提升产业技术水平。把增强自主创新能力作为调整产业结构的中心环节,建立以企业为主体、市场为导向、产学研相结合的技术创新体系,大力提高原始创新能力、集成创新和引进消化吸收再创新能力,提升产业整体技术水平
15	30	公路水路交通节能中长期规划纲要	通过切实加强交通节能科技进步与创新,积极推进应用现代化运输装备,开展了推荐车型、客运车辆等级评定和内河船型标准化工作,组织了全国重点在用车船节能产品(技术)推优工作,节能技术基础有所增强
16	31	关于进一步加大节能减排力度加快钢铁工业结构调整的若干意见	(十)积极支持钢铁行业做好技术创新工作
17	32	工业转型升级规划(2011~2015年)	规模以上工业企业研究与试验发展(R&D)经费内部支出占主营业务收入比重达到1%,重点骨干企业达到3%以上,以企业为主体的技术创新体系进一步健全
18	33	"十二五"节能环保产业发展规划	技术创新引领。完善以企业为主体的技术创新体系,立足原始创新、集成创新和引进消化吸收再创新,形成更多拥有自主知识产权的核心技术,提升装备制造能力和水平,促进产业升级,形成具有国际影响的产品、品牌、企业和节能环保产业发展新优势
19	34	节能与新能源汽车产业发展规划(2012~2020年)	增强技术企业在技术创新中的主体地位,节能与新能源汽车产业的中心环节,要强化企业在技术创新中的主体地位,引导产学研用相结合的技术创新体系,完善以企业为主体、市场为导向、产学研用相结合的技术创新体系,通过国家科技计划、专项等渠道加大支持力度,突破关键核心技术,提升产业竞争力
20	35	新能源汽车产业技术创新工程财政奖励资金管理暂行办法	为贯彻落实《国务院关于印发节能与新能源汽车产业发展规划(2012~2020年)的通知》(国发〔2012〕22号),进一步提高新能源汽车产业技术创新能力,加快产业化进程,报经国务院批准,财政部、工业和信息化部、科技部将组织实施新能源汽车产业技术创新工程

续表

序号	编号	政策名称	与"技术创新"相关的条文
21	36	关于印发半导体照明节能产业规划的通知	坚持技术创新与产业升级相结合
22	37	关于加强内燃机工业节能减排的意见	加快技术创新体系建设。通过国家科技计划（专项）等渠道加大对内燃机节能减排技术研发的投入力度，加大内燃机中心研究中心建设，推动建设一批内燃机工业实施重点工程，加强企业技术改造建设能力建设，提高内燃机工业国家工程研究中心，强化产学研结合，跨行业跨部门，加快突破内燃机产品节能核心技术。加大人才自主培养力度，在关键技术领域培育一批领军人才，鼓励从海外引进优秀人才
23	38	关于有色金属工业节能减排的指导意见	加强对有色金属工业重大、关键、共性节能减排与资源综合利用技术研发的科技投入力度
24	39	关于加快推行合同能源管理促进节能服务产业发展的意见	充分发挥市场配置资源的基础性作用，以分享节能效益为基础，建立市场化的节能服务机制，促进节能服务公司加强科技创新和服务创新，提高服务能力，改善服务质量
25	40	节能中长期专项规划	建立以企业为主体的节能技术创新体系
26	42	国务院关于节约能源保护环境工作情况的报告	技术创新和引领。完善以企业为主体的技术创新体系，立足原始创新，集成创新和引进消化吸收再创新，形成更多拥有自主知识产权的核心技术和具有国际品牌的产品，提升装备制造能力和水平，促进产业升级，形成节能环保产业发展新优势
27	43	节约能源法（2007修订）	第八条 国家鼓励、支持节能科学技术的研究、开发、示范和推广，促进节能技术创新与进步

续表

序号	编号	政策名称	与"技术创新"相关的条文
28	44	关于进一步加强节油节电工作的通知	加快节油节电科技创新和成果推广。在国家各类科技专项计划中，把节油节电重大技术研发作为重点，大力开发节油节电约替代技术以及高效节电技术。积极支持科研单位和企业开展节油节电技术应用研究，开发关键性和创新和成果转化，加快先进适用技术的推广应用
29	47	能源发展"十二五"规划	坚持科技创新。加快创新型人才队伍建设，加强基础科学研究和前沿技术攻关。增强能源科技创新能力。依托重点能源工程，推动重大核心技术和关键装备自主创新。"十二五"时期，建成若干个智能电网示范区，力争关键技术创新和装备研发走在世界前列

表34 政策工具"引进消化吸收再创新"的分布

序号	编号	政策名称	与"引进消化吸收再创新"相关的条文
1	1	中国应对气候变化国家方案	引进和吸收先进技术，建立和推行节能新机制，加强节能重点工程建设政策和措施，有效地促进了节能工作的开展
2	2	国务院关于应对气候变化工作情况的报告	加新资金、技术和人才引进，有效消化、吸收国外先进的低碳技术和气候友好技术，增强我国控制温室气体排放、发展低碳经济的能力
3	3	全国人大常委会关于积极应对气候变化的决议	注重相关领域先进技术的引进、消化、吸收和再创新
4	7	节能减排"十二五"规划	加快国外先进适用节能减排技术的引进吸收和推广应用
5	8	"十二五"控制温室气体排放工作方案	在科学研究、技术研发和能力建设等方面开展实合作，积极引进并消化吸收国外先进技术，学习借鉴国际成功经验

240

续表

序号	编号	政策名称	与"引进消化吸收再创新"相关的条文
6	10	循环经济促进法	利用财政性资金引进循环经济重大技术、装备的,应当制定消化、吸收和创新方案,报有关主管部门审批并由其监督实施;有关主管部门应当根据实际需要建立统筹协调机制,对重大技术、装备的引进和消化、吸收、创新实行统筹协调,并给予资金支持
7	15	"十二五"国家应对气候变化科技发展专项规划	4. 减缓和适应关键技术的引进消化吸收再创新及联合研发
8	18	"十二五"国家碳捕集利用与封存科技专项规划	基于国际视野推动我国CCUS技术研发和国际先进技术的引进、消化和再创新,统筹推动我国CCUS技术创新体系跨越发展
9	25	中国人民银行关于改进和加强节能环保领域金融服务工作的指导意见	政策性银行对国家重大科技专项、国家重大科技产业化项目、科技成果转化项目、高新技术产业化项目、引进技术消化吸收再创新及高新技术产品出口等提供贷款,给予重点支持
10	29	促进产业结构调整暂行规定	把增强自主创新能力作为调整产业结构的中心环节,建立以企业为主体、市场为导向、产学研相结合的技术创新体系,大力提高原始创新能力、集成创新能力和引进消化吸收再创新能力,提升产业整体技术水平
11	30	公路水路交通节能中长期规划纲要	积极举办国际交通节能新技术与产品博览会,推动国际交通节能技术与产品的引进、吸收借鉴国外交通节能先进经验,加大国外交通节能技术、产品的引进、消化吸收和再创新,加快发展具有自主知识产权的交通节能技术和产品

续表

序号	编号	政策名称	与"引进消化吸收再创新"相关的条文
12	31	关于进一步加大节能减排力度加快钢铁工业结构调整的若干意见	加强新工艺、新技术、新产品研发，加强引进消化吸收再创新、前瞻性储备技术研究，尽快形成具有自主知识产权、适应未来国际竞争需要、支撑钢铁工业转型升级的核心关键技术和高附加值产品
13	33	"十二五"节能环保产业发展规划	完善以企业为主体的技术创新体系，立足原始创新、集成创新和具有国际品牌消化吸收再创新，提升装备制造能力和水平，促进产业升级，形成节能环保产业发展新优势
14	34	节能与新能源汽车产业发展规划（2012~2020年）	以大幅提高汽车燃料经济性水平为目标，积极推进汽车节能技术集成创新和引进消化吸收再创新
15	36	关于印发半导体照明节能产业规划的通知	着力推进核心装备的引进消化吸收和再创新，力争实现生产型MOCVD设备量产
16	40	节能中长期专项规划	引进国外先进的节能技术，并消化吸收
17	44	关于进一步加强节油节电工作的通知	加强节油节电技术的引进和消化吸收

表 35 政策工具"合同能源管理"的分布

序号	编号	政策名称	与"合同能源管理"相关的条文
1	1	中国应对气候变化国家方案	推行合同能源管理，克服节能新技术推广的市场障碍，促进节能产业化，为企业实施节能改造提供诊断、设计、融资、改造、运行、管理一条龙服务
2	4	节能减排综合性工作方案	加快推行合同能源管理

242

续表

序号	编号	政策名称	与"合同能源管理"相关的条文
3	5	关于进一步加大工作力度确保实现"十一五"节能减排目标的通知	有关部门要在6月中旬前出台加快推行合同能源管理、促进节能服务产业发展的相关配套政策，对节能服务公司为企业实施节能改造给予支持
4	6	"十二五"节能减排综合性工作方案	（四十三）加快推行合同能源管理。落实财政、税收和金融扶持政策，引导节能服务公司采用合同能源管理方式为用能单位实施节能改造，扶持壮大节能服务产业。研究建立大型重点用能单位利用自身技术优势和管理经验，组建专业化节能服务公司，引导和支持各类融资担保机构提供风险分担服务
5	7	节能减排"十二五"规划	（三）合同能源管理推广工程。扎实推进《国务院办公厅关于加快推行合同能源管理促进节能服务产业发展意见的通知》（国办发〔2010〕25号）的贯彻落实，提高融资能力，引导节能服务公司加强技术研发、人才培养和品牌建设，不断探索和完善商业化模式。服务创新，鼓励大型重点用能单位利用自身技术优势和管理经验，组建专业化节能服务公司。支持重点用能单位采用合同能源管理方式实施节能改造。公共机构实施节能改造要优先采用合同能源管理方式。加强对合同能源管理项目提供灵活多样的金融服务，积极完善节能服务体系，积极培育第三方金融机构为合同能源管理项目多样的金融服务。建立比较完善的节能服务公司认证、评估机构，到2015年，其中龙头骨干企业达到20家，"十二五"时期形成6000万吨标准煤的节能能力
6	30	公路水路交通节能中长期规划纲要	大力推行节能技术服务机构与交通企业合同能源管理
7	32	工业转型升级规划（2011~2015年）	加快推行合同能源管理和电力需求侧管理模式。创新合同能源管理模式，积极推广市场化节能服务模式，加快发展合同能源管理、清洁生产审核、绿色产品（包括节能产品、环保装备）认证评估、环境投资及风险评估等服务

续表

序号	编号	政策名称	与"合同能源管理"相关的条文
8	33	"十二五"节能环保产业发展规划	大力推行合同能源管理
9	38	关于有色金属工业节能减排的指导意见	认定一批有色金属行业专业节能服务公司，组织开展能源审计、需求侧管理、合同能源管理、节能项目融资等一系列节能减排服务
10	39	关于加快推行合同能源管理促进节能服务产业发展的意见	全文
11	40	节能中长期专项规划	四是推行合同能源管理，克服节能新技术推广的市场障碍，促进节能产业化，为企业实施节能改造提供诊断、设计、融资、改造、运行、管理一条龙服务
12	41	国务院关于加强节能工作的决定	加快推行合同能源管理，推进企业节能技术改造
13	42	国务院关于节约能源保护环境工作情况的报告	推行合同能源管理，培育节能和环保服务市场
14	43	节约能源法（2007修订）	第六十六条 国家实行有利于节能的价格政策，引导用能单位和个人节能。国家运用财税、价格等政策，支持推广电力需求侧管理、合同能源管理、节能自愿协议等节能办法
15	44	关于进一步加强节油节电工作的通知	鼓励并扶持专业节能服务机构采用合同能源管理方式，对中央空调系统实施节能改造
16	45	公共机构节能条例	第二十六条 公共机构可以采用合同能源管理方式，委托节能服务机构进行节能诊断、设计、融资、改造和运行管理
17	47	能源发展"十二五"规划	深入开展企业能源审计和能效水平对标活动，实行能源利用状况报告制度，建立企业能源管理体系，实行万家企业低碳行动，加快推行合同能源管理等节能市场化节能机制

续表

序号	编号	政策名称	与"合同能源管理"相关的条文
18	48	2013年工业节能与绿色发展专项行动实施方案	推动第三方节能服务公司以合同能源管理模式对工业园区、大企业集团电机系群进行改造

表36 政策工具"资源产品价格改革"的分布

序号	编号	政策名称	与"资源产品价格改革"相关的条文
1	1	中国应对气候变化国家方案	煤矿瓦斯发电项目享受《中华人民共和国可再生能源法》规定的鼓励政策。工业、民用瓦斯和垃圾焚烧发电的上网电价给予优惠。对垃圾填埋气体发电和垃圾焚烧发电的上网电价给予优惠。加快推进中国能源价格体制改革,依靠市场机制和政府推动,进一步优化能源价格改革,逐步形成能够反映资源稀缺程度、市场供求关系和污染治理成本的价格形成机制,建立有助于实现能源和可持续发展的价格体系;深化对外贸易体制改革,控制高耗能、高污染和资源性产品出口,形成有利于促进能源结构优化和清洁化的进出口结构
2	4	节能减排综合性工作方案	(三十六)积极稳妥推进资源性产品价格改革
3	6	"十二五"节能减排综合性工作方案	(三十二)推进价格和环保收费改革。深化资源性产品价格改革,理顺煤、电、气、水、矿产等资源价格关系。推行居民用电、用水阶梯价格。完善电力峰谷分时电价政策。深化供热体制改革,全面推行供热计量收费。对能源消耗超过国家和地区规定的单位产品能耗(电耗)限额标准的企业和产品,实行惩罚性电价。严格落实脱硫电价,各地可在国家规定基础上,按程序加大差别电价、惩罚性电价实施力度。进一步完善污水处理收费政策,研究制定燃煤电厂烟气脱硝电价政策。严格落实脱硫电价,各地可在国家规定基础上,按程序加大差别电价、惩罚性电价实施力度。进一步完善污水处理收费政策,研究将污泥处理费用逐步纳入污水处理费征收标准。改革垃圾处理收费方式,加大收缴力度,降低征收成本

245

续表

序号	编号	政策名称	与"资源产品价格改革"相关的条文
4	7	节能减排"十二五"规划	（六）完善促进节能减排的经济政策。深化资源性产品价格改革，理顺煤、电、油、气、水、矿产等资源类产品价格关系，充分反映市场供求、资源稀缺程度以及环境损害成本的价格形成机制，完善差别电价、峰谷电价、惩罚性电价，全面推行居民用电阶梯价格，尽快出台鼓励余热余压和煤层气发电的上网电价政策，全面脱硝电价政策。完善矿业权有偿取得制度，研究完善燃煤电厂烟气脱硝电价政策。完善矿业权有偿取得制度。完善垃圾处理收费方式，全面实施热计量收费制度，完善污水处理费政策。改革环境保护立法工作，提高收缴率，降低征收成本。完善节能环保产品政府采购制度。落实国家支持节能减排的税收优惠政策，改革资源税，合理调整消费税征收范围和税率结构，推进环境保护税立法工作，产品政府采购政策。加快推进环境保护税立法工作，推行节能减排进出口税收政策。合理调整完善节能环保领域的金融服务，推进金融和税收服务支持方式创新，积极改进和完善等级评定、贷款联动机制，建立绿色银行评级制度。推行重点行业区域涉重金属企业环境污染责任保险。
5	10	循环经济促进法	第四十六条 国家实行有利于资源节约和合理利用的价格政策，引导单位和个人节约和合理使用水、电、气等资源性产品。国务院和省、自治区、直辖市人民政府的价格主管部门应当按照国家产业政策，对资源高消耗行业中的高耗能、高耗水企业实行限制性的价格政策。对利用余热、余压、煤层气以及煤矸石、煤泥、垃圾等低热值燃料的并网发电项目，自治区、直辖市人民政府价格主管部门按照有利于资源综合利用的原则确定其上网电价，价格主管部门按照有利于资源综合利用的原则确定其上网电价，实行优惠。国家鼓励通过以旧换新、押金等方式回收废物。
6	31	关于进一步加大节能减排力度加快钢铁工业结构调整的若干意见	完善和落实土地使用、差别电价政策，加大差别电价实施力度，大幅提高差别电价的加价标准，进一步提高落后产能的生产成本
7	32	工业转型升级规划（2011~2015年）	加快资源性产品价格形成机制改革，实施差别电价等政策，促进落后产能加快淘汰；采取综合性调整措施，抑制高消耗、高排放产品的市场需求

续表

附录2 低碳政策工具分布表

序号	编号	政策名称	与"资源产品价格改革"相关的条文
8	33	"十二五"节能环保产业发展规划	(一)完善价格、收费和土地政策。加快推进资源性产品价格改革。完善价格和价格政策,研究制定鼓励余热压发电及背压热电的上网电价和当地区规定的单位产品能耗(电耗)限额合分峰电价。严格落实脱硫电价。完善电价能耗,研究制定燃煤电厂脱硝电价政策,对电耗超过国家和地区规定的单位产品能耗(电耗)限额合分峰电价政策。深化市政公用事业市场化改革,进一步完善用户征收污水处理费标准,降低污水处理成本。改进垃圾处理收费方式,研究完善污水垃圾处理收费政策。合理确定电体和标准,降低资源化处缴率。对不城镇污水处理设施、"城市矿产"示范基地、集中资源化处理中心等国家支持的项目用地,在土地利用年度计划安排中给予重点保障
9	40	节能中长期专项规划	深化能价格改革,逐步理顺不同能源品种的价格,形成有利于节能、提高能效的价格激励机制。建立和完善峰谷、丰枯电价和可中断电价补偿制度,对国家淘汰和限制类项目及高耗能企业按国家产业政策实行差别电价,抑制高耗能行业盲目发展,引导用户合理用电、节约用电
10	41	国务院关于加强节能工作的决定	(二十九)深化能源价格改革。加强用电管理,引导用户合理用电、节约用电。完善实施范围,加强用电管理办法,引导用电盲目扩张。落实差别电价配套调价方案,抑制高耗能产业产品扩张。继续推进天然气价格改革,建立天然气与可替代能源的价格挂钩和动态调整机制,全面推进煤炭价格市场化改革,研究制定能耗超限额加价的政策
11	42	国务院关于节约能源保护环境工作情况的报告	资源性产品价格与环保收费改革,由于涉及利益关系的重大调整,社会各方面的承受能力等问题,推进难度较大

247

续表

序号	编号	政策名称	与"资源产品价格改革"相关的条文
12	43	节约能源法（2007 修订）	第六十六条 国家实行有利于节能的价格政策，引导用能单位和个人节能。国家运用财税、价格等政策，支持推广电力需求侧管理、合同能源管理、节能自愿协议等节能办法。国家实行峰谷分时电价、季节性电价、可中断负荷电价制度，鼓励电力用户合理调整用电负荷。对钢铁、有色金属、建材、化工和其他主要耗能行业的企业，分淘汰、限制、允许和鼓励类实行差别电价政策
13	44	关于进一步加强节油节电工作的通知	（四）落实促进节油节电的价格政策。对电解铝、铁合金、钢铁、电石、烧碱、水泥、黄磷、锌冶炼等高耗能行业严格执行差别电价政策，取消地方自行出台的高耗能企业优惠政策。地方政府可在国家规定的基础上，按照规定程序扩大差别电价实施范围，提高实施标准。进一步完善峰谷电价，合理调整峰谷价差，时段和实施范围，有条件的地方可实施尖峰电价。研究对居民用电实行阶梯式电价。积极稳妥推进石油价格改革

表 37 政策工具"银行绿色评级制度"的分布

序号	编号	政策名称	与"银行绿色评级制度"相关的条文
1	6	"十二五"节能减排综合性工作方案	建立银行绿色评级制度，将绿色信贷成效与银行机构高管人员职评价、机构准入、业务发展相挂钩
2	7	节能减排"十二五"规划	推进金融产品和服务方式创新，积极改进和完善节能环保领域的金融服务，建立企业节能环保水平与企业信用等级评定、贷款联动机制，探索建立银行绿色评级制度
3	33	"十二五"节能环保产业发展规划	建立银行绿色评级制度，将绿色信贷成效作为对银行机构进行监管和绩效评价的要素

表38 政策工具"成果转化"的分布

序号	编号	政策名称	与"成果转化"相关的条文
1	4	节能减排综合性工作方案	优化节能减排技术创新与转化的政策环境,加强资源环境高技术领域创新团队和研发基地建设,推动建立以企业为主体、产学研相结合的节能减排技术创新与成果转化体系
2	8	"十二五"控制温室气体排放工作方案	完善低碳技术成果转化机制,依托科研院所、高校和企业建立低碳技术孵化器、中介服务机构
3	16	节能减排全民科技行动方案	建立节能减排公共技术服务体系和以企业为主体、产学研相结合的节能减排技术服务与成果转化体系
4	17	国家能源科技重大示范工程管理办法	充分发挥重大示范工程在加快能源科技成果转化为现实生产力过程中的关键作用
5	25	中国人民银行关于改进和加强节能环保领域金融服务工作的指导意见	各政策性银行对国家重大科技专项、国家重大科技产业化项目、科技成果转化项目、高新技术产业化项目、引进技术消化吸收项目、高新技术产品出口项目等提供贷款,给予重点支持
6	30	公路水路交通节能中长期规划纲要	完善科技成果转化和推广机制,采取有效措施,加大协调力度,促进交通节能技术转化
7	40	节能中长期专项规划	建立以企业为主体的节能技术创新体系,加快科技成果转化
8	43	节约能源法(2007修订)	第五十七条 县级以上各级人民政府应当把节能技术研究开发作为政府科技投入的重点领域,支持科研单位和企业开展节能共性和关键技术研究,制定节能标准,开发节能产品,促进节能技术创新与成果转化
9	44	关于进一步加强节油节电工作的通知	积极支持科研单位和企业开展节油节电技术应用研究,开发共性和关键技术,促进技术创新和成果转化,加快先进适用技术的推广应用
10	47	能源发展"十二五"规划	促进科技成果尽快转化为先进生产力

表 39 政策工具"节能减排宣传教育"的分布

序号	编号	政策名称	与"节能减排宣传教育"相关的条文
1	1	中国应对气候变化国家方案	第八，加大气候变化教育与宣传力度
2	2	国务院关于应对气候变化工作情况的报告	（五）开展宣传教育
3	3	全国人大常委会关于积极应对气候变化的决议	要进一步宣传普及保护资源环境、应对气候变化的科学知识和法律法规，充分介绍和展示我国在应对气候变化方面的措施和成效。加强对全社会尤其是青少年应对气候变化的教育，提高全民对气候变化问题的科学认识，增强企业、公众节约利用资源的自觉意识
4	5	关于进一步加大工作力度确保实现"十一五"节能减排目标的通知	加强能源资源和生态环境国情宣传教育，进一步增强全民资源忧患意识、节约意识和环保意识
5	6	"十二五"节能减排综合性工作方案	（四十八）加强节能减排宣传教育。把节能减排纳入社会主义核心价值观宣传教育内容，世界环境日等宣传主题教育、高等教育、职业教育，组织好全国节能宣传周、世界环境日等主题宣传活动，加强日常性以及国家采取的政策措施新闻媒体要积极宣传节能减排的重要性、紧迫性及节能减排先进典型、普及节能减排知识和方法，加强舆论监督和对外宣传，积极为节能减排营造良好的国内和国际环境
6	8	"十二五"控制温室气体排放工作方案	（二十一）提高公众参与意识。利用多种形式和手段，全方位、多层次加强宣传引导，研究设立"全国低碳日"，大力倡导绿色低碳、健康文明生活方式和消费模式，宣传低碳生活典范，弘扬以低碳为荣的社会新风尚，树立绿色低碳的价值观、生活观和消费观，使低碳理念广泛深入人心，成为全社会的共识和自觉行动，营造良好的舆论氛围和社会环境

附录2 低碳政策工具分布表

续表

序号	编号	政策名称	与"节能减排宣传教育"相关的条文
7	10	循环经济促进法	第七条 国家鼓励和支持开展循环经济科学技术的研究、开发和推广，鼓励开展循环经济宣传、教育、科学知识普及和国际合作
8	11	关于在国家生态工业示范园区中加强发展低碳经济的通知	在低碳经济理念的教育和宣传中，加强园区内企业员工、居民和学生低碳经济理念的教育和宣传，促使公众改变行为模式，生活和消费行为及使用低碳技术、低碳产品
9	12	清洁生产促进法（2012修订）	第十条 国务院教育部门，应当将清洁生产技术和管理课程纳入有关高等教育、职业教育和技术培训体系。 县级以上人民政府有关部门组织开展清洁生产的宣传和培训，提高国家工作人员、企业经营管理者和公众的清洁生产意识，培养清洁生产管理和技术人员。 新闻出版、广播影视、文化等单位和有关社会团体，应当发挥各自优势做好清洁生产宣传工作
10	16	节能减排全民科技行动方案	通过政府引导，鼓励各类民间组织和社会团体面向社会公众开展节能减排宣传、教育，为社会公众提供技术咨询和服务
11	26	中国清洁发展机制基金赠款项目管理办法	旨在提高公众应对气候变化意识的宣传教育活动
12	36	关于印发半导体照明节能产业规划的通知	（四）广泛开展宣传教育和人才培养
13	30	公路水路交通节能中长期规划纲要	（六）加大宣传教育力度。注重节能宣传引导，提升节能理念。强化教育培训，提高从业人员节能素质。建设节约型机关，发挥政府交通部门的节能减排表率作用
14	40	节能中长期专项规划	（九）强化节能宣传、教育和培训
15	41	国务院关于加强节能工作的决定	（三十七）加大节能宣传、教育和培训力度

续表

序号	编号	政策名称	与"节能减排宣传教育"相关的条文
16	42	国务院关于节约能源保护环境工作情况的报告	十二是加强节能减排宣传
17	44	关于进一步加强节油节电工作的通知	（七）广泛开展宣传教育活动
18	46	民用建筑节能条例	第三条 各级人民政府应当加强对民用建筑节能工作的领导，积极培育民用建筑节能服务市场，健全民用建筑节能服务体系，推动民用建筑节能技术的开发应用，做好民用建筑节能知识的宣传教育工作。 第三十三条 供热单位应当建立健全相关制度，加强对专业技术人员的教育和培训

表40 政策工具"节能减排信息公开"的分布

序号	编号	政策名称	与"节能减排信息公开"相关的条文
1	1	中国应对气候变化国家方案	实施GDP能耗公报制度，完善节能信息发布制度，利用现代信息传播技术，及时发布各类能耗信息，引导地方和企业加强节能工作
2	12	清洁生产促进法（2012修正）	第十条 国务院和省、自治区、直辖市人民政府的有关部门，应当组织和支持建立促进清洁生产的信息系统和技术咨询服务体系，向社会提供有关清洁生产方法和技术、可再生利用的废物供求方面以及清洁生产政策等方面的信息和服务
3	27	关于建立政府强制采购节能产品制度的通知	要完善节能产品政府采购信息发布和数据统计工作，及时掌握采购工作进展情况
4	30	公路水路交通节能中长期规划纲要	建立交通节能信息发布制度

续表

序号	编号	政策名称	与"节能减排信息公开"相关的条文
5	40	节能中长期专项规划	一是建立节能信息发布制度,利用现代信息传播技术,及时发布国内外各类能耗信息,先进的节能新技术、新工艺、新设备及先进的管理经验,引导企业挖潜改造,提高能效
6	42	国务院关于节约能源保护环境工作情况的报告	加快完善节能减排指标体系、监测体系和考核体系,尽快落实到统计制度上,改进统计方法,加快硬件建设,公开节能减排信息,为实行节能减排评价考核和问责制,开展社会监督奠定基础

资料来源:本书整理。

跋

本书的写作以我的博士学位论文为基础,是对博士学位论文的修改与完善。在此,衷心感谢在写作过程中给予我指导、启迪、关怀和支持的老师、学长、朋友与家人。

感谢我的导师朱雪忠教授一直以来给予我的教导。他不仅悉心指导我的论文写作,而且他渊博的专业知识与严谨的治学态度给我留下深刻的印象,让我受益良多。作为一名在本科和硕士阶段学习法学的学生,在博士阶段转而从事管理学方面的学习和研究,我面临很多的困难。朱雪忠教授都能表示理解,并耐心指导,为我答疑解惑,让我能完成博士阶段的学习与本书的写作。

感谢唐春、贺宁馨、乔永忠、牛静、张军荣、黄颖、孟奇勋、陈朝晖、袁博、周璐等诸位同门对我的写作提供的帮助。感谢他们与我进行学术探讨,启发了我的思维。没有他们的帮助,我很难在管理学领域开展研究。

感谢朱东红、张庆、孙连才、周鹏、王玲玲、冯仁涛、陈传红、周琦深、施亮、涂铭、杜红军等一直以来关心并支持我的朋友们。感谢他们乐观开朗的生活态度对我的感染,感谢他们真挚悉心的关怀给我的温暖。

感谢知识产权出版社刘睿编审、邓莹编辑为本书的出版所付出的时间与精力。在她们的支持下,本书才得以顺利出版。

深深地感谢我的父母和弟弟,在多年的求学生涯中,他们一直默默地支持和鼓励我。

罗　敏

2017 年 7 月